梦山书系　"新时代课堂教学深化改革"丛书　丛书主编◎余文森　陈国文

全学科整本书阅读体系的构建与实践

莆田市荔城区黄石中心小学◎编写

海峡出版发行集团｜福建教育出版社

丛书编委会

主　　　任：彭鲤芳　余文森
副　主　任：曾国顺　柯健俊
委　　　员：陈国文　刘家访　章勤琼　李功连　龙安邦
　　　　　　刘洪祥　方元山　胡　科　杨来恩　郑智勇
　　　　　　李政林　蔡旭群　丁革民　白　倩　程明喜
　　　　　　陈国平　魏为燚
总　主　编：余文森　陈国文
副总主编：刘洪祥　胡　科　杨来恩　李政林　郑智勇
总主编助理：陈国平　魏为燚

本书编写人员

主　　　编：陈国献　张海玉　卢丽钦　胡　科
核心编写人员：陈向华　郑亦斌　林志萍　吴晓英　苏彬彬
　　　　　　陈群芳　邹益雄　张碧莺　林永红　陈军英

总　序

余文森

2022年3月，教育部印发了国家义务教育阶段新的课程方案和16门课程标准。福建省莆田市教育局为了落实新课标，推进基础教育高质量发展，决定与福建师范大学联合开展新课标样本学校和领头雁培育项目研究，在全市遴选20所学校和100名教师作为样本，在福建师范大学专家团队的引领下开展新课标实施研究，打造一批落实新课标的示范学校，造就一支落实新教学理念的名优教师队伍。

我荣幸地担任福建师范大学专家团队的负责人，每个月带领团队成员分赴20所样本校开展调研与指导。我曾从2014年开始全程参与了普通高中和义务教育阶段的新课标修订，对新课标、新理念、新精神、新追求充满了憧憬和期待，现在正好借着这个项目来变理想为现实、变理论为实践、变蓝图为成果。这个过程同样是充满挑战的过程，是课程改革更为重要的阶段。目前，这个项目就成为我当下的主要科研工作。

作为一个项目，它一定有其任务和目标的指向性。具体来说，就是如何有效指导样本校的改革，让新课标真实、深刻地在学校发生，使之尽快地出经验、出成果、出品牌，尽早地成长为实施新课标的样本和典范，从而发挥示范和引领作用并带动其他学校发展。

如同大学教授带研究生一样，我们认为做好这个项目最关键的环节是帮助各个学校确立自己的研究方向和主题。这些研究方向和主题从哪里来呢？毋庸置疑，它们来自新课标——是新课标教学改革的重点、难点和支点。我们从中梳理了以下问题：如何确立和编写核心素养教学目标？如何基于核心素养教学目标开展教学？如何推进从以教为主走向以学为主、建立新型的学习中心课堂？如何构建适应学生差异的个性化教学体系？如何实现育人方式从"坐而论道"转向"学科实践"、构建基于学科实践的课堂新样态？如何实现教学内容的统整化、实现基于大概念的大单元教学？如何有效推进跨学科主题学习？如何构建全学科整本书阅读体系？等等。显然这些问题是新课标深化改革的关键环节和重点领域。

  我们在深入各校调研的基础上，结合学校已有的改革经验和优势，围绕上述问题，指导学校从中确立自己的研究方向和主题。比如莆田实验小学确立了"以大概念为本的大单元教学实践探索"，莆田第二实验小学确立了"基于学科实践的课堂教学新样态"，莆田市教师进修学院附属小学确立了"核心素养教学目标的确立、编写与使用"，莆田梅峰小学确立了"跨学科主题学习的实践探索"，莆田市城厢区第一实验小学确立了"基于读思达的学习中心课堂建设"，莆田市荔城区黄石中心小学确立了"全学科整本书阅读体系构建的实践探索"，等等。确立研究方向和主题之后，我们基于理论和实践的有机结合引领学校进行了全方位和全过程的探索，并指导学校对探索的成果进行及时的提炼和归纳，在多次反复的讨论和修改之后，完成了书稿。

  应该说，这只是完成了研究工作的初始目标，接下来，我们要指导和推进学校的改革逐步走向细化、深化，提炼和总结更出彩的案例、课例和文章，使改革成为学校的特点、品牌，并向外进行传播和辐射，带动越来越多的学校和地区真正走进新课标。

前　言

"改变一所学校从阅读开始",余文森教授的这句话振聋发聩,为我们乡镇小学找到了改革和建设的方向。我们小学地处城乡接合部,周边工业园区多,从事鞋业和网络电商行业的家庭多。这样的地域,家长们关心的多是小孩的考试成绩,阅读文化和氛围相当薄弱,上学的目的似乎就是学好教材、考好成绩。因此,学生们的阅读面和阅读量少之又少,更谈不上良好的阅读习惯和强大的阅读能力。这样的学生上了中学后就会明显缺乏发展的后劲。所以,改变我们的学校,真的要从阅读开始,就像教育部(2023)所要求的"要把开展读书活动作为一件大事来抓,引导学生爱读书、读好书、善读书"。由此,我们也想起伟大教育家苏霍姆林斯基所说的:"有书读的地方就是学校,一个校长哪怕什么都不做,但只要让校园书香四溢,让每个教师和每个学生都成为爱读书的人,便功莫大焉!"基于这样的认识,在余文森教授团队的指导下,我们学校的行政和项目团队核心成员在多次学习和研讨之中,确立了以培养"真正的读书人"为办学宗旨,让我们所培养的学生多点书卷气、正气、雅气,少点铜臭气、俗气、戾气。全校教师都认同并赞同学校这一宗旨和定位。恰好,义务教育新课标又倡导和要求整本书阅读,正是基于这样的认识和追求,我们学校确立以"全学科整本书阅读"作为推进学校高质量教育建设的项目。两年来,我们举全校之力推进和落实全学科整本书阅读的行动,聚焦"为什么读""读什么""怎么读"三个核心问题,围绕全学科整本书阅读的价值意义、书目选择、阅读策略、课型实践、支持体系和阅读成效等方面进行了全校大学习、大讨论、大实践、大反思。本书正是对这个过程的总结和提炼。

全书的主要内容包括：

第一章主要解决"为什么要进行全学科整本书阅读"的问题。首先，探讨了阅读对个人、社会和国家发展的重要意义，即阅读作为人们获取信息的主要方式，能够帮助学生全面发展，提升学校教育质量，推动社会文明进步。其次，探讨了开展全学科整本书阅读的必要性，明确了全学科整本书阅读的内涵，强调阅读是在所有学科中发生的，且阅读内容是完整而深刻的，旨在全面提升学生的核心素养。

第二章主要解决"全学科整本书阅读到底读什么"的问题。在信息纷繁复杂的时代，不管纸质书籍还是电子书籍都在爆炸式地增长，开展全学科整本书阅读首先需要解决的问题就是到底应该读什么书。特别是对小学生而言，选择一本好书至关重要。为此，本章结合各学科的新课标要求，遵循面向学生学科核心素养、紧扣教材内容知识、贴合学生发展规律三大原则为学生挑选阅读书籍，并形成了具有层次性、进阶性的必读书目和选读书目。

第三章主要解决"怎么进行全学科整本书阅读"的问题。盲目、随意地阅读是一种低阶而无效的学习，科学的阅读策略会使学生的阅读更加高效。余文森教授提出"读思达"教学法，整本书阅读就是阅读、思考、表达的过程。基于这一理论核心，本章明确了"读思达"阅读策略的内涵与要求，并将阅读、思考、表达作为全学科整本书阅读的基本环节，讨论了深度阅读、深入思考与表达交流的相互关系，同时还完整呈现了语文学科、数学学科以及综合学科的阅读实践案例。

第四章主要解决"如何将全学科整本书阅读课程化"的问题。只有将阅读与教师教学、学生学习有机融合，才能够真正实现全学科整本书阅读。学校以"读思达"教学法为引领，设计了激发学生"读"的导读课、引导学生"思"的推进课和促进学生"达"的分享课等三种课型。本章全面梳理了全学科整本书阅读导读课、推进课和分享课的教学理念、教学环节与实施策略，并呈现了语文学科、数学学科和综合学科的不同课型案例，以期为阅读教学提供实例参照。

第五章主要解决"如何实现课内阅读与课外阅读一体化"的问题。众所周知，课内阅读是学生学校教育中的主要学习方式，课外阅读是学生学科知识学习的有益补充。教材阅读是基础和起点，课外阅读是教材阅读的延伸和拓展。本章提出课内外阅读一体化是推进全学科整本书阅读的有效方式，并通过引读、启思、促达和互评四个环节来促进课内外阅读一体化，并展现了语文学科、数学学科和综合学科的阅读实践案例。

第六章主要解决"家庭如何参与全学科整本书阅读"的问题。家长是阅读的重要陪伴者，家庭是阅读的重要场所，家校共读是全学科整本书阅读的重要方式。本章结合家校共读实践，介绍了家校共读的路径和策略，展现了校园亲子共读、家庭项目式阅读、校外亲子读书会等多种形式的家校共读案例，还呈现了家长、学生参与家校共读活动的收获与感悟。

第七章主要解决"如何支持全学科整本书阅读"的问题。在余文森教授的指导下，黄石中心小学坚持"把阅读当作一件大事来抓"，边改革边实践，进行了轰轰烈烈的阅读教学改革，从学校的领航规划、教师的智慧指引，到家校同行的紧密协作，再到社会各界的积极共筑，已经初步形成了全方位、多层次的阅读支持体系，共同促进全学科整本书阅读在学校落地生根。

第八章主要解决"全学科整本书阅读有何效果与影响"的问题。黄石中心小学以"全学科整本书阅读"作为教学改革的主要方向，让阅读随时随地发生，让阅读无处不在。在全校师生及项目团队的努力下，全学科整本书阅读取得了明显成效，产生了广泛影响，不仅促进了学生全面发展，帮助教师实现了专业成长，让课堂教学更加丰富多彩，还推动了学校变革和转型升级，"乐读、善思、慧达"成为学校新风尚。

改变一个学生，从阅读开始，阅读是好学生的标志；改变一个家庭，从阅读开始，阅读是好家庭的标志；改变课堂教学，从阅读开始，阅读是好课堂的标志；改变一所学校，从阅读开始，阅读是好学校的标志。

让我们一起拥抱阅读，享受阅读，共同推进全学科整本书阅读！

目 录

第一章 全学科整本书阅读的意义 …………………… 1
 第一节 阅读的意义 …………………………………… 1
 第二节 全学科整本书阅读的意义 …………………… 7

第二章 全学科整本书阅读的书目选择 …………… 12
 第一节 全学科整本书阅读书目的选择原则 ………… 12
 第二节 全学科整本书阅读书目的类别选择 ………… 18

第三章 全学科整本书阅读的方法策略 …………… 32
 第一节 基于"读思达"的阅读方法 ………………… 32
 第二节 基于"读思达"的阅读环节 ………………… 38
 第三节 基于"读思达"的阅读案例与实践 ………… 52

第四章 全学科整本书阅读的课型设计 …………… 83
 第一节 基于"读思达"的三种课型 ………………… 83
 第二节 三种课型的实践案例 ………………………… 95

第五章 全学科整本书阅读的课内外阅读一体化 … 157
 第一节 课内外一体化是全学科整本书阅读的基本要求 ……… 157
 第二节 课内外阅读一体化的实施策略 ……………… 164
 第三节 课内外阅读一体化的实践案例 ……………… 174

第六章　全学科整本书阅读的家校共读 …… 189
第一节　家校共读的价值与意义 …… 189
第二节　家校共读的路径与策略 …… 195
第三节　家校共读的案例与实践 …… 202
第四节　家校共读的收获与感悟 …… 220

第七章　全学科整本书阅读的支持体系 …… 231
第一节　学校领航，全科启航新征程 …… 231
第二节　教师指引，阅读新风初露尖 …… 243
第三节　家校同行，共读风尚筑根基 …… 252
第四节　社会共筑，阅读新景展宏图 …… 256

第八章　全学科整本书阅读的效果与影响 …… 265
第一节　全学科整本书阅读助力学生成长 …… 265
第二节　全学科整本书阅读促进教师发展 …… 278
第三节　全学科整本书阅读推动课堂转型 …… 290
第四节　全学科整本书阅读引领学校变革 …… 296

第一章　全学科整本书阅读的意义

> 立身以立学为先，立学以读书为本。
>
> ——欧阳修

用读书充实教育内涵，用读书为人生奠基，"你无法到达的地方，文字载你过去。你无法经历的人生，书籍带你过去"。在信息爆炸时代，碎片化的知识如同散落的珍珠，难以串联成璀璨的知识项链，全学科整本书阅读能够洞悉知识之间的内在联系，有助于学生知识体系的完整构筑、思维逻辑的全面锤炼、核心素养的全面提升，对学生成长和社会发展具有重要的价值和意义。

第一节　阅读的意义

自党的十八大以来，以习近平同志为核心的党中央对全民阅读活动予以了高度重视，并做出了一系列重要部署。阅读活动的深入推广，不仅有助于提升个人素养，对于推动社会文明进步也具有重要意义。通过阅读，我们能够汲取知识、启迪智慧，同时培养批判性思维，提高综合素养，为个人成长和社会发展做出积极贡献。通过分享阅读体验和心得，我们能够增进相互理解与尊重，共同构建一个更加文明、进步的社会环境。

一、阅读的背景与依据

（一）阅读已经上升为国家层面的教育行动

党的二十大报告强调："提高全社会文明程度"，"深化全民阅读活动"。[①] 2023年，为贯彻落实党的二十大关于深化全民阅读活动的重要部署，进一步推动青少年学生阅读深入开展，促进全面提升育人水平，教育部等八部门印发《全国青少年学生读书行动实施方案》（以下简称"方案"）。该方案强调以习近平新时代中国特色社会主义思想为指导，深入学习和贯彻党的二十大精神，全面贯彻党的教育方针，切实履行立德树人根本任务，积极培育和践行社会主义核心价值观，引导并激励青少年学生爱读书、读好书、善读书，立志为中华民族伟大复兴而读书，以切实增强历史自觉和文化自信，着力培养德、智、体、美、劳全面发展的社会主义建设者和接班人。由此可见，阅读作为一项具有重要意义的教育活动，已经上升为国家层面的教育行动。

（二）阅读是现代公民必备的基本素养

阅读被视为现代社会公民不可或缺的基本素养，这一观点不仅源于其对个人成长的深刻影响，也源于其对社会、文化以及民主体系的重要性。在当前信息泛滥和数字化时代背景下，阅读已不仅仅是一种单纯的信息获取手段，还成为一种关键能力，是探索知识、理解世界的钥匙。

阅读作为人们获取知识、提升智慧、发展思维、参与社会活动的重要途径，在全球范围内得到了广泛认可。阅读素养是现代公民必备的基本素养，是其立身社会、提升社会竞争力的重要能力保障，是国家软实力的关键指标和社会文明进步的重要基石。基于此，经济合作与发展组织（简称OECD）设计并发起了含阅读素养、数学素养、科学素养在内的国际学生评价项目（简称PISA）测评活动。该活动于2000年开始首测，每年以一种素养为主测领域，三年一个周期，九年一个循环，其中2000年、2009年、2018年PISA的主测领域为阅读素养，主要测试学生适应未来社会所必需的阅读方法和阅读技能。每次大循环前都会重新界定阅读素养的内涵，制定阅读素养的测试

---

① 习近平.高举中国特色社会主义伟大旗帜为全面建设社会主义现代化国家而团结奋斗——在中国共产党第二十次全国代表大会上的报告[M].北京：人民出版社，2022：27.

标准、测试文本及试题样式、评价工具等。[①] 特别是 PISA 2018 的测试框架，既保留了过去阅读素养内涵的基本内容，又融入了现代科技、文化、生活等多方面的元素，使阅读素养的内涵更加丰富，特征更加鲜明，更加顺应了时代发展与科技进步的要求。在人工智能背景下，阅读作为学生的基本素养在国际上又上升到一个新的高度，成为全球基础教育发展的关键内容。

（三）阅读是现代教育的基石

苏霍姆林斯基高度重视让儿童接触并学习经典著作，因为早期阅读经验会影响儿童未来一生的思想走向。[②] "一个人在少年时期和青年早期读过哪些书，书籍对他意味着什么，这一点决定着他的精神丰富性，决定着他对生活目的的认识和体验"，[③] 阅读在教育中扮演着至关重要的角色，因为它不仅是知识获取的途径，更是思维发展和文化传承的桥梁。阅读涵盖了广泛的领域，包括文字、图像、声音等多种形式，对个人成长和整个社会发展都有深远的影响。

钱理群认为："什么是教育？就是爱读书的校长和爱读书的老师，带领着学生一起读书。就这么简单。但真要做到，还真不容易。中小学教育是干什么的？一是培养学生读书的兴趣；二是教给学生好的读书方法；三是养成读书的习惯。做到这三条，学生就会一辈子读书，受益无穷。"[④] 无论是在学校课堂上还是日常生活中，我们都需要通过阅读来获取信息、理解概念和学习技能。通过阅读，人们不再是单纯地被动接受信息，更能够对所读内容进行分析、评估和批判性思考。这种批判性思维的培养，使得个体能够更好地辨别信息的真伪、思考逻辑的合理性、提升解决问题的能力。同时，阅读也为创造力的发展提供了动力，启发了个人的想象力和创新能力，激发了创造性

[①] 赵晓坤. PISA 阅读素养视域下基于项目学习的全科阅读实践初探 [J]. 山西教育（教学），2024（11）：7—8.

[②] 姚婧. 苏霍姆林斯基阅读教育思想的内涵阐释及其启示 [J]. 名作欣赏，2021（5）：31—32.

[③] 〔苏〕苏霍姆林斯基. 给教师的建议 [M]. 杜殿坤，编译. 北京：教育科学出版社，1984：401.

[④] 钱理群. 教育改良从读书做起 [J]. 云南教育（视界综合版），2019（4）：20—21.

思维，进一步促进了社会的进步和发展。通过阅读，人们可以学习语言表达的技巧，丰富自己的词汇量，提高沟通能力。阅读不同文化背景下的作品，还能够促进跨文化交流，增进人们对不同文化的理解和尊重，有助于建立更加包容、和谐的社会关系。阅读文学作品、心理学书籍等能够让人更好地了解自己和他人的情感，提高情商，培养同理心和情感智慧。通过阅读，人们能够更好地审视自己的情感体验，学会应对生活中的挑战和困难，增强心理韧性，提升抗压能力。

因此，可以说阅读是教育的本质体现，因为它不仅仅是知识获取的手段，更是一种思维方式和生活态度。通过阅读，个人能够不断学习、不断进步，同时也为社会的发展和进步提供源源不断的动力。

二、阅读的价值与意义

叶圣陶先生曾言："国文教学自有它独当其任的任，那就是阅读与写作的训练。"[1] 阅读是获取知识、开阔视野的重要途径，它如同一扇扇窗户，让我们看到更广阔的世界。它不仅能够丰富我们的内心世界，提升我们的思维能力，还能增强我们的语言表达能力和理解能力。同样，阅读还是一种情感的寄托和慰藉。它让我们在喧嚣的世界中找到一片宁静的港湾，让我们在疲惫的时刻找到一丝慰藉和力量，让我们在快速变迁的时代中始终保持好奇心和探索欲。无论我们身处何种环境，无论面临何种挑战，阅读都能成为我们最坚实的后盾和最宝贵的财富。

（一）阅读助力学生全面发展

钱钟书说："如果不读书，行万里路，也只是个邮差。"在小学教育阶段，阅读是学习的主要途径之一。

阅读是开阔个人视野和培养批判性思维的关键途径。李家同教授在《大量阅读的重要性》一书中认为，大量阅读是基础教育的起点。[2] 通过阅读不同

---

[1] 中国教育科学研究院. 叶圣陶语文教育论集［M］. 北京：教育科学出版社，2017：42.

[2] 徐如松. 大量阅读的重要性：阅读永远都不会足够多［J］. 考试，2015（19）：94.

题材、风格和文化的书籍，学生能够接触到多元化的观点和思想。这些丰富的知识素材如同肥沃的土壤，滋养着他们的创造力和想象力。在阅读的过程中，学生需要不断分析问题、评估信息的真实性和价值，这种思考的过程正是批判性思维的培养过程，使他们学会独立思考，不盲目跟从，为未来的学术探索与职业发展奠定坚实的基础。

阅读对于提升学生的学习素养和学业成绩具有显著影响。在《国文科之目的》中，叶圣陶提出："要养成阅读能力，非课外多看书籍不可。课本只是举出些例子，以便指示、说明而已。这里重要在方法；本月比上月更善阅读，今年比去年更能了解，就是进步。"[①] 通过阅读，学生能够深入理解学科知识，巩固课堂学习内容，并拓展自己的认知范围。广泛的阅读提高了学生的阅读理解能力、语言表达能力和专注力，这些能力在各学科的学习中都至关重要。尤其在小学阶段，博览群书能够让学生的大脑得到充分发展，为未来的学习奠定坚实基础。

阅读还能触发学生的情感共鸣，启发情感智慧。文学作品中的故事情节、人物形象和背景设定能够带领学生进入不同的情感世界，使他们更好地理解人性、情感和社会。通过阅读，学生能够学习到丰富的情感表达方式和沟通技巧，这对于他们在现实生活中建立良好的人际关系、解决冲突以及进行情感沟通都至关重要。文学作品中的情感共鸣能够激发学生的同理心，培养他们的道德观念和伦理意识，为成为有温度、有情怀的人打下坚实的情感基础。

（二）阅读提升学校教育质量

阅读，作为知识与智慧的源泉，对学校的意义远不止于学生个体的成长。它还会深刻地影响一所学校的整体风貌、教育质量及长远发展。

阅读是教师专业成长的关键。通过沉浸于教育理论、教学法研究及学科前沿的书籍中，教师们得以不断更新知识结构，拓宽教学视野，从而更好地适应教育变革，满足学生多元化的学习需求。这种持续的学习态度，不仅提升了教师的教学水平，更为学校的教学质量和竞争力奠定了坚实基础。

阅读是校园文化建设的重要一环。浓厚的阅读氛围能够激发学生的求知欲和好奇心，培养他们的自主学习能力和批判性思维。学校通过设立图书馆、

---

① 叶圣陶. 叶圣陶集：第13卷 [M]. 南京：江苏教育出版社，2004：30.

阅读角，举办读书节等活动，不仅丰富了学生的课余生活，更营造了积极向上的学习氛围，为学校的长远发展注入了活力。

阅读在推动教育创新方面发挥着重要作用。教师们通过阅读，接触到最新的教育理念和技术，进而将这些新知融入教学实践中，推动了教学方法和课程内容的创新。同时，阅读分享会、研讨会等活动促进了教师间的交流与合作，共同探索教育的新路径，为学校的教育改革注入了新动力。

最后，阅读还有助于提升学校的管理水平。学校管理者通过阅读管理类书籍、教育政策文件等，得以提升自己的管理能力和决策水平，从而更加科学、合理地规划学校的发展蓝图。这种前瞻性的管理思维，确保了学校在激烈的教育市场竞争中保持领先地位。

（三）阅读推动社会文明进步

阅读，这一看似简单的行为，实则蕴含着对社会的深远影响。它不仅是个人成长的阶梯，更是推动社会进步、促进文明交流的重要力量。

阅读对于培养公民素养和提高参与能力具有不可替代的作用。通过阅读，人们能够更全面地了解社会、政治、经济等方面的信息，掌握国家政策和时事动态，从而更积极地参与公共事务的讨论和决策过程。这种参与不仅有助于推动社会的和谐稳定和进步发展，还能增强公民的社会责任感和归属感。一个人人都热爱阅读的社会，往往意味着一个更加理性、更加负责任的公民群体，他们能够更好地履行自己的社会责任，为社会的繁荣稳定贡献力量。

阅读在促进社会的多元文化交流和理解方面发挥着至关重要的作用。通过阅读不同文化背景的作品，接触不同的思想观念，人们能够跨越地域、种族和语言的界限，增进对多元文化的理解和尊重。这种理解和尊重有助于减少误解和冲突，促进不同文化之间的交流和融合。一个开放包容的社会，必然是一个多元文化共存、相互尊重的社会。而阅读，正是这种多元文化交流和理解的桥梁和纽带。

此外，阅读还能激发社会的创新活力和创造力。通过阅读获取新知识、新思想和新观念，人们能够不断开阔视野、拓展思维，从而在社会各个领域创造出更多的创新成果和发展机遇。无论是科技领域的突破，还是文化艺术的创新，都离不开阅读的滋养和启迪。一个充满创新活力的社会，必然是一个热爱阅读、善于思考的社会。阅读，为社会的持续发展和进步提供了源源不断的动力源泉。

同时，阅读还有助于提升社会的整体文明程度。一个热爱阅读的社会，往往意味着一个更加文明、更加和谐的社会氛围。通过阅读，人们能够不断提升自己的道德水平和文化素养，形成正确的价值观和人生观。这种文明程度的提升，不仅有助于社会的和谐稳定，还能为社会的长远发展奠定坚实的基础。

第二节 全学科整本书阅读的意义

在瞬息万变的知识洪流中，小学教育已迈入综合素养培育的新纪元，不再拘泥于单一学科的片面探索。全学科整本书阅读作为一股清新之风，悄然成为小学教育的重要支柱。全学科整本书阅读指的是阅读对象涵盖基础教育阶段的所有学科，阅读内容是完整而全面的整本书籍。这种阅读是超越单一学科、某一书籍篇章片段的阅读，强调阅读对象和内容的丰富性，其中"全学科"涵盖了所有的学习领域，不仅包括学科内阅读，也包括多学科和跨学科阅读，阅读是在所有的学科中都需要发生的；而"整本书"强调阅读内容的完整性，让学生从碎片化、片段式的阅读转移到完整的知识链条和故事结构之中，以促进学生全面理解、学习和提升。通过全学科整本书阅读，能够改变教与学的方式，提升学生阅读素养，促进学生全面发展。此方法不仅丰富了教学内涵，更以其深度与广度的结合，深刻影响着学生的全面发展。通过沉浸于完整的书籍世界，学生的知识得以系统整合，思维更趋严谨与多元，同时在语言表达、批判性思维及团队协作能力等方面均得到显著提升。

一、全学科整本书阅读有助于知识体系的完整构筑

在当今信息泛滥的社会背景下，碎片化的知识如同散落的珍珠，难以串联成璀璨的知识项链。而全学科整本书阅读则犹如编织知识的细线，引导学

生深入探索某一领域或主题，使孤立的知识点相互连接，形成系统化的知识网络。通过整本书的沉浸阅读，学生能够循序渐进地掌握从基础到进阶的知识体系，洞悉各部分知识间的内在联系，进而达到对该领域或主题的全面而深刻的理解。这种知识体系的完整构筑，不仅强化了记忆，促进了理解，还为学生后续的知识迁移与创新应用提供了坚实的基础。

以小学科学经典读物《昆虫记》为例，这部著作不仅是探索昆虫世界的科学指南，也是文学与科学完美结合的典范。法布尔对昆虫的观察细致入微，笔触生动细腻，为学生提供了大量关于昆虫形态、习性、生态的第一手资料。学生们不仅能够系统地学习到昆虫的生物学特性、生活习性及生存策略等科学知识，还能更深刻地体会到科学探索过程中的严谨态度与文学表达的艺术魅力。其语言生动、描述细腻，是极好的文学作品。小学生在阅读过程中，可以学习到如何用准确而富有表现力的语言来描述观察到的现象，从而提高自己的语言表达和写作能力。《昆虫记》不仅涉及昆虫学，还融合了生物学、生态学、行为学、地理学、物理学等多个学科的知识。例如，昆虫的迁徙与地理知识相关，昆虫的保护色与光学原理相关。通过阅读此书，学生可以了解到不同学科之间的联系，从而构建起更为全面的知识体系。为深化学生的理解与体验，教师可组织实地观察活动，让学生亲近自然、走进自然，用放大镜和笔记本记录下昆虫的每一个细微动作，将书本上的知识转化为直观而鲜活的经验。这样的实践活动，不仅能加深学生对昆虫世界的认识，还能激发他们对自然科学的浓厚兴趣。同时，通过分析昆虫间的复杂生态关系，如捕食、共生、竞争等，帮助学生理解生物多样性、生态系统平衡等重要概念，从而构建起对自然界的整体认识，培养起对生态环境的尊重与保护意识。

二、全学科整本书阅读有助于思维逻辑的全面锤炼

思维逻辑的全面锤炼是全学科整本书阅读的又一重要价值所在。它要求学生紧跟作者的思维轨迹，经历从问题发现到分析解决的全过程，从而锻炼出条理清晰、逻辑严密的思考方式。在阅读中，学生需不断提取信息、整合信息、形成判断，并尝试从不同角度审视问题，这一系列过程极大地提升了他们的逻辑思维、批判性思维及创造性思维能力。

以小学数学绘本《小木匠马鲁》为例，它通过生动的故事情节和形象的插图，将数学知识巧妙地融入其中，为小学生提供了一个锻炼思维逻辑的绝佳平台。在故事中，小木匠马鲁会遇到各种制作家具的挑战，比如如何准确地测量木板的长度、如何计算所需的钉子数量等。这些问题需要小学生运用所学的数学知识，结合实际情况进行解决。通过阅读和学习这些情节，小学生可以逐渐培养起面对问题时的冷静分析能力和解决问题的实践能力。马鲁在制作家具的过程中，需要不断地进行逻辑推理。例如，他需要根据家具的尺寸和形状，推理出所需的材料数量和切割方式。这些逻辑推理过程不仅锻炼了小学生的数学思维，还培养了他们的逻辑判断能力和推理能力。在绘本中，马鲁会制作各种形状和大小的家具，这要求他对空间有敏锐的感知能力。通过观察和思考马鲁如何摆放和组合家具，小学生可以逐渐培养起自己的空间感知能力，学会如何在脑海中构建和想象三维空间。绘本中还涉及了多种数学概念，如长度、面积、体积等。通过故事情节的引导，小学生可以更直观地理解这些抽象概念，并学会如何在实际生活中应用它们。这种将数学知识与日常生活相结合的教学方式，有助于小学生更好地掌握数学概念。与此同时，阅读绘本需要小学生集中注意力，跟随故事情节的发展。在这个过程中，他们会逐渐学会如何保持专注力，不被外界干扰。这种注意力的锻炼对于小学生来说非常重要，是学习任何学科知识的基础。在故事中，马鲁会尝试不同的设计方案和制作技巧，以创造出独特而美观的家具。这种创造性的思维方式可以激发小学生的想象力，让他们学会从不同的角度思考问题，并勇于尝试新的解决方案。此外，《小木匠马鲁》还通过生动的插图和有趣的故事情节，激发了小学生的阅读兴趣和学习热情。他们会在阅读中感受到数学的乐趣和魅力，从而更加主动地学习和探索数学知识。因此，阅读《小木匠马鲁》这样的数学绘本，能全面锤炼小学生的思维逻辑，不仅可以帮助他们掌握数学知识，还可以培养他们的问题解决能力、逻辑推理能力、空间感知能力、创造性思维以及数学语言表达能力等多方面的能力。

三、全学科整本书阅读有助于核心素养的全面提升

全学科整本书阅读在提升学生综合素养方面发挥着不可替代的作用。它

超越了单纯的阅读理解范畴，通过文本分析、批判性思考、创意表达等多种途径，全面促进学生的能力发展。在阅读中，学生需运用语言理解、信息提取、逻辑推理等多种能力来解析文本；同时，他们还需通过口头表达、书面创作等方式展示自己的阅读成果与思考过程。此外，合作学习、角色扮演等活动也为学生提供了锻炼团队合作精神与人际交往能力的平台。

《草房子》作为一部富有教育意义的文学作品，在阅读教学中展现出了其独特的综合价值。学生不仅能够沉浸在跌宕起伏的故事情节中，还能深刻感受到作品所蕴含的批判思维、文化底蕴和历史背景。

从批判性思维与问题解决能力的角度上看这本书，书中塑造了众多性格鲜明、经历各异的人物，如坚韧不拔的桑桑、聪明伶俐的纸月、命运多舛的杜小康等。通过阅读，学生可以学会从不同角度审视这些人物的行为和决策。比如，分析杜小康从富裕到贫困的心理变化，学生需要思考社会环境变化对个人成长的影响，以及个人如何应对逆境，这促使学生从经济、社会、心理等多个维度进行批判性思考。又如，小说中多次出现人物面临困境的情节，如桑桑生病、秦大奶奶与油麻地小学的冲突等。学生在阅读过程中，不仅可以识别出这些问题，还可以思考如果自己是故事中的角色，会如何解决问题。这种代入式思考鼓励学生运用批判性思维，评估不同解决方案的可行性和后果。

从文化素养的角度来看，《草房子》中提到的许多传统习俗、节日庆典、民间故事等，都是对中国传统文化的生动呈现。比如，书中描述的端午节赛龙舟、中秋节赏月吃月饼等节日习俗，不仅让学生了解了这些传统节日的由来和庆祝方式，还激发了他们对传统文化的兴趣和热爱。通过阅读，学生能够更加深入地理解中华文化的博大精深，增强文化自信。

同时，《草房子》也为学生提供了一个了解历史、思考历史的窗口。作品通过讲述桑桑等人物的故事，反映了那个时代农村社会的变迁、教育制度的演变以及人们思想观念的变化。学生在阅读过程中，可以结合历史背景，思考这些变化对社会发展和个人命运的影响。例如，通过分析秦大奶奶与油麻地小学之间的冲突，学生可以感受到教育现代化进程中传统与现代的碰撞，以及教育公平的重要性。这种结合文本内容与历史背景的思考方式，有助于培养学生的历史意识,使他们能够更好地理解历史、认识当下、展望未来。

小学阶段的全学科整本书阅读意义深远而重大,为学生构建了坚实的知识框架,为他们未来的学习与成长铺设了宽广的道路,使他们能够以更加自信的姿态迎接未来的挑战,成长为既博学多才又情感丰富、思想深刻的时代骄子。因此,我们务必深刻认识到全学科整本书阅读的重要性,并积极推动和实施,为学生们的全面发展注入不竭的动力。

第二章　全学科整本书阅读的书目选择

一本好书可以改变一个人的人生，甚至可以改变整个世界。

——约翰·肯尼迪

选择一本好书，就如同打开了一扇通往广阔世界的窗户，为学生们铺设了一条充满希望的成长之路。让阅读无处不在，让阅读在所有学科中发生，黄石中心小学遵循面向学生学科核心素养、紧扣教材内容知识、贴合学生发展规律三大原则为学生挑选阅读书籍，并形成了具有层次性、进阶性的校本必读书目和选读书目。

第一节　全学科整本书阅读书目的选择原则

一个没有阅读的学校永远不可能有真正的教育。[①] 因此，黄石中心小学把全学科整本书阅读作为培养学生综合素质的重要路径。全学科整本书阅读作为一种全面而深入的学习方式，不仅能有效拓宽学生的知识视野，锻炼他们的深度思考能力，还能促进跨学科的融合和应用。因此，在我校教育实践中，为学生选择恰当的整本书阅读书目成为我们的工作重点。选择这些书目时，我们牢牢把握学科核心素养、聚焦各学科教材知识、符合学生发展规律这三大原则，致力于推荐那些既能够激发学生兴趣又与学科教学紧密结合的书籍，

---

① 朱永新. 让阅读和写作成为一种生活方式 [J]. 民主，2023（10）：6—8.

旨在通过阅读活动，全面提升学生的综合素质，培养他们成为具有批判性思维和创新能力的未来社会栋梁。

一、书目选择面向学科核心素养

2022年，教育部颁布并印发了《义务教育课程方案和课程标准（2022年版）》，其中明确提出课程目标应基于学科核心素养。这一价值取向不仅是课程建设的指南，也是未来教育变革进程的理论和实践成果的集中体现，为教师教学和学生学习提供了明确的方向。因此，在选择全学科阅读书目时，我们应该紧扣学科核心素养，确保书目与新课标的要求相切合。

语文新课标特别强调学生在阅读过程中的主体地位，并充分考虑到学生阅读兴趣的个性化差异。正如2022年《义务教育语文课程标准》所提出的：拓展型学习任务群"本学习任务群致力于在语文实践活动中，指导学生根据个人的阅读目标和兴趣来挑选适宜的图书"。[1] 在这里，"选择"的主体明确指向学生。这样的指导思想旨在鼓励学生主动探索，发现并培养自己的阅读偏好，从而更有效地激发他们的阅读热情和提升阅读能力。我们应当重视培养学生选择图书的习惯和能力，如在阅读儿童文学名著时，就要结合具体著作、出版社和版本，指导学生了解名著是经过时间检验并得到广泛认可的，要学会选择质量上乘的图书。

在数学领域，虽然新课标没有具体推荐数学整本书的阅读书目，但市面上有许多与之配套的阅读丛书，例如《你好！数学》《汉声数学》《数学帮帮忙》《嗨，小学数学！》《从小爱数学》和《美丽的数学》等。这些书籍都符合数学新课标的要求，并且贴合学生的年龄特点和认知水平，确保阅读内容与学生的学段水平相匹配。因此，在挑选数学整本书阅读书目时，我们应该紧扣学科核心素养，既要重视经典的阅读材料，又要考虑具有时代感和新颖性的阅读材料，同时兼顾学生的阅读兴趣和爱好，选择那些既有趣味性又有吸引力的阅读材料。这样做可以激发学生的阅读热情，并培养他们的自主阅读能力和习惯。当然，数学阅读书目与语文不同，无法一次性提供整套书目，

---

[1] 中华人民共和国教育部. 义务教育语文课程标准（2022年版）[S]. 北京：北京师范大学出版社，2022.

有些需要推荐单册书籍。在这种情况下，我们既要考虑单个阅读材料的内在逻辑，又要考虑整体书目之间的相互联系。这样做有助于学生构建完整的知识体系，并提高他们的思维能力和创新能力。

对于综合科阅读书目的推荐，我们同样遵循学科核心素养的理念。虽然课程标准没有对学生整本书阅读做出明确的要求，但鉴于学科特性，在选择整本书阅读书目时，我们仍应关注新课标中对于每个学段的学习能力要求，结合如科学《落叶跳舞》、体育《体育竞技小百科》、美术《这不是一本艺术书》等能够体现学科核心素养的书籍进行选择。这意味着我们需要根据学生的认知发展和学习需求，精心挑选能够拓展知识视野、激发思考和创新的书籍。每读一本书就像按响了一次门铃，去访问那里卓越的思想和丰厚的人生体验。通过阅读，我们不仅能够满足学生对知识的渴望，还能帮助他们在跨学科学习中建立联系，进一步提升他们的综合素质，这与学科核心素养的培养目标是一致的。

二、书目选择紧扣教材知识内容

整本书阅读书目应该紧密围绕教材内容来选择。延伸阅读与教材相关的课外书籍，能够为学生提供更丰富的背景信息和实例，有助于学生构建更加完整和系统的知识体系。一方面，这样的阅读能够培养学生的阅读兴趣和习惯。当学生意识到阅读不仅是学习的一部分，更是一种享受时，他们将会更愿意投入阅读中。通过阅读不同类型的书籍，学生可以接触到更多的文化、历史、音乐、美术、科学等多个领域的知识，从而激发他们对阅读的热爱和兴趣。另一方面，阅读有助于提升学生综合素养。紧扣教材知识内容选书，能将理论与实践深度融合，锻炼思维、语言表达及审美鉴赏等能力。这种结合使学生在面对问题时，展现出较强的批判性思维与创新意识，增强解决问题的能力。同时，阅读让学生在字里行间感受美、理解美，提升审美鉴赏力。此外，阅读促进语言吸收与运用，显著提升学生的语言表达和写作水平，为其学习成长奠定坚实的基础。

根据不同学科的特点，我们精心挑选了相应的书目。以语文为例，语文统编版教材中的"快乐读书吧"是专门为整本书阅读设计的课程内容，每册教材均包含一个，通常与相关单元课文主题相结合，推荐整本书阅读书目并提供阅读方法指导。纵观统编版小学语文12册教材的12个"快乐读书吧"，从阅读书目上来看，题材和体裁都非常丰富，能够循序渐进地拓宽学生的阅读视野。相应的阅读策略和方法目标的定位，既与具体阅读书目紧密关联，又能在能力要求和思维品质提升上体现循序渐进的编排意图。因此，语文整本书阅读书目的选择重点在于选择"快乐读书吧"中的内容。同时，我们也会根据课文的来源选择整本书阅读书目，例如在学习六年级上册《那个星期天》时，推荐学生阅读史铁生的长篇小说《务虚笔记》，以便更深入地了解史铁生与母亲之间的故事，进一步感受史铁生对母亲的思念。当然，语文阅读书目的选择还可以从作者、相同题材、历史背景等多个角度考虑。

数学阅读书目的选择同样需要考虑与教材的关联，以便对教材内容进行有效的延展和补充。这样可以确保学生在阅读过程中能够与课堂上学到的知识相互印证，加深对数学概念和方法的理解。例如在《哎哟哎哟，有人吗？》绘本中，紧贴一年级上册的基础知识，通过"几"表示物体的数量和"第几"表示物体所在的位置或次序，潜移默化教给学生数和数数的概念。而在《鸭子叔叔的时钟》绘本中，紧贴一年级上册的《认识钟表》的课程内容，帮助学生认识钟表和时间，包括时针、分针的认识以及整时、半时的时间读取。同时，与教材配套的书籍通常会根据课程标准进行编写，有助于学生系统地掌握数学知识。我们的教材高度贴合现实生活，能够解决生活中的一些问题，因此在书目的选择上，也要适当注重实践性，选择一些与学生生活实际密切相关的阅读材料。这样可以帮助学生将理论知识与实际生活相结合，提高他们的实践能力。例如在《最棒的蔬菜》绘本中，通过爱挑食的小朋友种蔬菜的故事，不仅让学生爱上吃蔬菜，还使他们认识了测量工具，认识了千米、米、厘米、毫米等长度单位，以及吨、千克、克等质量单位，甚至还包括对单位换算的认识。

在其他学科中，整本书阅读书目的选择同样遵循与教材内容紧密相关的原则。以音乐学科为例，绘本整本书阅读的引入极大地丰富了学生的学习体验。绘本中形象的图画语言对于儿童理解音乐结构有着积极的影响，帮助他们更直观地把握音乐的节奏、旋律和和声等基本要素，从而更深刻地感知和欣赏音乐。例如，对于刚接触音乐理论的一年级学生，可以推荐《一起来听音乐会》这一套充满童趣、包含丰富音乐知识的绘本。这一套绘本将故事性与知识性相结合，以童趣与音乐的完美结合，帮助低年级学生感受音乐的魅力。绘本阅读还能提供有趣的情境，使学生更投入地学习音乐。例如在六年级学习西洋乐器知识时，可以引入《大提琴之树》这一绘本，让学生通过祖孙三代与艺术和树的故事，提升对大自然的感知力、艺术的体验感，以及对生命精神传承的深入理解。在绘本的引导下，学生能更深入地理解音乐作品所表达的情感和意境，从而增强对音乐的兴趣和热爱。

总之，为小学生选择全学科整本书阅读书目是一项既具挑战性又富有意义的工作。我们希望通过这些精心挑选的书籍，为学生们打开一扇扇通往知识世界的大门，让他们在阅读中成长，在成长中阅读。

三、书目选择符合学生发展规律

全学科阅读书目的选择应当遵循学生的发展规律。学生作为全学科阅读的主体，如果所选书目不符合他们的成长特点，那么深度阅读和广度拓展的目标将难以实现。学生的发展是多方面的，涉及学生的年龄特点、兴趣爱好、价值观塑造以及教育需求。同时，书目的质量和适用性也是不可忽视的因素，这些都需要在挑选阅读书目时综合考虑。具体来说，对于低年级学生，我们倾向于选择图画书或者有趣的故事书，以吸引他们的注意力并激发阅读兴趣。对于中高年级的学生，我们更倾向于选择具有启发性、教育意义的书籍，如名著等经典文学作品，以帮助他们开阔眼界、培养思维能力，并在阅读中感受人生哲理和情感。另外，没有养成读书习惯的人，就时间和空间而言，是受他眼前的世界所禁锢的。因此，在引导学生发展的过程中，应该注重正确价值观的塑造和良好行为习惯的养成，通过有方向性地选择书目，我们可以引导学生进行正确阅读。①

语文学科"快乐读书吧"在推荐阅读书目时，紧密贴合学生的发展特点。这样的选择不仅能引导学生深入思考和分析问题，还能培养他们的逻辑思维、批判性思维和创造性思维。这些思维能力对学生未来的学习和生活都将产生

---

① 杜成凡. 读书的艺术［M］. 北京：中国文化出版社，2013.

积极而深远的影响。以四年级上册推荐的《中国古代神话故事》为例,学生在课堂教学中已经学会了如何提取文章的起因、经过和结果。在这一基础上,引导学生阅读《中国古代神话故事》不仅能够巩固他们的逻辑思维能力,还能激发他们的发散性思维,实现一举两得的效果。通过紧扣学生思维发展选择阅读书目,我们还能进一步促进学生的全面发展。不同的书籍类型和内容涵盖了不同的知识领域和思维方式,这有助于学生拓宽视野、增长见识。同时,阅读是对学习困难的学生进行智育的手段,学生读书越多,他们的思维就越清晰,智慧就越活跃,通过阅读不同类型的书籍,学生能够接触到多元的思想和文化,从而提升他们的文化素养和人文素养。[1] 以四年级下册推荐的《十万个为什么》为例,书目中包含了许多有趣的科学实验和生活常识,科普类书籍的阅读不仅丰富了学生的思考方式,还拓宽了学生的知识面。

在数学学科中,选择合适的书目能够帮助学生构建完整的学科知识体系,增强思维的系统性,并实现能力的全面发展。首先,通过将课内学习与课外阅读相结合,学生最终能够完成知识的完整性构建。例如,《直线、平行线、垂线》这本书以启发的方式介绍了大量与我们生活息息相关的数学知识,并针对学生的兴趣设计了很多实操性强的数学游戏,让学生在动手操作的过程中加深对数学各种基本概念的理解,这在一定程度上也是对数学基础教育的完美补充,使知识更加完整。其次,在增强学生思维系统性方面,数学绘本能够将知识点形象化、具体化甚至趣味化。例如,《乱七八糟的魔女之城》通过有趣的情境,将数学知识巧妙地隐藏在图片中,将"模式排序"的数学知识融入生动的故事情节中,使抽象的排序变得合理而有趣。这能够有效引导学生运用规律预测发展趋势,培养学生初步的观察、推理与归纳能力,使他们对规律的感知更加具有思维逻辑性和系统直观性。最后,在促进学生能力全面性提升上,数学绘本起到了不可缺失的作用。例如,《最棒的蔬菜》引导学生在种菜的过程中了解数学中的重量、长度、厚度以及温度等概念。通过阅读,学生可以自己动手和家人一起使用测量工具科学地去种植蔬菜,与蔬菜一同成长。学生收获的不仅仅有蔬菜和瓜果,还有测量工具的使用、测量

---

[1] 〔苏〕苏霍姆林斯基. 帕夫雷什中学[M]. 赵玮,王义高,蔡兴文,等,译. 北京:教育科学出版社,2001:67.

单位的认识以及统计的学习。这个过程实现了知识、实践、劳动能力的全面提升。

在英语学科中，一些绘本通过连贯的故事情节，将词汇、句型、语法及文化背景等知识元素自然地融合在一起，形成了一个完整的知识体系。学生在享受阅读乐趣的同时，能够系统地吸收和内化这些知识。以 *The Very Hungry Caterpillar* 为例，这本绘本讲述了一只小毛毛虫从孵化到化茧成蝶的过程。在故事中，学生不仅能学到与食物相关的词汇（如 apple，pear，chocolate cake 等），还能接触到表示时间顺序的词汇（如 Monday，Tuesday……）和简单的时态变化（如 was，ate）。更重要的是，学生能通过故事理解生命循环的自然规律，从而拓宽了知识面，实现了知识的完整性。一些绘本通过丰富的故事情节和角色塑造，激发学生的好奇心和探索欲，促使他们进行深度思考。学生在理解故事情节、分析角色行为、预测故事发展等过程中，逐渐构建起系统的思维方式。在 *The Carrot Seed* 中，学生可以通过观察小男孩与胡萝卜种子之间的变化，思考"什么是坚持？""什么是信念？"等深刻的问题。这种思考过程不仅锻炼了学生的逻辑思维和批判性思维，还培养了他们的同理心和人文关怀，体现了思维的系统性。绘本阅读不仅能提升学生的语言能力（如听说读写），还能在观察力、想象力、创造力、语言表达能力等多个方面发挥积极作用。以 *I Am A Bunny* 为例，这本绘本以其独特的画风和丰富的画面吸引了无数小读者。学生在阅读过程中，需要仔细观察画面细节，体验四季不同的美景。同时，他们也会被书中描绘的自然风景所启发，产生自己的想象和创作欲望。此外，学生还可以通过角色扮演、复述故事等方式，锻炼自己的语言表达能力和团队合作能力。这些能力的全面提升，正是绘本阅读相较于碎片化阅读的优势所在。

第二节　全学科整本书阅读书目的类别选择

推进全学科整本书阅读，关键在于能够为学生挑选恰当、适合的阅读书目。面对浩如烟海的书籍，明确选择书目类别无疑是一项艰巨而关键的任务。因为阅读的价值不仅在于阅读内容，更在于分类阅读。优质书籍可以启迪智慧，而不合适的书籍则可能浪费宝贵的时间，甚至误导学生的思维方式。因此，在开展全学科整本书阅读的过程中，对阅读书目进行细微的二次分类显得尤为重要。我们根据新课标的要求、结合学科教材的知识点，以及结合学生不同年龄段的思维特点与兴趣爱好，将书籍分为必读书目和选读书目两大类。通过这样的分类，我们可以确保学生在有限的时间里，能够阅读到最优质、最适合自己的书籍，从而真正实现全学科整本书阅读的价值和意义。

一、必读书目的选择

必读书目旨在奠定学生的学科基础，拓宽知识视野，丰富情感体验，培养阅读兴趣和习惯。为保证学生的阅读质量与效果，我们基于能力要求、知识要求及素养要求对必读书目进行选择，同时依据我校办学理念、办学文化推荐了一些通识类书籍。

必读书目的重要意义在于能够在小学阶段对学生产生全面而深远的影响。必读书目扮演着课本知识补充的角色，为学生提供更为广泛、深入的科学知识，帮助他们构建完整的科学认知体系，促进多种学科的交叉融合。一方面，从学科的角度来看，必读书目涵盖了多个领域的知识，学生在阅读过程中能够自然地接触到不同学科的思想和方法，培养了跨学科思维方式和解决问题的能力。这种跨学科的阅读体验为学生的综合素质提升和未来学习打下了坚实的基础。另一方面，从学段的角度来看，针对不同年级的学生，设置合适的必读书目能够确保他们在阅读中得到充分的挑战和成长。这些书目不仅满足了学生的阅读需求和兴趣爱好，还培养了他们的阅读兴趣和习惯，提升了阅读能力和思维水平。对学生而言，必读书目的存在为学生的全面发展提供了有力保障。通过阅读，学生能够接触到更广阔的知识领域和丰富的思想观点，拓宽视野，提升文化素养，并培养创新思维和实践能力。这些阅读经历为学生的未来发展提供了有力的精神支撑和知识储备。

毋庸置疑，要全面发挥必读书目的重要作用，有效选择阅读书目是前提保障。结合实际情况，应该要结合学科核心素养与教育部阅读指导目录，形成体系；也要注意结合教材内容予以选择，否则多少会与实际教学脱节，紧扣主题，方能有所延伸、拓展；当然，也要结合我校"立天地心，做红泉读书人"的办学理念，让书籍成为民族精神与文化传承的桥梁，助力学生在阅读中成长。

（一）如何结合学科核心素养要求选书

在小学全学科整本书阅读的教育实践里，选书时巧妙地融合学科核心素养与教育部阅读指导目录，能为学生打造优质阅读体系。学科核心素养是各学科育人价值的集中体现，选书时需匹配各学科独特要求，像语文注重语言与思维培养，数学强调逻辑推理，科学侧重探究精神。而教育部阅读指导目录则是极具价值的选书指南，依据不同学段学生的认知水平，提供了系统且丰富的书单。因此，我们要以教育部阅读指导目录为基础框架，结合各学科核心素养筛选书籍。

比如，在数学学科教学里，以核心素养为导向的理念对教学实践提出了新要求。为有效培养学生的抽象能力、推理意识、模型意识等核心素养，可将艺术、文学等元素引入课堂。以《乱七八糟的魔女之城》为例，它堪称契合数学学科核心素养培育的优质读物。书中借助趣味故事，将规律探寻、模式排序等数学知识，不着痕迹地编织进跌宕起伏的情节里。学生沉浸阅读时，不仅能直观感受故事魅力，更能在不知不觉间获得数学思维的启蒙。这种以解决故事中数学问题为导向的阅读方式，完美呼应新课标倡导的实践性学习理念。学生通过思考、探索书中谜题，不断锤炼运算能力，尝试归纳总结，逐渐形成模型意识。在故事情境中，他们动手又动脑，实践能力与创新意识得以同步提升，为数学学科核心素养的全面发展奠定坚实基础。

（二）如何结合教材内容知识选书

在小学全学科整本书阅读教育实践中，结合教材内容知识选书是为了给学生打造紧密关联课堂学习与课外阅读的优质阅读体系。首先要深入剖析各学科教材，梳理出知识脉络、主题架构与能力培养目标。如语文教材按单元编排，有文学鉴赏、写作技巧等不同侧重点；数学教材围绕数与代数、图形几何等知识板块。选书时，紧扣教材主题与知识点，为学生挑选具有拓展性、延伸性的阅读材料。

比如，人教版五年级上册美术教材以人文底蕴的学习主题为显线，突出美术学习的艺术价值。同时，以学科知识技能为隐线，注重感性的积累和体验。《鸟语花香》《诗情画意》等教材内容紧密围绕小学生已有的生活经验，选择与其密切相关的人文主题，并注重对中华优秀传统文化中绘画艺术的延伸与拓展。该册教材涵盖了多个学习领域，不仅包括色彩的三要素（色相、明度、饱和度）、色彩的对比与和谐等基本形式美的原理，还浓墨重彩地用了较多的篇幅向学生介绍如何学习中国画。那么，我们应该如何激发学生对于中国画的兴趣，发展创新思维，积极参与艺术实践活动，提升创意实践的能力呢？《好美中国画》这本书给出了答案。《好美中国画》这本书中设置了一些画中人的奇趣对话，使读者产生强烈的互动感。文本简洁，知识丰富，且富有趣味性。书中以生动的语言和独特的视角将画家生平及相关故事穿插其间，进一步扩展了读者的文化视野。该书以深入浅出的方式引领学生在中国画的世界里遨游，这与教材当中要求的传承和弘扬中华优秀传统文化、坚定文化自信的艺术课程目标不谋而合。

（三）如何结合学校办学理念选书

黄石中心小学秉持的"立天地心，做红泉读书人"的办学理念，为选书工作提供了清晰指引。在选书时，要契合"立天地心"的要求，优先挑选能够激发学生对自然、世界和宇宙产生敬畏与探索精神的书籍。围绕"做红泉读书人"，应侧重于选择承载民族精神与文化传承的经典之作。要让学生在阅读中汲取优秀传统文化精髓，深刻领悟民族精神内涵，从而自觉担当起文化传承的重任。通过这样的选书策略，让书籍成为践行学校办学理念与文化的重要载体，助力学生在阅读中成长为有精神追求、有文化担当的新时代学子。而《校园新童谣》作为必读书目，恰似一阵灵动的春风，为校园带来了生机与活力，引领着学生在知识的花海中徜徉。走进校园，你会发现读书的氛围无处不在。课间休息时，学生不再只是追逐打闹，而是三三两两地聚在一起，捧着《校园新童谣》轻声诵读。那朗朗的读书声，如同美妙的音符，在校园里跳跃、回荡。其中，有一首《文明小标兵》深受大家的喜爱："红领巾，胸前飘，文明礼貌要记牢。见师长，问声好，团结同学不打闹。爱花草，护公物，校园环境靠大家。讲卫生，勤洗手，健康快乐身体好。"这首童谣简单易懂，却蕴含着深刻的道理。在黄石中心小学，《校园新童谣》就像一位无声的老师，用它那简洁明快的语言，潜移默化地影响着学生们的行为和品德。学生在诵读童谣的过程中，不仅收获了知识和快乐，更将"立天地心，做红泉读书人"的办学理念融入日常生活中，成为文明、友爱、勤奋、好学的新时代好少年。

二、选读书目的选择

确定选读书目的主要目的在于为学生提供更多样化的阅读选择，扩大学生的知识面，以满足不同学生的个性化阅读需求。每一个学生都是独一无二的个体，因而他们对知识领域的需求也是不一样的，而选读书目体现了普遍性、共通性，能够最大化满足个性化阅读需求。

选读书目作为学生在完成必选书目基础上的个性化阅读选择，它的重要意义不言而喻。它允许学生基于个人兴趣、爱好或特定的发展需求，自主探索更为广阔的知识领域，从而拓宽视野，丰富认知。选读书目的核心目的在于，一方面，拓展学生的知识面和提升个人素养，满足其好奇心和对世界的探索欲；另一方面，它也是学生进行休闲娱乐、情感抒发和创造力激发的有效途径。在推荐阅读书目时，我们应当精心挑选那些既能提升学生综合素养，又能与教材内容知识紧密相连的优质书籍。这些书籍不仅能够辅助学生更深入地理解和掌握课堂知识，还能够激发他们的学习热情，培养批判性思维、创新能力以及跨文化交流能力等核心素养。选读书目成为学生个性化学习旅程中的重要组成部分，它通过提供多样化的阅读材料，促进学生成为主动的学习者和思考者，为终身学习和全面发展奠定坚实的基础。

针对选读书目的入选门槛，我们应该更加关注学生的年龄特征、兴趣爱好、自主学习情况、学习进度以及中华文化、地方文化特色等方面。考虑学生的年龄特征与兴趣爱好是为了帮助他们实现多方面均衡发展；紧密结合中华文化和地域特色则是为了厚植小读者的爱国主义、民族精神，更好地汲取红色精神，深刻理解中华文化，自觉传承民族精神；最后，从学生自主学习情况和进度来考量书籍，体现我们关注学生的兴趣爱好，因材施教，在不同阶段发挥不同书籍的作用，最大程度地吸引学生，助推他们成长。

（一）基于学生年龄特征与兴趣爱好去选书

为学生精心挑选阅读书目，是一个既需细致考量又充满艺术性的过程。在这一过程中，学生的年龄特征和兴趣爱好无疑是两个至关重要的考量因素。首先，选书必须符合学生的认知发展阶段。不同年龄段的学生，其认知水平、理解能力以及思维方式都存在显著差异。因此，在挑选书目时，我们应确保所选书籍的内容深度、语言表达以及逻辑结构与学生的认知能力相匹配。其次，选书还需充分考虑学生的兴趣爱好。兴趣是最好的老师，它能够激发学生的学习热情，引导他们主动探索知识。因此，在挑选书目时，我们应尽量选择那些能够吸引学生注意力、激发他们阅读兴趣的书籍。

以数学学科为例，为学生挑选阅读书目时，我们可以选择那些将数学知识与现实生活紧密结合的书籍。如《图解游戏》一书，就是一本非常适合学生的数学读物。它别出心裁，在叙事方式上独树一帜，精心挑选了生活中常见且能引发学生兴趣的场景，如拼图游戏、迷宫探险等，将数学图形巧妙地融入其中。学生在阅读这本书时，仿佛置身于一个个有趣的数学游戏中，在解决那些贴合自身兴趣的实际问题过程中，自然而然地掌握了数学知识，并逐步培养了推理意识、空间观念和几何直观等核心素养。这样的书籍，不仅满足了学生的认知发展需求，还激发了他们的学习兴趣和热情。

（二）立足中华文化和地方文化特色去选书

在为学生挑选阅读书目时，紧密结合中华文化与地方文化特色，无疑能够为他们的阅读体验增添独特的价值与意义。中华文化源远流长，博大精深，承载着中华民族的精神内核与价值追求。在选书时，我们应深入挖掘那些能够体现中华文化精髓的书籍，如红色经典小说等。这类书籍不仅蕴含着深厚的爱国情怀和民族精神，更能够让读者在阅读过程中汲取强大的精神力量，从而更加坚定文化自信。例如，《小兵张嘎》便是一部极具代表性的红色经典小说。它讲述了抗战时期，小英雄张嘎在艰苦的敌后环境中，如何凭借自己的机智勇敢，与敌人展开斗智斗勇的较量。张嘎虽然年幼，但他心怀大义，面对强敌毫不畏惧，其形象生动地体现了中华文化中坚韧不拔、自强不息的精神。通过阅读这本书，学生们不仅能够感受到那个时代的烽火硝烟，更能够深刻地理解到中华民族不屈不挠的抗争精神。

此外，地方文化特色也是选书时不可忽视的重要因素。每个地方都有其独特的历史变迁、民俗风情以及特色技艺等，这些元素共同构成了丰富多彩的地域文化。选择反映地方文化特色的书籍，能够让学生更加深入地了解自己的家乡，感受地域文化的独特魅力。这样的书籍不仅能够拓宽学生的视野，更能够激发他们对家乡的热爱之情。

（三）结合学生自主学习情况与学习进度去选书

在为学生精心挑选阅读书目时，要充分基于学生的自主性、学习情况以及学习进度进行考量，这是确保阅读效果、促进学生全面发展的重要一环。首先，尊重学生的自主性意味着我们要关注他们的兴趣爱好，鼓励他们在自己喜爱的领域进行深入的探索与阅读。这样不仅能够激发学生的阅读热情，还能够培养他们的独立思考能力和自主探究精神。其次，考量学生的学习情况也是选书时不可忽视的因素。对于基础相对薄弱的学生，我们应选择内容相对简单、讲解细致的书籍，以帮助他们巩固基础知识，逐步建立阅读自信。而对于学习较好的学生，我们则应提供拓展性更强、富有深度的读物，以满足他们强烈的求知欲和探索欲。此外，依据学生的学习进度进行选书同样至关重要。在新知识的学习阶段，我们可以搭配相关的辅助读物，帮助学生更好地理解和吸收新知识。而在复习阶段，则应选择那些具有归纳总结性质的书目，以帮助学生强化知识体系，巩固学习成果。

以《小巴掌童话》为例，这本书非常适合作为一年级学生的全学科整本书阅读书目。它的情节简单有趣，语言生动形象，角色鲜明可爱，能够吸引一年级学生的注意力，激发他们的阅读兴趣。同时，考虑到一年级学生的识字量和阅读理解能力尚在发展中，这本书的文字量适中、词汇常用且贴近生活，还有大量精美的插图辅助理解，能够降低学生的阅读挫败感，提升他们的学习热情。在学习进度方面，一年级学生的学习节奏相对较慢，而《小巴掌童话》中的故事不仅富有教育意义，还蕴含着深刻的人生哲理，如《小刺猬和小獾》讲述的友善互助故事，就有助于培养学生的情感和价值观。

总之，我们在为学生挑选书目时，必须始终遵循三大原则，即以学科核心素养为核心，以教材知识内容为支撑，以学生思维发展规律为导向，确保所选书目能够全面促进学生的发展。

三、黄石中心小学阅读书目清单

黄石中心小学阅读书目紧扣学科核心素养、教材知识内容、学生思维发展规律三大原则，并结合各学科特点，其必读和选读书目清单如下：

表 2-1　黄石中心小学全学科必读和选读书目清单

年级	学科		推荐书目	类别（必读/选读）
一年级	语文		《和大人一起读》（一）至（四）	必读
			《读读童谣和儿歌》（一）至（四）	
			《小巴掌童话》	选读
			《萝卜回来了》	
			《吃黑夜的大象》	
	数学		《我家有只大狮子》	必读
			《哎哟哎哟，有人吗？》	
			《长长恐龙，短短恐龙》	
			《长短、高矮和宽窄》	
			《鸭子叔叔的时钟》	选读
			《数是怎么来的？》	
			《零不只是没有》	
	综合科	科学	《落叶跳舞》	必读
			《我的野生动物朋友》	
		音乐	《鼹鼠的音乐》	
			《大提琴之树》	
		体育	《揭秘运动会》	
		美术	《ART 创意无极限》	
			《三十六个字》	
		心理健康	《我是小学生，我也有烦恼》	
			《你、我和同理心》	

续表

年级	学科	推荐书目	类别（必读/选读）
二年级	通识	黄石中心小学《校本童谣》汇编	必读
		《学会管理自己》	选读
		《神奇校车》	
		《大卫不可以》	
		《欢天喜地过大年》	
	语文	《小鲤鱼跳龙门》	必读
		《孤独的小螃蟹》	
		《七色花》	
		《童年笔记》	
		《愿你也有一支神笔》	选读
		《愿望的实现》	
		《一只想飞的猫》	
	数学	《我和爷爷的建筑之旅》	必读
		《乱七八糟的魔女之城》	
		《最棒的蔬菜》	
		《折纸的几何》	
		《猜一猜，除一除》	选读
		《大家来做乘法表》	
		《小猫的几何世界》	
	综合科 科学	《目瞪口呆看地球》	必读
		《法布尔老师的昆虫教室》	
	音乐	《爱音乐的马可》	
		《大家来听音乐会》	
	体育	《体育竞技小百科》	
	美术	《我从这本书开始学艺术》	
		《这不是一本艺术书》	
	心理健康	《杰瑞的冷静太空》	
		《做自己热爱的事》	

续表

年级	学科	推荐书目	类别（必读/选读）
三年级	通识	黄石中心小学《校本童谣》汇编	必读
		《弟子规》	选读
		《这就是二十四节气》	
		《数学帮帮忙》	
		《香香甜甜腊八粥》	
	语文	《安徒生童话》	必读
		《稻草人》	
		《中国古代寓言》	
		《伊索寓言》	
		《小王子》	选读
		《笨狼的故事》	
	数学	《分数是分出来的》	必读
		《猜一猜，算一算》	
		《什么是对称?》	
		《多多少少，谈测量》	
		《英制与公制的换算》	选读
		《剪剪贴贴，算面积》	
		《平均数》	
	综合科 英语	*Brown Bear, Brown Bear, What Do You See?*（《棕色熊，棕色熊，你在看什么?》）	必读
		The Carrot Seed（《胡萝卜种子》）	
	综合科 科学	《游戏中的科学》	
		《草地时钟》	
	综合科 音乐	《聂耳》	
		《人民音乐家：冼星海》	
	综合科 体育	《运动吧！小达人：篮球》	
	综合科 信息科技	《Scratch 少儿趣味编程大讲堂》	

续表

年级	学科		推荐书目	类别（必读/选读）
四年级		美术	《杯子就是杯子吗?》	
			《艺术之眼》	
		心理健康	《这样说话，同学都爱跟你玩》	
			《我就是我》	
	通识		黄石中心小学《校本童谣》汇编	必读
			经典文学绘本《西宫达也》恐龙系列	选读
			《蚯蚓的日记》	
			《DK儿童百科全书》系列	
			《福建寻宝记》	
	语文		《中国古代神话》	必读
			《世界经典神话与传说故事》	
			《十万个为什么》	
			《细菌世界历险记》	
			《山海经》	选读
			《宝葫芦的秘密》	
	数学		《直线、平行线、垂线》	必读
			《大家来切派》	
			《古罗马人的数字》	
			《奇妙的三角形》	
			《马可的零用钱：条形统计图》	选读
			《五进制》	
			《三维求体积，二维算面积，一维量长度》	
			《坏蛋格格巫的"好点子"》	
	综合科	英语	Dear Zoo（《亲爱的动物园》）	必读
			The Very Hungry Caterpillar（《好饿好饿的毛毛虫》）	
		科学	《让孩子着迷的77×2个经典科学游戏》	
			《太空日记》	

续表

年级	学科		推荐书目	类别 (必读/选读)
		音乐	《不一样的哇呀呀》	
			《八音的秘密》	
		体育	《揭秘世界翻翻书：揭秘运动会》	
		信息科技	《漫画算法：信息技术的轻松之旅》	
		美术	《颜色里的中国》	
			《你好，艺术》	
		心理健康	《思考世界的孩子》（问个不停卷）	
			《小学生心理研究所》	
	通识		黄石中心小学《校本童谣》汇编	必读
			《孩子的诗》	选读
			《去旅行》1、2册	
			《生命：万物不可思议的连接方式》	
			《图说中国节》	
五年级	语文		《中国民间故事》	必读
			《非洲民间故事》	
			《欧洲民间故事》	
			《西游记》	
			《三国演义》	
			《水浒传》	
			《红楼梦》	
			《童年河》	选读
			《城南旧事》	
			《草房子》	
	数学		《软糖666》	必读
			《比零小，还有数哟!》	
			《统计》	
			《橡皮筋、棒球、甜甜圈》	

续表

年级	学科		推荐书目	类别（必读/选读）
			《概率知多少》	选读
			《地图、铁轨和海德堡的桥》	
			《二进制数》	
			《小木匠马鲁》	
	综合科	英语	*I Am A Bunny*（《我是一只小兔》）	必读
			The Color Monster（《我的情绪小怪兽》）	
		科学	《不可不知的地球》	
			《大自然有条隐形线》	
		音乐	《中国人的音乐》	
			《乐器是怎么来的》	
		体育	《体育运动大书》	
		信息科技	《啊哈C！思考快你一步》	
		美术	《好美中国画》	
			《名画里看世界》	
		心理健康	《拉鲁斯儿童心理小百科》	
			《不爱说话的十一岁》	
	通识		黄石中心小学《校本童谣》汇编	必读
			《让孩子着迷的77×2个经典科学游戏》	选读
			《林汉达中国历史故事集》	
六年级	语文		《小英雄雨来》	必读
			《童年》	
			《骑鹅旅行记》	
			《汤姆·索亚历险记》	
			《小兵张嘎》	选读
			《非法智慧》	
			《小学生古诗词深度阅读》（六年级下册）	

续表

年级	学科		推荐书目	类别 (必读/选读)
	数学		《圆》	必读
			《葛小大的一生》	
			《可否走停》	
			《椭圆》	
			《图解游戏》	选读
			《一人、两人玩的数学游戏》	
			《看图学数理》	
	综合科	英语	Don't Forget Your Homework (《别忘了你的作业》)	必读
			Guess How Much I Love You (《猜猜我有多爱你》)	
		科学	《科学玩起来：孩子应该知道的天文基础》	
			《给孩子讲宇宙》	
		音乐	《贝多芬的故事》	
			《中国古代音乐故事》	
		体育	《冠军之心》	
		信息科技	《父与子的编程之旅》	
		美术	《我的第一本国画艺术启蒙书》	
			《国画的大创造》	
		心理健康	《蛤蟆先生去看心理医生（漫画版）》	
			《糟糕情绪自疗手册（儿童版）》	
	通识		黄石中心小学《校本童谣》汇编	必读
			《博物馆里的中国》	选读
			《苏菲的世界》	
			《可怕的科学》	
			《穿越万年看福建》	

第三章　全学科整本书阅读的方法策略

读书之法，在循序而渐进，熟读而精思。

——朱　熹

科学的阅读策略可以使学生的阅读过程更加高效。[①] 余文森教授创立了"读思达"教学法，强调阅读就是信息"输入—加工—输出"的过程，输入即阅读，加工即思考，输出即表达，整本书阅读就是阅读、思考、表达的过程。阅读、思考、表达是全学科整本书阅读的三大环节，在阅读的基础上深度思考，在思考的基础上个性化表达。"读思达"是学生学习规律和本质的体现，"读思达"阅读策略是开展全学科整本书阅读的有效之法。

第一节　基于"读思达"的阅读方法

近年来，莆田市荔城区黄石中心小学一直在推进全学科整本书阅读活动。一开始，学校还没形成系统的整本书阅读模式，教师也懵懵懂懂的，使得前几年学校整本书阅读的落实情况并不尽如人意。2023年3月，我校有幸被评为莆田市"新课标高质量发展"样本校，在余文森教授团队的引领下，开始采用"读思达"阅读策略来引导学生进行全学科整本书阅读体验。教师通过

---

① 宋轶群. 小学语文整本书阅读的意义及教学策略探究［J］. 文科爱好者，2024（5）：194—196.

设置阅读任务、绘制思维导图、书写读书心得等方式，引导学生进行深入阅读、积极思考、有效表达。整本书阅读不仅提高了学生的阅读兴趣和积极性，还能帮助他们更好地理解和掌握作品内容，提升整体阅读效果。

一、"读思达"阅读策略的内涵

"读思达"是余文森教授创立和倡导的一种教学方法，强调通过阅读、思考和表达三个核心环节来提升学生的综合素质。

学生掌握知识的过程涉及阅读、思考和表达三个环节。[①] 从学生学习的角度来看，阅读构成了学习的起点和基础，思考则是学习过程中的核心和关键，而表达则是学习的归宿和提升。这三个环节共同构成了一个完整的学习体系，它们之间存在着内在的联系和相互促进的关系。"阅读—思考—表达"这一模式体现了学习的深度性和全面性，三者相互依存，共同推动学习进程。

阅读是学习的起点和基础。没有阅读，所有的思考都可能变成无根据的空想，所有的表达也都可能成为无意义的杂谈。人类社会的进步是建立在对前人智慧传承的基础之上的。若不通过阅读来吸收已有的文化成果，个人的思维和表达就会失去根基，变得像无根之水、无本之木一样，缺乏深度和力量。正如著名学者亚兰说："任何人的思考，都是对别人的想法的思考。……思想最深沉的人，总是从别人的想法中采撷适合自己的东西。"阅读是获取他人观点的途径，书籍汇聚了作者的智慧精华，我们自己的见解往往是在前人思想的基础上发展起来的。阅读对于提升我们的表达能力，无论是口头的还是书面的，都有着直接的影响。我们的说话和写作技巧大多是通过阅读习得的，而那些不擅长表达的人往往是因为阅读量不足，这与失聪者往往无法说话的道理相似。[②]

思考是学习的核心和关键。缺乏深思熟虑，阅读往往流于表面，成为一种形式上的浏览；表达则可能变成机械的记忆和复制，缺乏真正的理解和内化。思考是阅读的精髓，没有思考的阅读是浅薄的；思考也是表达的深度所在，没有经过思考的表达是空洞无物的。若不进行思考，大脑就会变成一台

[①] 余文森. 核心素养导向的课堂教学 [M]. 上海：上海教育出版社，2017：18.
[②] 余文森. 核心素养导向的课堂教学 [M]. 上海：上海教育出版社，2017：18.

复印机，阅读是输入，表达是输出，整个过程变得机械而无意义。在当今这个信息爆炸的时代，信息不再稀缺，培养人们从纷繁复杂的信息中筛选、评估、整合和运用有效信息的能力变得尤为重要。①

表达是学习的归宿和提升。若无表达，阅读便失去了方向，变得漫无目的；思考也因缺少落脚点而稍纵即逝。表达是阅读与思考的导向和归宿，没有表达的阅读容易变得空洞，没有表达的思想则难以持久。实践证明，许多思想和观点会在表达和写作的过程中变得更加明晰和条理化；阅读的深度和动力也往往受到表达和写作需求的推动。没有表达，输入和处理的过程就失去了目的。②

综上所述，阅读、思考、表达三者构成了一个不可分割的整体，它们之间的联系体现在以下三个层面。③

首先，它们之间是相互促进的关系。这三者彼此互为目标、互为手段。就作为手段而言，促进阅读最有效的策略是思考和表达，促进思考最有效的手段是阅读和写作，促进表达最有效的办法是阅读与思考。从作为目标的角度来看，阅读应当服务于思考和表达，即阅读应旨在促进更深入的思考和更丰富的表达；思考应当以提高阅读效果和表达个性化为目标；表达则应反过来增强阅读和思考的深度。④

其次，它们之间是相互包含的关系。它们相互交融，阅读中蕴含着思考和表达，思考中包含着阅读和表达，表达中融合了阅读和思考。这种关系非常切合中国传统"和"的理念和现代全息理论。"全息现象是指整体上的任何一部分或母体系统中的任何一个子系统，都包含着整体或母体系统全部信息的现象"。阅读、思考、表达三者具有全息性。⑤

最后，它们之间是相对独立的关系。只有将阅读、思考和表达三者结合

---

① 张荣丽. 对"读思达"教学法的思考和实践［J］. 武夷学院学报，2020（6）：98—101.

② 余文森. "读思达"教学法：学生教材学习的基本范式及主要变式［J］. 中国教育学刊，2021（7）：67—72+77.

③ 余文森. 论"读思达"教学法［J］. 课程·教材·教法，2021（4）：50—57.

④ 余文森. 论"读思达"教学法［J］. 课程·教材·教法，2021（4）：50—57.

⑤ 余文森. 论"读思达"教学法［J］. 课程·教材·教法，2021（4）：50—57.

起来，才能形成一个完整的学习过程，它们各自都不可或缺，无法被其他环节所替代。在教学实践中，需要保持这三者之间的内在平衡，避免任何一方的偏废。从消极的角度来看，相互制约意味着削弱任何一个环节，最终都会对其他两个环节的发展造成影响；同样，过分强调某一方面而忽视其他两个方面，也会导致另一方面的发展受限。例如，如果过分强调表达而忽视了思考和阅读，那么表达最终会变得空洞和形式化。①

阅读、思考、表达是学生学习的基本原则和正确路径，它们体现了学习的规律和本质。推广和实践"阅读、思考、表达"（即"读思达"）的教学方法，实际上是对教学改革的一次根本性的回归和本质的还原。②

二、全学科整本书阅读与"读思达"的内在关系

"读思达"教学法不仅适用于单篇课文的阅读教学，同样也适用于全学科整本书阅读的教学，因为全学科整本书阅读推进的过程也是培养学生阅读力、思考力、表达力的过程，全学科整本书阅读与"读思达"有着密切的相关性。③

（一）阅读力是全学科整本书阅读的起点

全学科整本书阅读是根据不同学科的学习内容推荐相关的书籍，学生在阅读时既要关注书籍本身的内容，还要与其他诸多学科知识相结合，进行系统的、全面的、个性化的阅读。全学科整本书阅读对学生的阅读力提出了更高的要求，要求学生在阅读时要有一定的专注力、理解力以及对跨学科知识的整合能力。比如学生在阅读《小王子》时，会发现这本书虽然是个童话故事书，但里面藏了好多深刻的道理和好玩的小知识。阅读过程就像玩寻宝游戏，书就像"藏宝图"——学生带着问题和兴趣去探究故事背后的内涵。书中小王子和他的玫瑰之间的关系就像是你和你最好的朋友之间的关系，他们

---

① 余文森. 论"读思达"教学法 [J]. 课程·教材·教法，2021（4）：50—57.
② 赖明霞. 浅谈"读思达"教学法视域下的小学语文阅读教学 [J]. 国家通用语言文字教学与研究，2023（4）：145—147.
③ 余文森. "读思达"教学法：学生教材学习的基本范式及主要变式 [J]. 中国教育学刊，2021（7）：67—72＋77.

之间的故事教你学会好好照顾和珍惜朋友。还有小王子和狐狸的对话，就像是告诉你什么是真正的朋友。这些都需要你动脑筋，用理解力去领悟。书里的故事虽然不长，但每个角色都有自己的小秘密，所以读《小王子》的时候，你得像个小侦探，紧紧跟着故事的线索走，集中注意力，看看他们做了什么，说了什么，为什么这么做。这样，你才能完全沉浸在故事里，感受到它的魅力。读这本书的时候，你还会发现，它不仅是一个故事，还像是一个知识的宝库。其中提到的星星、沙漠、旅行，都是真实世界里存在的。你可以想象一下，星星是不是像书里说的那样闪闪发光？沙漠里是不是真的很热很干燥？不同地方的人是怎么旅行的？这些问题都需要你进行跨学科的知识整合，综合运用平时学到的自然科学、地理知识，甚至是你的想象力来解答。

全学科整本书阅读需要阅读力的支持，因为信息的获取和理解都依赖于阅读力。同时，全学科整本书阅读也会促进阅读力的提升，因为不同学科的阅读内容具有不同的特点和难度，这有助于锻炼和提高阅读者的阅读技巧和能力。

（二）思考力是全学科整本书阅读的内核

比如当学生在阅读《小小探险家：地球的秘密》时，不仅在书中学习了山脉是如何形成的、河流为何会流向大海、不同气候区域下的动植物如何适应环境等知识点，更重要的是，这些知识激发了他们无尽的好奇与思考。每当读到一处新奇的地理现象时，他们的脑袋里就会充满了疑问："为什么这个地方会有沙漠呢？如果我在那里种下很多树，它会变成绿洲吗？"他们不仅仅满足于知道"是什么"，更渴望探索"为什么"和"如果……会怎样"。这时，学生就会开始查阅资料，与父母讨论，甚至尝试在自家小院里模拟种植，观察植物的生长变化。全学科整本书阅读，让学生意识到，阅读不仅是文字的累积，更是思维的跳跃与拓展。它教会了学生如何提出问题、如何寻找答案、如何创造性地思考，这些能力在未来的学习和生活中，将比任何单一的知识点都更加宝贵。

因此，对学生而言，全学科整本书阅读的价值远远超出了获取知识的范畴，它更像是一位智慧导师，通过对不同学科的读物进行阅读，让学生学会独立思考和勇敢探索未知，让每一次翻页都成为一次心灵的旅行，一次智慧的启迪。在阅读过程中，学生需要不断思考文本中的信息、观点和论证过程，这有助于培养他们的思考力。同时，思考力也会反过来提高全学科整本书阅读的效果，因为思考能够使学生更深入地理解文本内容，提高阅读效率和质量。

（三）表达力是全学科整本书阅读的旨向

全学科整本书阅读使学生可以接触到各种各样的知识和观点，这些都可以成为他们表达的内容。同时，在阅读过程中，学生也需要不断地进行口头和书面的表达练习，这有助于提高他们的表达力。反过来，表达力也会促进全学科整本书阅读的效果，因为表达能够使学生更好地梳理和整合自己的思路，加深对文本内容的理解和记忆。比如在阅读《中国民间故事》时，学生仿佛穿越时空，与古人共话，体验着"精卫填海"的坚韧不拔、"夸父追日"的壮志豪情、"孟姜女哭长城"的深情厚谊。这些故事不仅富有文学性，还蕴含着历史、地理等多学科的知识，为学生的表达提供了广阔的背景和深厚的底蕴。学生在阅读后，会兴奋地与同学分享自己的阅读感受，讨论故事中的人物形象、情节发展以及蕴含的道理。在语文课上，他们能够通过创造性复述故事来争当民间故事传承人；在道德与法治课上，他们能够结合故事内容，探讨中国古代社会的风貌和传统文化；在美术课上，他们则能够以故事为主题，创作出充满想象力和创意的画作。

通过全学科整本书阅读，学生学会了如何运用不同的学科语言去描述自己的阅读收获，并在表达中融入自己的思考和情感，从而使他们的表达力在不知不觉中得到了显著的提升。因此，全学科整本书阅读不仅是学生获取知识的重要途径，更是他们锻炼表达力、展现个人才华的有效方式。

总的来说，全学科整本书阅读与阅读力、思考力、表达力之间存在着相互促进、相辅相成的关系。阅读力是全学科整本书阅读的基础和支撑；思考力是全学科整本书阅读的核心和关键；表达力则是全学科整本书阅读的运用和提升。因此，在学科学习中，我们应该注重培养学生的全学科整本书阅读能力，同时也要注意提高他们的阅读力、思考力和表达力，以实现学科学习的最大效果。

第二节 基于"读思达"的阅读环节

阅读、思考、表达是学生教材学习的三个基本环节，也是开展全学科整本书阅读过程的基本遵循。这三个环节环环相扣，在阅读的基础上深度思考，在思考的基础上个性化表达，在表达中激发阅读需求。

一、阅读环节

阅读是第一个环节，这是因为阅读是认知输入的过程，没有认知输入就没有后续的认知加工和输出。思考和表达都建立在阅读基础之上，甚至可以说，阅读的质量决定思考与表达的质量，进而决定课堂教学的质量。阅读作为"读思达"教学的第一环节在整个教学过程中发挥着重要作用，为保证教学效果，我们要做到如下几个要求。

（一）阅读需要立足于教材

阅读是学生与教材文本的直接对话，教师可以引领和指导，但不能代劳。传统教学通常是教师把教材咀嚼烂了喂给学生，"教学成了给学生'喂'教师消化好了的知识的过程，学生与原生知识、真实现象之间直接会面、发生挑战的机会被取缔，久而久之，学生便会丧失对新知识的消化能力和对新现象的透视能力，教学活动沦为地地道道的授受与识记过程"。学生必须直接面对教材，发现教材的"新鲜之处"并经历教材的"挑战"，这是阅读中最激动人心的场景和最有意义的活动，也是学生阅读力形成与发展的不二法门。这也是我们倡导"裸读"的原因，不仅教师不能过多参与和替代，所谓的教学参考书和教材辅导书也不能过多介入，甚至直接"提供答案"。"作为阅读教学，在一节课里面，能让学生多少次与教科书的语言发生新鲜的接触，这是决定教学成败的事，很有必要返回到阅读教科书去，一节课中若干次反复地阅读。"

（二）阅读需要课内外贯通

阅读可以在课内也可以在课前进行。根据我们的经验，刚开始的时候，最好放在课内，在教师的具体指导下，在规定的时间内，用一定的方法阅读教材内容，这也是对阅读进行指导和训练的过程。等到学生掌握了阅读方法并初步具备了阅读力，阅读活动就可以放在课前并由学生自主安排。同样的道理，开始时教师可以提供一些阅读指导提纲作为学生阅读的"拐杖"和"导航"，但随着学生阅读力的不断提升，就要逐渐撤去"拐杖"和"导航"，发挥学生的自主性。

（三）阅读需要师生双向互动

作为阅读过程的第一环节，阅读对教师和学生都提出了要求。阅读对教师的要求是：对学生的阅读进行必要指导，可以在课堂现场指导，也可以通过提供导学案进行间接指导，指导要具体、明确、到位但不越位；在课堂教学过程中对个别小组和个别学生的阅读活动进行有针对性的帮助，促使其阅读顺利进行，并对全班的阅读活动进行整体调控和反馈检查。阅读对学生的要求是：根据教师要求，在规定的时间内，借助一定的阅读方法，独立自主、积极主动、认真专注地进行阅读；概括通过阅读读懂的内容并完成相应的任务（解决现有发展区的问题），同时归纳不会的内容和未解决的问题（提出最近发展区的问题）。

（四）阅读需要避免误读和浅读

从教学的性质和使命来讲，阅读的目的是达到对教材文本的正确和准确的解读，教师要防止和消除学生的误读和浅读，特别是要防止和克服脱离教材主旨和主流价值观的随意解读。对文本的明显误读，有时是因为离开了文本的整体性或文本的具体写作背景或文本所属文体的基本特征而造成的。任意解读和误读，不是真正意义的创造性阅读。教学中应培养学生对教材文本的敬畏感，让学生能够通过阅读准确地提取信息、获取知识。

二、思考环节

思考是第二环节，是阅读过程最为核心的环节。阅读是与教材文本对话，思考是与疑难问题对话，思考起源于问题，能否发现和提出问题是思考的关键。问题是学生思维的引擎，没有问题就难以诱发和激起学生的探究欲，感觉不到问题的存在，学生也就不会去深入思考，这样阅读学习也就只能停留在表面上。

(一) 产生问题

问题要在对教材文本的不断阅读和追问之中产生，这样才会使问题的发现和解答与教材文本的深度解读和掌握有机融为一体。一般而言，这样的问题一方面来自学生的认知困惑和认知障碍，是由学生认知水平不足造成的，教师要引导学生把阅读过程中存在的困惑和障碍提出来、挖出来，进行答疑解惑，从而取得"小疑获小进，大疑获大进"的效果。这样不仅可以增进阅读效果，提高阅读质量，更重要的是提升阅读力。另一方面来自学生的批判和超越，即学生发现文本的"不足"或对文本产生不同的看法，教师要鼓励并赞赏学生对文本的质疑和批判，保护和引导学生提出个性化的理解和看法。这样的思考和批判会使学生在阅读和学习之中不断地发现自我和感受到自我的存在，"我思故我在"，没有思考就会变成"我不在场"的学习，这样的学习就失去了自我意义。"对学生成长而言，一切知识都应该是可征询、可批判、可分析、可研讨的对象。"为此，学科教材知识的学习过程应该伴随学生的批判、分析而获得新的感悟和判断。知识本身不是教学的目的，借助知识、通过知识培养学生的思考力、批判力和创新力才是教学的目的。实际上，早在20世纪90年代初期，联合国教科文组织就明确指出："教育应该培养人的批判精神，培养对不同思想观念的理解与尊重，尤其应该激发他发挥其特有的潜力。"[1]

(二) 不断思考

要把思考活动和方法本身作为教材知识学习的目标和内容。知识的确立不仅需要事实依据，也需要逻辑依据。所谓事实依据即知识的表象、现象和事实证据，知识要言之有物，物就是事实依据。知识也要言之有理，理就是逻辑依据。知识的逻辑依据也就是知识生成所需要的论证与推理的逻辑思维过程。"事实上，学科知识与思维方法和学科方法本来就是一种水乳交融的关

---

[1] 宗德柱, 孙存华. "深度教学"的变革、困境、路径[J]. 当代教育科学, 2015 (20): 23—26.

系，每一个概念与规律的得出，自始至终贯穿着思维方法与学科方法的操作。因此，只有通过结合思维方法与学科方法的概念、规律教学，使学生在每一个概念、规律得出过程中真切体会思维方法与学科方法的作用，学科知识才能真正被学生所掌握，思维教学才能真正得到落实。"[1] 为此，教师要结合学科性质和特点，引导学生探究教材文本每个知识点特别是每个概念、每个原理和每个命题的提出过程和思维步骤，深究知识与思维的融合和转化，从而在掌握知识的同时领悟其蕴含的思维方法，或者在进行思维推理和探究的同时掌握知识。没有思维的参与，知识就立不起来。我们的教学目的"不仅要看学生学了多少新课程和新知识，更要看学生是否真正学会了思考，学会了课程外的思考和实践；不仅要看学生接受了多少，更要看学生是否敢于批判和批判了多少；不仅要看老师在课堂上教给了学生多少知识，更要看老师给了学生多少思考的机会，给了学生之间多少辩论的机会"。[2]

（三）师生同思

作为教学核心环节的思考，对教师的要求是：提出或引导学生提出有价值的问题，并对问题进行必要的筛选和提炼，确保核心问题或主问题成为学生教材学习的中心；对学生思考活动进行启发和引导，确保学生的思考在有意义有价值的方向上进行。对学生的要求是：提出在阅读中发现和存在的问题、疑问，并对问题进行独立自主并有创意的思考；所有知识都经由自己的独立思考而获得，想透彻、想明白，不盲从、不依赖，对教材知识获得提高性和深刻性的认识（知其然知其所以然），并在掌握知识的同时学会思考。从学生学习的角度讲，思考即是对所学知识的加工、判断、鉴赏、质疑、建构等。如果说阅读是对知识（教材文本内容）的表层的认知，思考则是对知识（教材文本内容）的深层的认知；阅读获得的是外在的客观的知识，思考获得的则是内在的主观的见识。

---

[1] 杨鸿燕．"一点一线一课一得"的教学实践策略——部编小学语文六年级上册《穷人》一课教法探析［J］．吉林省教育学院学报，2020（4）：9—12.

[2] 龚波．课程改革呼唤教学文化的转型：从接受到批判［J］．当代教育科学，2005（17）：29—31.

三、表达环节

表达是第三环节,表达作为一种认知输出,显然是建立在认知输入和加工的基础上的。表达是以阅读和思考为基础,也是对阅读和思考的检验,阅读和思考的质量和水平必须得通过表达加以检验。从认识的过程来说,表达是学生素养形成和能力发展的落脚点和试金石,只有能表达出来的东西才是学生真正学会的东西,不管你阅读了什么、思考了什么,只有当你能够清晰地加以表达的时候,才能证明你实际上学到了什么、掌握了什么。阅读和思考是学生认识的"黑箱",表达才让学生的学习及其效果看得见。实际上,表达不仅是对阅读、思考的检验,也是对两者的综合和提升。表达过程是认识清晰化、深刻化、个性化的过程,对阅读和思考具有"反哺"作用,阅读和思考活动中存在的模糊、肤浅、人云亦云的认识会在表达过程中得以暴露和纠正。当然,表达的意义还在于它能够给学生自信和力量,是激发学生学习的动力源泉。苏霍姆林斯基说:"学生的许多问题,比如厌学、精神不振等,都是由于学生没有看到自己的力量与才能所造成的。学生学习的最大苦恼,是看不到自己的学习成果,得不到应有的回报。"那么,作为教学过程第三环节(最后环节)的表达究竟要做什么?

(一)知识的外化与交流

口头表达,其实质是知识的外化,从结果的角度说,要求学生能够用口头语言(自己的话)把所学的内容及自己的心得感悟清晰地加以表述(这个要成为每个学生的学习习惯);从过程的角度讲,要求学生能够围绕阅读和思考的话题积极主动跟同学(小组或全班)进行交流分享和讨论辩论。

(二)知识的运用与深化

书面表达,书面表达的原意是指学生能用书面文字把所学所感的内容写出来或整理出来,但这不是问题的核心,书面表达的实质是知识的运用,依其层次可分为:一是习题性运用(简单运用),把所学知识迁移到不同的情境之中,实际上就是心理学所说的变式练习,通过这种运用以培养学生举一反三的解题能力。二是问题性运用(综合运用),用所学知识解决实际问题、真实问题,这个过程是对所学知识的重新组织以构建符合问题解决需要的知识模块（知识创新），它不是对知识的简单的提取和对接，所以是个很有挑战性的智力旅程。相对而言，习题性运用只能说明知识学会了，问题性运用才能说明知识学活了。三是转化性运用，把所学知识加工转化成一种方案、设计，乃至于变成一种工艺、产品（作品），这个过程需要更多的创造性和综合性以及动手能力。转化性运用实际上是一种创意性的表达，从教学的角度讲是一种深加工的教学，是一种增值性和附加值最高的教学。转化性运用从表现的角度说，知识变成了一种设计和产品；从学生的角度说，知识变成了一种智慧和能力，就像工厂的原材料变成了优质的品牌产品（蕴含高科技和文化传统等各项因素），产品较之于原材料发生了实质性的变化。毛泽东曾指出："读书是学习，使用也是学习，而且是更重要的学习。"陶行知甚至提出要以"用书"来替换"读书"。在他看来，"书只是一种工具，和锯子、锄头一样，都是给人用的。我们与其说'读书'，不如说'用书'。书里有真知识和假知识。读它一辈子不能分辨它的真假；可是用它一下，书的本来面目便显了出来，真的便用得出去，假的便用不出去"。

（三）师生的互动与表达

作为教学活动的第三环节，表达对教师的要求是：设计适切性的表现性任务和真实性的问题情境以及有针对性的作业；对学生的各种表达进行正面鼓励和价值引领。表达对学生的要求是：语言文字上力求清晰、简洁、生动；知识内容上力求准确、深刻、完整；思路方法上力求科学、灵活、新颖；通过表达活动实现对所学知识的自我整理、有效加工和转化深化。

从学生进行全学科整本书阅读的角度说，"读思达"教学法依然适用，阅读是基础和前提，思考是关键和核心，表达是归宿和提升。阅读是思考的基础，没有阅读，思考就会变得如无源之水、无本之木一样。而思考则是阅读的关键和核心，没有思考，阅读就只是表面的浏览，无法深入理解文本。最后，表达则是阅读和思考的归宿和提升，通过表达，学生可以将自己的理解和思考转化为具体的语言或文字，从而实现知识的共享和交流。

四、具体运用

那么，我们该如何通过"读思达"阅读策略推进全学科整本书阅读呢？

我们以统编版六年级上册"快乐读书吧"中的整本书阅读《童年》教学为例，从"深度阅读、深入思考、表达交流"三个方面做进一步说明。

（一）深度阅读

"读思达"阅读策略中，深度阅读是非常关键的一部分。深度阅读，顾名思义，不能只停留在表面浏览或快速阅读，它要求读者对文本进行深入理解、分析和评价。培养深度阅读力需要学生养成良好的阅读习惯，如定期阅读、选择高质量的阅读材料等。同时，学生还需要对阅读保持浓厚的兴趣，将阅读作为一种享受和放松的方式，从而不断提高自己的阅读能力和水平。因此，在全班同学共读《童年》时，我们通过泛读、速读、精读等方法来培养学生深度阅读的能力。

1. 激发兴趣泛读

在深度阅读的起始阶段，激发学生的阅读兴趣至关重要。通过展示《童年》书籍封面、介绍作者生平及书籍评价，帮助学生初步了解书籍基本信息，为后续深度阅读筑牢根基。教师朗读精彩片段，让学生领略文字魅力，沉浸式感受作品吸引力。随后，引导学生浏览目录与开头几章，搭建起对故事大致内容和主要人物的初步认知。在人物探究环节，鼓励学生依据外貌描写大胆猜测人物性格，接着通过泛读情节进行印证。在此基础上，进一步启发思考，如"他还可能是个什么样的人"，引导学生在持续阅读中，深入体会人物性格的多面性与复杂性。这一系列由浅入深、层层递进的引导步骤，有效激发学生的阅读内驱力，促使学生自发地迈向深度阅读。

2. 提取信息速读

在《童年》的教学中，速读是开启深度阅读大门的关键钥匙，能够帮助学生快速获取信息，激发阅读兴趣，为深入探究作品奠定基础。初读阶段，教师设置限时速读任务，让学生快速浏览前几章。学生们通过速读，快速捕捉到阿廖沙父亲去世、随母亲投奔外祖父家等关键情节，感受到这个家庭的复杂与矛盾，对阿廖沙的悲惨童年有了直观的感受。接着，在人物分析环节，速读助力学生全面认识角色。比如分析外祖父，教师选取外祖父出场的多个片段让学生速读。学生在快速翻阅中抓取外祖父打骂阿廖沙、与家人争吵的情节，了解到他的暴躁与专制。紧接着，教师提问："外祖父的性格只有这一面吗?"学生带着问题再次运用速读法,去寻找更多关于外祖父的情节。学生发现他在生意上的精明,以及偶尔流露出的脆弱,还有外祖父在面对家庭困境时的无奈与挣扎,体会到他性格的多面性与复杂性。速读让学生在短时间内获取大量信息,为深度阅读打开了通道,促使学生自发地深入《童年》的世界中,不断挖掘作品的深层内涵,提升阅读能力和文学素养。

3. 深入剖析精读

深度阅读强调对文本的深度剖析与理解,在共读《童年》时,教师引导学生边读边思考,以实现深度阅读的目标。初读时,学生快速浏览全书,把握故事的大致框架与主要人物背景,搭建起对文本的初步认知。进入精读环节时,学生逐字逐句品读文本,重点关注书中的环境描写、人物细节刻画以及情节发展。在探究环境描写对人物形象塑造的作用时,教师通过精心设计问题引导学生深度阅读。推进课阶段一,教师提出关键问题:阿廖沙多次搬家,他对新居住地的环境有怎样的感受?这些感受又发生了哪些变化?学生通过分析文本,能深刻理解阿廖沙对居住环境的感受变化,实际上映射出他内心世界的动态变化,从而洞察环境描写与人物内心的紧密联系。推进课阶段二,教师组织学生制作人物名片,例如制作外祖父名片。在这个过程中,引导学生思考两个核心问题:一是外祖父是怎样的人,从哪些具体内容中能感受到;二是除了从人物语言、动作、神态等常规细节描写体会外祖父的形象外,还能从哪些方面进行挖掘。这促使学生从多个维度分析人物形象,全面提升深度阅读能力,让学生在精读中不断挖掘文本的深层内涵。

(二)深入思考

"读思达"阅读策略着重培养学生的深度思考能力。在深度阅读的基础上,学生需要对文本展开深入分析、精准归纳与合理推理,从而构建起属于自己的观点与见解。深度思考不仅能锻炼学生的逻辑思维,还能激发创新意识,为后续的表达与交流夯实基础。以《童年》整本书阅读为例,教师可通过以下方式有效引导学生深度思考。

1. 以人物形象梳理为切入点深度思考

《童年》中角色繁多,人物关系盘根错节,梳理人物关系对提升阅读质量、促进深度思考意义重大。教师在授课时,可组织学生进行小组讨论,运用多种方式深度剖析书中主要人物形象。例如，引导学生填写人物关系评价表，让人物之间的互动与评价一目了然；绘制人物关系图，清晰呈现人物关系网络；制作人物名片，从不同角度挖掘人物特征，使学生在这些实践活动中深度感悟小说人物的复杂性与独特性，全方位提升深度思考能力。

为了让学生理清书中人物关系（见表 3-1），教师设计了多样式表格，让学生一边阅读一边完成表格，旨在通过深入阅读为学生初步梳理人物关系和情节提供支架，也为后续的阅读梳理提供参考，进而更深层次地挖掘文本内涵。如：

表 3-1　《童年》人物关系评价表

《童年》人物关系评价表（经典情节）			
人物	关系	主要事件	评价

《童年》一书中的人物有几十个，但是他们都是围绕主人公阿廖沙出现的。根据教材中"快乐读书吧"对《童年》的概括——"笑与泪，经历与成长"可知，书中的人物对阿廖沙的成长都产生了或多或少的影响，有的人给他带来欢笑，有的人则给他带来痛苦。伴随阅读的深入，为了促进学生思考力的形成，教师以人物关系评价为核心设计一张《童年》中的人物关系评价思维导图，让学生对人物进行归类（见图 3-1）。

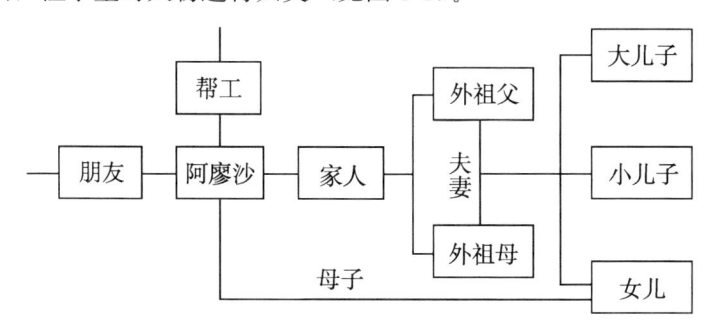

图 3-1　《童年》人物关系图

在梳理人物关系时，学生需要从书中众多的细节和情节中提取关键信息，将分散的人物线索整合在一起，形成一个有条理的架构（见图 3-1）。在构建评价图的过程中，学生需要思考人物之间的因果关系和相互影响，以及他们在故事中的地位和作用，从而培养严谨的逻辑推理能力，促进学生逻辑思维的发展，锻炼学生的整合与归纳能力。对人物进行评价时，学生会思考他们的行为动机、性格特点的形成原因，以及这些因素对故事走向的影响，从而形成自己独特的见解和判断，激发批判性思维。清晰的人物关系和评价能够帮助我们更全面地把握作品的主题、社会背景和作者的创作意图，提升对文学作品的鉴赏能力，激发批判性思维。

深入思考能够使学生更好地理解文本内容，提高阅读效率和质量。在阅读推进课中，我们鼓励学生设计"人物名片"（见图 3-2）。通过为每个角色创建名片，学生能够梳理并总结人物的关键信息，如姓名、性格特点、主要经历等，这有助于他们关注并牢记书中的人物形象，

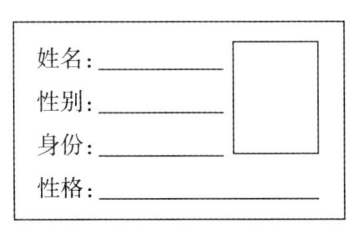

图 3-2 《童年》人物名片

避免混淆，从而强化人物记忆。在填写名片的过程中，学生需要思考人物性格形成的原因、其行为背后的动机以及人物在故事中的作用和影响，从而更深入地理解人物的复杂性和多面性，深度剖析人物形象，提升思考力。人物之间的关系是构成小说情节的重要元素，绘制人物名片时必然会涉及这些关系，这有助于学生把握人物关系网，更好地理解故事的发展脉络和主题，增强对作品的整体把握。学生在分析人物时，可能会对作者的人物塑造手法、人物的命运安排等产生自己的看法和疑问，激发他们进行批判性思考，提出独特的见解。从书中纷繁复杂的描述中提取关键信息，整理成简洁明了的人物名片，能够锻炼学生的信息筛选、分类和概括能力，这对他们今后的学习和生活都具有重要意义。

投票选出给予阿廖沙帮助最大的三个人，在名字前画"√"，并说明投票理由（见表 3-2）。

表 3-2 票选阿廖沙的"幸运之星"

投票栏	人名	投票理由
	外祖母	
	外祖父	

续表

投票栏	人名	投票理由
	母亲	
	小茨冈	
	"好事儿"	
	米哈伊尔舅舅	
	雅科夫舅舅	
	邻家三兄弟	
	继父	
	格里高利	

余义森教授的"读思达"教学法主张将思考力的培养从传统的知识教学转向问题教学，构建一种基于问题的教学模式。这种模式让学生的学习从依赖"知识线索"转变为围绕"问题线索"进行，即将"让学生在知识线索中学习知识"转变为"让学生在问题解决中学习知识"。这个观点与素养教学紧密相关，素养教学强调在真实的情境中，解决现实问题，实现知识的高通路迁移。

因此，在执教时，当学生对小说中的人物有了立体的感知后，我们可以在阅读分享课上组织他们对整本书阅读的情况进行分享交流。为了激发学生的思辨性，我们可以设计一个"票选阿廖沙的'幸运之星'"活动（见表3-2）。在活动中，学生需要深入分析每个候选人对阿廖沙帮助的性质、程度和重要性的不同。例如，他们可以思考外祖母的关爱是如何给予阿廖沙心灵的慰藉的，或者"好事情"的启发又在何种程度上影响了阿廖沙的成长观念等。这种思考有助于培养学生的比较、权衡和判断能力，让他们理解不同形式的帮助在个人成长中的作用。通过批注和归纳整合人物描写和故事情节，学生可以更深刻地体会人物的立体形象。引导学生进行思辨性分析，不仅有助于他们理解成长路上的感悟，还能为他们的创意表达提供更多可能性。

2. 以主题探究为方向深入思考

以"逆境中如何成长和坚守善良"为主题，结合"阿廖沙搬家经历图表"引导学生从书中找出相关的情节和细节来支持自己的观点（见表3-3）。比如，学生可以分析书中描写的贫困、暴力、冷漠等苦难场景，以及阿廖沙在这样的环境中是如何成长和坚守善良的。这种活动能鼓励学生深入思考小说的核心主题，提高对文学作品的理解和感悟能力。

表 3-3 阿廖沙搬家经历表

搬家次数	地点	环境	主要事件	内心感受
第一次	外祖父家（染坊）			
第二次				
第三次	搬到卡纳特街			
第四次				
第五次	继父家（小房间）			
第六次				
第七次				
第八次				

上述表格记录了阿廖沙的搬家经历。在阅读过程中，我们可以通过表格梳理阿廖沙对每次新居住环境的感受及其变化。这样的分析有助于学生理解阿廖沙对居住环境的感受变化其实是他内心变化的反映。使用"阿廖沙搬家经历图表"并结合书中环境描写和主要事件，我们可以梳理本书的故事情节，感悟阿廖沙的内心变化，这不仅丰富了我们对阿廖沙成长背景的认识，也让我们更全面地理解社会环境对他性格和命运的影响。阿廖沙的每一次搬家都可能意味着新的遭遇和挑战，直观呈现这些经历有助于我们更清晰地看到故事情节的发展和转折。学生在梳理完成上述表格的过程中能更好地把握故事发展的脉络，了解不同的居住环境和邻里关系对阿廖沙内心产生的冲击，从而帮助我们更好地体会他在成长过程中的心理成长和转变。这一过程不仅加深了学生对人物心理变化的理解，也增强了整个评价图的系统性和完整性，使学生能够从空间和时间的维度上，更立体地把握阿廖沙的生活轨迹以及他与其他人物关系的演变。

（三）表达交流

表达交流是"读思达"阅读策略的核心。学生不仅要深入阅读、深度思考，更要把思考成果、个人见解以口头阐述或书面写作的形式展现出来，与他人展开交流、讨论。共读《童年》一书后，学生通过联系书中细节与自身认知，思辨阿廖沙在苦难中不屈成长的经历，在思想碰撞里，深刻理解成长的意义，树立正确的价值观，实现从阅读输入到表达输出的转化，真正做到掌握知识，收获成长。

1. 口头表达

在《童年》的教学过程中，教师可围绕口头表达设计一系列任务，锻炼学生语言表达能力。

（1）性格剖析与口头评价

引导学生运用联结策略，通过聚焦书中环境描写、人物细节描写，深度体会阿廖沙的成长经历，随后口头评价阿廖沙的性格特点。学生在对文本的深入理解中，组织语言，清晰阐述自己对人物性格的见解。

（2）话题讨论与辩论

组织学生参与"投票选出给予阿廖沙帮助最大的三个人并说明投票理由"活动，鼓励学生结合自身生活，分享成长感悟，锻炼口头表达的流畅性与逻辑性。同时，还可以开展"苦难的童年是幸还是不幸？"辩论会，学生在正反观点的激烈碰撞中，打开思维，学会用辩证的眼光看待问题，进一步提升口头表达能力和应变能力。

2. 书面表达

为推动学生书面表达能力的进阶，助力其深度理解作品，在教学《童年》时，教师可从以下两方面开展教学活动。

（1）主题感悟写作

《童年》蕴含成长、苦难、亲情等核心主题。教师可鼓励学生撰写读后感，引导他们深入挖掘文本，结合自身经历与思考，以文字的形式呈现自己对这些主题的理解和感悟。通过这样的书面表达，学生不仅能深化对作品主题的理解，还能锻炼逻辑思维与文字组织能力。

（2）人物细节描写

书中人物形象鲜明，如善良的外祖母、自私的外祖父。教师可以布置书面作业，要求学生选取书中任一人物，从外貌、语言、动作、心理等方面进行细节描写。学生在创作过程中，需要反复研读文本，拆解人物特点，将对人物的分析转化为生动的文字。这一练习既能提升学生细致刻画人物的写作能力，又能全方位提高他们的书面表达水平。

3. 创造性表达

在《童年》的教学进程中，教师可以借助多种方式启发学生进行创造性表达，深度挖掘作品内涵。

（1）组织《童年》角色扮演活动

教师引导学生自主筛选书中的场景，将其精心改编成课本剧并进行演绎。学生在这一过程中，需将文字巧妙转化为生动的肢体语言、细腻的表情和精准的台词，以个性化的创意诠释对作品的理解感悟，把静态的文字转化为鲜活的舞台呈现。这不仅能显著提升学生的语言组织能力，让他们在创作台词、设计对话时，语言表达更加流畅自然，还能极大增强学生在公开场合表达的自信。同时，学生通过沉浸式体验角色，能深刻体会作品情境与人物情感，让表达富有感染力与深度。

（2）开展情节复述与改写活动

教师要求学生运用自己的语言，生动复述《童年》里的精彩情节。在这个过程中，学生需要重新梳理情节脉络，组织语言，让故事以全新的面貌呈现。而情节改写则更具创造性，例如改变故事结局，学生要深入理解原作情节、人物性格及逻辑关系，打破原有框架，重新构思，这不仅锻炼了语言表达能力，还能有效培养逻辑思维与创新能力，让学生在创造性的表达中实现文学素养与综合能力的进阶。

在整个教学过程中，教师需要始终以学生的学习为中心，注重引导和启发，让学生在阅读、思考和表达的过程中不断提升自己的阅读素养和思维能力。同时，教师也需要根据学生的实际情况和需求，灵活调整教学策略和方法，以确保教学效果的最大化。

第三节 基于"读思达"的阅读案例与实践

为了提高全学科整本书阅读活动的效果,近年来我校结合实际情况,积极采用"读思达"阅读策略来推行。我们认为,学习不应局限于课堂内的知识传授,而应通过课内外的阅读来拓宽学生视野,深化对学科知识的理解,进而培养学生的核心素养。这正是我们开展全学科整本书阅读的初衷。

基于"读思达"阅读策略的全学科整本书阅读,着重培养学生的阅读兴趣和习惯、基础阅读技能、思维能力,以及跨学科知识的整合能力,同时注重情感教育和价值观的塑造。这些构成了小学阶段学科阅读的核心目标,旨在全面提升学生的综合素养和阅读能力。

针对语文学科、数学学科及综合科的各自特点,我校通过一系列"读思达"阅读策略课例示范,如在校本教研、中心片教研等活动中展示,并在课后组织研讨和解惑,引导教师深入理解并有效实施全学科整本书阅读活动。

一、语文学科的阅读方法与案例

小学语文整本书阅读的目的在于通过连续、完整的阅读过程,增加学生阅读量,提升阅读速度,提高阅读理解能力。同时,整本书阅读有助于激发学生的阅读兴趣,培养学生良好的阅读习惯,拓宽学生的视野,扩展学生的知识面,并促进学生语言表达、写作、思辨和批判等多方面能力的提升。

(一)语文学科的阅读方法

在阅读的世界里,学生不仅是探索者,更是思考者与表达者。当我们聚焦到"阅读有方法"这一理念时,特别是从"读、思、达"三个维度来挖掘时,阅读之旅会变得更加丰富多彩,而且阅读成效显著。在语文学科中,阅读不仅仅是识字和解码文字的过程,更是基于学科特性,深入理解文本、感受语言魅力、培养审美情趣和人文素养的重要途径。

语文学科的阅读,不仅是对文字的识别和理解,更是对语言艺术的品味与鉴赏。通过细读、精读，我们可以领悟作者遣词造句的精妙，感受文本背后的情感与意蕴。此外，语文学科的阅读还强调对文本的整体把握和深入理解，要求读者能够提炼主题、分析结构、把握人物性格和情节发展，从而全面领略作品的文学价值。

基于语文学科的特性，我们在阅读时应该注重以下几点：首先，要关注语言本身，品味作者的语言风格，感受语言的韵律和美感；其次，要深入理解文本，把握作品的主题思想、人物形象和情节结构，领略作品的文学魅力；最后，要结合自己的生活经验和情感体验，与文本进行对话，形成自己的独特见解和感悟。

接下来，就让我们一起用通俗易懂的方式，通过"读、思、达"三个环节，深入体验语文学科的阅读方法吧。

1. 读——广阅读，细吸收

（1）预热小火车，启动阅读兴趣

想象一下，每次翻开一本新书，就像准备乘坐一趟探险火车，而封面和目录就是那张通往奇妙世界的车票。先让学生用眼睛"旅行"，观察封面上的图画，预测这本书讲了什么故事，揣摩作者想传达的情感。再翻开目录，像浏览地图一样，看看这一路上的站点（章节）有哪些并找出最吸引自己的那一站。这样的预热，能让学生对即将开启的阅读之旅充满期待。

比如，在开启《安徒生童话》这本书的阅读之旅前，我们可以先启动阅读兴趣的预热小火车：让学生用眼睛"旅行"。仔细观察封面，提出问题：引导学生观察封面的色彩、图案、文字排版等，提出问题，如，"为什么作者会选择这样的颜色？""画中的主角看起来心情如何？""书名和画面有什么关联？"这些问题可以激发学生的好奇心，让他们带着问题去阅读。

接着，我们翻开目录，就像展开一张探险地图，让学生看看这一路上的站点（章节）有哪些，从"丑小鸭"到"海的女儿"，再到"皇帝的新装"，每个站点都充满了未知与惊喜。让学生快速浏览目录，挑选出最感兴趣的章节，并尝试用自己的语言概括这个章节可能讲述的内容。例如，看到《丑小鸭》这个章节标题，可以让学生猜测："丑小鸭为什么会被称为丑小鸭？它经历了什么故事？最后有没有变成白天鹅？"通过预测，学生会更主动地去寻找答案，增强阅读的目的性。通过以上预热步骤和拓展活动，不仅能够激发学生的阅读兴趣，还能帮助他们在阅读过程中更好地运用语文学科的知识和技能，提升阅读能力和语文素养。

（2）慢慢啃，细细品

阅读时，不必急于求成。就像品尝美食，要一口一口慢慢来，才能感受到其中的滋味。鼓励学生逐字逐句地读，遇到不认识的字词就像探险途中遇到了小障碍，不妨停下来，查查字典，解决障碍后会更有成就感。要教会学生精读，对于重要的情节或优美的句子，不妨多读几遍，甚至大声朗读出来，让文字在耳边回响，心灵也随之起舞。

《小王子》这本书，便是一本值得慢慢啃、细细品的佳作。我们可以鼓励学生逐字逐句地穿梭于小王子的星际旅行中，每一次翻页都仿佛是一次心灵的启程。在阅读过程中，让学生用不同颜色的笔标注出不认识的字词、不理解的句子以及感兴趣的内容。例如，用红色笔标注生字，用蓝色笔画出优美的句子，用绿色笔标出疑问点。这样不仅可以帮助学生更有针对性地完成阅读任务，也可以在阅读时快速找到重点。

同时，引导学生理解精读的艺术。在《小王子》中，关于爱与责任、孤独与友谊的深刻哲理，以及那些如诗如画的句子，都值得反复咀嚼，甚至大声朗读出来。让"眼睛看不见真正的东西，必须用心才能看清楚"这样的金句，在耳边轻轻回响。例如，在读《小王子》中狐狸与小王子的对话部分时，可以让学生先默读，感受文字的节奏和情感，然后大声朗读，体会其中的哲理。还可以让学生尝试用自己的话复述这段内容，加深对文本的理解。

通过"慢慢啃，细细品"的阅读方式，不仅能够使学生更深刻地理解《小王子》中的故事与寓意，还能培养起他们对文学作品细腻入微的感受力。每一次阅读都是一次心灵的洗礼和成长的旅程。这种阅读方法有助于培养学生字词积累、批注习惯、反复阅读、主题理解等重要能力，为全面提升学生的语文素养和阅读能力打下基础。

2. 思——动脑筋，深思考

（1）提出问题，激发好奇

阅读不仅是接收信息的过程，更是主动思考的过程。在阅读过程中，要鼓励学生多问几个"为什么"：为什么故事会这样发展？人物为什么会做出这样的选择？带着思考阅读能让学生更加深入地理解文本，也能培养他们的批判性思维能力。

比如，在阅读《汤姆·索亚历险记》这本充满冒险与奇趣的书籍时，我们可以引导学生采用"问题导航"的方法，深入探索故事的每一个细节。首先，鼓励学生在阅读前或阅读过程中，主动提出一系列与情节发展、角色塑造、主题探讨等相关的问题。例如，"汤姆为什么不喜欢姨妈和老师的管束？""汤姆和哈克贝利在墓地目睹凶杀案后，为什么选择逃到荒岛？""汤姆在山洞中迷路时，他是如何克服恐惧的？"这些问题就像是一盏盏明灯，照亮了学生深入探索文本的道路。

随着阅读的深入，引导学生逐步解答这些问题，并通过对比分析、归纳总结等方式，将零散的信息串联起来，形成对故事全面而深刻的理解。同时，鼓励学生提出新的问题，继续挖掘文本中的隐藏线索和深层含义，让思维在不断的提问与解答中变得更加活跃和敏锐。

通过"提出问题，激发好奇"的阅读思考方式，学生不仅能够更加主动地参与到阅读过程中来，还能够培养起独立思考的能力和批判性思维。这种方法培养了学生情节分析、人物理解、主题探讨、对比分析、归纳总结等重要能力，有助于提升学生的语文素养和思维能力。

（2）角色扮演，换位体验

有时候，让学生尝试角色扮演，将自己代入书中的角色，去感受他们的喜怒哀乐，也是一种很好的思考方式。比如，在阅读《西游记》时，可以让学生想象自己是孙悟空，在面对各种困难和挑战时会怎么做？这样的体验，能让学生更加深刻地理解人物性格和故事情节，也能激发他们的想象力和创造力。同样，在阅读《汤姆·索亚历险记》的冒险旅程中，我们可以引导学生进行一场别开生面的"角色穿越"体验。想象自己化身为故事中的主角汤姆·索亚，或是他那机智勇敢的朋友哈克贝利·芬，甚至是严肃又善良的波莉姨妈。

当学生穿上这些角色的"隐形斗篷"时，他们将与角色同悲共喜，经历每一次冒险，感受每一次抉择的重量。在圣彼得堡小镇的街头巷尾，他们会思考：如果我是汤姆，面对学校里的枯燥课程和姨妈的严格管束，我会如何巧妙地逃避却又不被发现呢？如果我是哈克，我会如何在密西西比河畔的冒险中，凭借自己的智慧和勇气，帮助汤姆摆脱困境，最终找到宝藏？

例如，在阅读到汤姆和哈克在墓地目睹凶杀案后逃到杰克逊岛的情节时，可以让学生扮演汤姆，想象自己如何在荒岛上生存，如何应对孤独和恐惧。

通过"角色扮演，换位体验"的阅读思考方式，学生不仅能够更加深刻地理解人物性格和故事情节，还能激发他们的想象力和创造力。这种方法结合了语文学科中的角色分析、情感共鸣、情境模拟、问题解决、写作与表达等重要能力，有助于全面提升学生的语文素养和思维能力。每一次角色扮演都是一次思维的拓展和心灵的洗礼，让学生在阅读中学会从多个角度看待问题，学会在复杂情境中做出明智的抉择，更学会如何用自己的方式去创造属于自己的魔法世界。

3. 达——勇敢说，畅快写

（1）口头分享，锻炼表达

阅读后的分享环节，是锻炼学生口语表达能力的好机会。我们可以鼓励学生在家里或学校，与家人、朋友、老师分享自己的阅读感受。比如讲讲书中的精彩片段或者谈谈自己对人物、主题的理解。这样的分享，不仅能让学生更加自信地表达自己的想法，还能促进他们之间的情感交流。

如阅读完《窗边的小豆豆》这部温馨而富有教育意义的书籍后，我们可以引导学生踏上一段特别的分享之旅，将这本书作为锻炼口语表达能力的宝贵钥匙。

营造氛围：选择一个温馨舒适的环境，比如在家中温馨的灯光下或学校充满书香气息的角落里，在轻松愉悦的氛围下与家人、朋友乃至老师围坐一圈。

角色扮演：让学生担任起"小豆豆讲述者"的角色，用他们自己的话语，将小豆豆在巴学园中的奇妙经历娓娓道来。可以是从初见小林校长时的那份纯真与好奇，再到在电车教室里上课的兴奋与探索；也可以是小豆豆与同学们之间那些温馨又略带调皮的小故事，如尝试寻找丢失的钱包而意外发现粪坑的秘密等。

深入思考：在分享过程中，我们不仅要鼓励学生讲述书中的精彩片段，更要引导他们深入思考并分享自己对人物性格、故事情节以及作品主题的理解。比如，可以让学生谈谈小林校长独特的教育理念是如何影响小豆豆的成长的，或是分析小豆豆身上的哪些品质值得我们学习。这样的思考与交流，不仅能帮助学生更深入地理解书籍内容，还能激发他们的思维活力，提升他们的批判性思考能力。

互动交流：在分享过程中，鼓励听众（家人、朋友、老师）提问和发表自己的看法，让学生学会倾听和回应不同的观点。这种互动不仅能增强学生的表达能力，还能提升他们的思辨能力。

情感共鸣：分享结束后，可以组织一个小讨论，让每个人谈谈自己最喜欢的部分，以及这本书给自己带来的启发。通过情感共鸣，加深对书籍的理解和感悟。

（2）笔下生花，记录感悟

除了口头分享，还可以鼓励学生用文字记录下自己的阅读感悟。记录的形式并不是关键，可以是一篇读后感，也可以是一个小故事，甚至是一首小诗，重要的是，让学生学会用文字表达自己的内心世界，让阅读的感悟在笔尖流淌，成为他们成长路上宝贵的财富。

例如，在读完《草房子》这本书后，当书中的温暖与纯真在心头萦绕，我们可以引导学生拿起笔，将这份独特的阅读感悟化作纸上的精灵，记录下他们心灵的触动。

首先，我们可以鼓励学生撰写一篇读后感。不必拘泥于固定的格式或字数，让学生自由地表达他们对《草房子》这部作品的感受。他们可以描述书中那个金黄色的草房子，在阳光下闪耀的童年时光；可以讲述桑桑与纸月之间纯真的友情，以及他们在成长路上遇到的挑战与收获；更可以深入探讨作品所蕴含的主题，如童年的纯真与美好、友情的力量、面对困难的勇气等。鼓励学生用自己最自然的语言，写下对《草房子》的感受。不必拘泥于固定的格式或字数，重点是让学生自由地表达他们对书中人物、情节和主题的理解。通过文字，让学生的心灵与书中的世界紧密相连，让感悟在笔尖生花。

除了写读后感，我们还可以鼓励学生创作一个与《草房子》相关的小故事。让学生发挥想象力，或是续写书中的某个情节，或是根据书中的人物和背景，创作一个全新的故事。在这个过程中，学生将学会如何将阅读中的感悟融入自己的创作中，用文字描绘出一个又一个生动而感人的画面。

对于喜欢诗歌的学生，我们可以引导他们以《草房子》为灵感，创作一首小诗。无论是描绘那片草房子的美景，还是抒发对童年时光的怀念，抑或是表达对友情与成长的思考，都将成为学生内心世界的一次美妙展现。通过诗歌的形式，让学生学会用凝练而富有韵律的语言表达情感与感悟。

重要的是，我们要让学生明白，无论是读后感、小故事还是诗歌，都是他们与书籍对话的桥梁，是他们内心世界的一次真诚表达。这些文字记录下的感悟与思考，将成为他们成长路上宝贵的财富，陪伴他们走过未来的每一个阶段。

通过"口头分享，锻炼表达"和"笔下生花，记录感悟"两种方式，学生不仅能够提升口语表达和写作能力，还能在阅读中深入理解文本内容，培养批判性思维和创造力，让他们在阅读与表达中实现思维的拓展与心灵的成长。这些活动有效提升了学生的语言组织、情感表达、主题理解、写作技巧等重要能力，为未来的语文学习和生活打下坚实的基础。

（二）语文学科阅读案例

下面就以统编版五年级下册"快乐读书吧"推荐书目《西游记》的整本书阅读为例说明。

《西游记》是一部非常值得一读的古典名著，它的故事情节丰富有趣，充满了想象力和奇幻色彩。从孙悟空的横空出世，到他与唐僧、猪八戒、沙僧的结伴而行，再到他们历经九九八十一难取得真经，每一个章节都充满了惊险和刺激，让人仿佛置身于一个神奇的魔幻世界。同时，《西游记》的人物形象生动而鲜明，如孙悟空的机智勇敢、唐僧的慈悲善良、猪八戒的憨厚可爱、沙僧的忠诚稳重，每一个角色都有其独特的性格魅力，让人难以忘怀。最后，《西游记》还具有深刻的思想内涵。它通过讲述取经路上的种种奇遇，不仅展示了人性的善恶与矛盾，也探讨了命运、价值、智慧等哲学问题，引发人们对人生的思考和探索。

作为五年级"快乐读书吧"的推荐书目，《西游记》不仅能够丰富学生的文学知识、提升文学素养，还能够培养学生的团队合作精神、面对困难的勇气以及思辨与表达等方面的能力。因此，我们应该积极推广和阅读这部作品，让它在快乐阅读中发挥更大的作用。

在深入探讨这本书的丰富内容之前，我们默契地踏上了一段以"读—思—达"为引领的深刻阅读之旅。这一阅读策略不仅是我们探索知识宝库的指南针，更是促进心智成长、深化理解的桥梁。通过"读"，我们如同航海者般，在文字的海洋中遨游；随后，"思"则如同我们在心灵深处点燃的一盏明灯，照亮了这些文字之间的联系与意义；最终，"达"则是我们将所读、所思凝练成语言或行动的过程。这些都是完美诠释这一阅读策略的体现。

1. 读——书页轻翻，点燃好奇之火

（1）封面目录大点兵，点燃阅读兴趣之花

在教室里，学生正襟危坐，眼神中闪烁着对《西游记》这部古典名著的好奇与期待。随着老师的引导，他们把目光投向了书的封面，开始了这次阅读探索的第一步。

封面上的孙悟空，手持金箍棒，腾云驾雾，英姿飒爽，瞬间吸引了所有学生的目光。他们仔细观察着封面的每一个细节，从孙悟空的表情到背景的山水，再到书名的字体，一丝细节都不忍放过。学生开始小声讨论，分享着自己从封面上读到的信息："孙悟空是主角，他很厉害！""这本书是关于他们取经的故事！""封面的颜色好鲜艳，看起来就很有趣！"

在初步领略了封面的魅力后，学生又迫不及待地翻开了目录。目录中的章节标题，如同一个个小窗口，让学生窥见了《西游记》中丰富的内容。他们一行行地浏览，时而发出惊叹，时而陷入沉思，时而互相讨论："《大闹天宫》这一章肯定很精彩！""我好像听过《三打白骨精》这个故事！""这么多章节，我们要多久才能看完啊？"在老师的指导下，学生学会了如何从目录中获取关键信息，比如故事的发展脉络、主要情节以及角色出场顺序等。他们一边翻阅目录，一边用笔在目录旁边做下简单的记号，以便日后阅读时能够快速定位。

通过封面与目录的探索点兵，学生迫不及待地想要翻开正文一探究竟，看看书中的故事是否与封面、目录中描述得一样精彩。就这样，学生带着对

《西游记》的好奇与期待，踏上了这场充满奇幻色彩的阅读之旅。他们知道，接下来的每一页都充满了未知与惊喜，等待着他们去发现、去体验。

(2) 关注插图细细读，探索文学阅读之美

随着铃声的响起，学生满怀期待地走进了教室，因为他们知道，今天又是一堂特别的《西游记》阅读课。这一次，他们将在教师的带领下，一起探索课文中那些生动有趣的插图，挖掘隐藏在图画背后的故事。

教师微笑着站在讲台上，手中拿着几本精美的《西游记》绘本，此刻教师仿佛化身为一位即将带领学生踏上奇妙旅程的向导。她轻轻地翻开绘本，展示了一张孙悟空和唐僧在取经路上的插图，画面中的孙悟空精神抖擞，唐僧则一脸慈祥，仿佛正在讲述着路上的趣事。

学生立刻被这幅插图所吸引，聚精会神地观察着，有的皱眉思考，有的小声讨论。教师见状，便引导道："同学们，你们能从这幅插图上看出什么吗？试着用你们的眼睛去发现，用你们的心灵去感受。"在教师的引导下，学生开始更加仔细地观察插图。他们发现了孙悟空身上那根闪闪发光的金箍棒，唐僧手中紧握的经书，还有远处隐约可见的妖怪身影。他们兴奋地分享着自己的发现，仿佛自己也成为这幅插图中的一部分。

接着，教师又展示了一张猪八戒吃西瓜的插图。画面上的猪八戒满脸都是西瓜籽，眼睛眯成了一条缝，看起来很享受的样子。学生一看，都忍不住笑了起来，教室里充满了欢乐的气氛。教师趁机问道："这幅插图中的猪八戒给你留下了什么印象呢？"学生纷纷举手发言，有的说他看起来憨态可掬，有的说他是个十足的小吃货，还有的说他虽然贪吃，但也是个忠诚的好伙伴。教师听着学生的回答，满意地点了点头。她知道，学生已经学会了从插图中去理解和感受人物的性格和情绪。

随后，教师让学生翻开书，找到自己喜欢的插图，仔细观察并写下感受。学生立刻行动起来，他们有的选择了孙悟空大战妖怪的插图，有的选择了沙僧挑担前行的插图，还有的选择了唐僧念紧箍咒的插图。每个人都沉浸在插图的奇妙世界中，享受着阅读的乐趣。

激发了学生的阅读兴趣后，就开启了《西游记》整本书阅读之旅。在分享环节，学生轮流上台展示自己的发现和感受。他们不仅学会了怎么从插图

中品读故事，还更加深入地了解了《西游记》中的人物和情节。他们兴奋地分享着自己的心得，仿佛也变成了书中的神话人物，正在经历着一次又一次的冒险。

2. 思——探索深思，感受取经之艰

（1）提出问题，激发探索热情

在完成了对《西游记》封面与目录的探索后，学生的好奇心被彻底激发，他们迫不及待地想要深入了解这部名著中的角色与情节。此时，教师适时地提出了一个引人深思的问题："在《西游记》中，孙悟空是一个怎样的角色？他的多面性体现在哪些方面？"

这个问题如同一颗石子投入平静的湖面，激起了学生们心中的层层涟漪。他们开始重新审视孙悟空这个角色，试图从他的言行举止、性格特点以及他在故事中的作用等多个角度进行深入思考。

有的学生首先想到了孙悟空的勇敢与无畏。他们记得在《大闹天宫》这一章中，孙悟空敢于挑战权威，与天庭众神斗智斗勇，展现出了非凡的勇气和力量。同时，学生也注意到了孙悟空在取经路上多次挺身而出，保护师傅和师弟们免受妖怪侵害的英勇事迹。

然而，孙悟空的多面性并不仅仅体现在他的勇敢上。有的学生开始思考他的机智与狡猾。他们记得孙悟空在与妖怪斗智斗勇时，总能想出各种妙计，巧妙地化解危机。这种机智不仅体现在他的战斗策略上，还体现在他与师傅、师弟们的相处中，他总能用幽默和机智化解矛盾，让团队更加团结。

此外，学生还注意到了孙悟空的忠诚与担当。尽管他有时会因为顽皮和冲动而犯错，但在关键时刻，总能坚守初心，牢记取经的重任。他不仅对师傅唐僧忠心耿耿，还时刻关心着师弟们的安危，展现出了强烈的责任感和团队精神。

在深入思考孙悟空的多面性时，也有部分学生意识到，这个角色并非完美无缺。他的冲动、自负和有时过于依赖武力的行为也给他带来了不少麻烦和教训。但正是这些缺点和不足，使得孙悟空这个角色更加真实、立体，更加容易引起读者的共鸣。

通过这次对孙悟空角色多面性的思考，学生不仅加深了对《西游记》这部名著的理解，还学会了如何从不同角度审视一个角色，从而更加全面地认识和理解人物。他们知道，在未来的阅读中，他们将用同样的方法去探索更多的角色和故事，享受阅读带来的乐趣和收获。

（2）身临其境，体验取经之旅

在深入探讨了孙悟空角色的多面性之后，学生迎来了一次前所未有的体验——将自己完全代入孙悟空的角色，亲身经历他那充满传奇色彩的取经之旅。

闭上眼睛，学生仿佛穿越了时空，来到了那个充满奇幻色彩的世界。他们感受到了孙悟空那身披金甲、手持金箍棒的英姿，以及他体内那股不屈不挠、勇往直前的力量。此刻，他们不再是教室里的学生，而是那位威风凛凛、战无不胜的齐天大圣。

他们随着孙悟空一起踏上了取经的征途，经历了无数的艰难险阻。在《三打白骨精》的章节中，他们亲眼见证了白骨精的狡猾与阴险，也亲身感受到了孙悟空为了保护师傅和师弟们所付出的努力与牺牲。在《火焰山》的章节中，他们与孙悟空一起面对熊熊燃烧的火焰，体验了那种身处绝境却仍不放弃的坚韧与勇气。

在取经的路上，学生也深刻体会到了孙悟空内心的挣扎与成长。他们看到了孙悟空从最初的狂妄自大、目中无人，到后来的谦虚谨慎、懂得团队合作的转变。这种转变不仅体现在他的行为上，更体现在他对待师傅和师弟们的态度上，他变得更加体贴和宽容。

通过这次身临其境的体验，学生对孙悟空这一角色有了更加深刻的理解和感悟。他们不仅看到了孙悟空身上的勇敢、机智和忠诚，更看到了他内心的善良、宽容和成长。

这次体验不仅让学生更加深入地理解了《西游记》这部名著，还让他们学会了如何从不同的角度和层面去解读和欣赏一个角色。在未来的阅读中，他们将用同样的方法去探索更多的角色和故事，享受阅读带来的乐趣。

3. 达——智慧分享，体会成长之乐

（1）奇遇不断话西游

在《西游记》的阅读探索过程中，学生首先通过口头表达的方式，分享了对这部名著的理解和感悟。他们围坐在一起，仿佛置身于取经路上，每个人都化身为故事中的角色，讲述着那些激动人心的冒险奇遇经历。有的学生生动地描绘了孙悟空与妖怪斗智斗勇的场景，他们模仿着孙悟空的口吻，用幽默风趣的语言将故事娓娓道来，引得同学们笑声连连；有的学生则深情地讲述了唐僧师徒四人之间的深厚情谊，话语中充满了对师徒四人的敬佩和感动，让在场的每一个人都为之动容。

通过口头表达，学生不仅锻炼了语言表达能力，还学会了如何更加生动、形象地描述故事和人物，让听众仿佛身临其境。

（2）笔尖泼墨助经典

除了口头表达，学生还通过书面表达的方式，记录下了对《西游记》的感悟和思考。他们拿起笔，将自己的所见所闻、所思所感化为文字，写下了一篇篇精彩的读后感和心得体会。有的学生从孙悟空的勇敢和机智中汲取了力量，在文章中表达了自己对勇敢和智慧的向往与追求；有的学生则从唐僧师徒四人的团结和协作中得到了启示，在文章中强调了团队合作的重要性，并分享了自己在团队中的经验和教训。

通过书面表达，学生不仅提高了写作水平，还学会了如何更加深入、细致地分析故事和人物，从而得出更加深刻的感悟和思考。

（3）西游分享创意汇

在《西游记》的阅读探索过程中，学生们还展现出了非凡的创造性表达、分享与交流能力。他们不仅仅停留在对故事和人物的简单描述上，还尝试通过绘画、表演、创作等多种形式来表达自己对这部名著的理解和感悟。有的学生用画笔描绘出了自己心中的孙悟空形象，他们笔下的孙悟空栩栩如生、威风凛凛，跃然纸上；有的学生则通过表演的方式，再现故事中的经典场景，学生们穿上孙悟空的服装，模仿着他的神态与动作，用声情并茂的表演诠释着对角色的理解与感受。游戏中的"给书中人物打电话"的环节更是让学生们仿佛置身于《西游记》的世界，与书中人物共情、共鸣。在轻松愉快的氛围中，学生们不仅加深了对小说人物的认识，也进一步提高了阅读兴趣。他们的表演生动有趣、引人入胜，赢得了同学们的阵阵掌声。还有的学生创作出了《西游记》续集或衍生作品，在作品中融入了自己的想象和创造性的表达，让这部名著焕发出了新的生命力。

通过创造性表达、分享与交流，学生们不仅展现了自己的才华和创造力，还学会了如何更加多元、全面地理解和欣赏一部作品，从而让自己的阅读体验更加丰富和深刻。

4. 总结

通过本次《西游记》整本书阅读实践，不仅激发了学生的阅读兴趣，学生的阅读能力、思辨能力和创作能力也均有所提高。但教师也认识到在运用"读思达"阅读策略时，需要注重以下几点。

（1）选择合适的阅读材料

根据学生的年龄和理解能力，挑选一本合适的《西游记》版本。小学高年级的学生可以读青少版，或者挑几个经典片段，比如"大闹天宫""三打白骨精"。这些故事很精彩，不仅能吸引学生的阅读兴趣，还能让他们学到很多东西。

（2）设定明确的阅读目标

在引导学生阅读《西游记》时，首先要设定一些简单的目标：比如让学生读懂故事内容，明白孙悟空、唐僧等人物的性格特点，理清故事的大致情节；同时，引导他们多思考，比如孙悟空为什么大闹天宫、取经路上是怎么克服困难的、这些故事里藏着哪些道理，让学生从中有所启发；还可以让学生感受师徒四人团结协作的精神，激发他们对正义和勇敢的喜爱。

（3）引导学生进行深度阅读

通过提问和讨论的方式，让学生深入思考。比如一起聊聊孙悟空的性格，探讨他大闹天宫的原因，分析取经路上遇到的困难是怎么解决的，以及这些故事传达了哪些主题，让学生在思考中加深对故事的理解。

（4）鼓励学生进行拓展阅读和创作

鼓励学生进行拓展阅读，比如读读其他经典名著，拓宽他们的文学视野；也可以让学生尝试续写故事或者创作新的冒险故事，锻炼他们的写作能力；还可以组织读书分享会，让学生把读到的好故事讲给大家听，增强他们的表达能力和自信心。

以上四点，便是基于"读思达"阅读后的思考。作为教师的我们，在日后的教学过程中应注重学生的阅读需求，引导他们深入阅读、积极思考、大胆创作，从而真正领略到名著的魅力。

二、数学学科的阅读方法与案例

小学数学整本书阅读的目的在于丰富学生的数学知识储备，拓宽学生的数学视野，促进学生对数学知识技能的理解与掌握，激发学生对数学的好奇心和兴趣。借助书中生动形象、连贯的故事情节帮助学生梳理相关知识的内在联系，领悟数学的思想与方法，积累基本的数学经验；在解决一系列问题的过程中，培养学生数学的逻辑思维能力，养成攻坚克难的优良品质。

（一）数学学科的阅读方法

数学阅读的材料极为丰富，不仅有数学教材、数学文化书籍、数学史书籍等，还包括数学科普读物、趣味数学绘本、数学故事书等。事实上，数学学科的阅读与其他学科阅读一样，同样讲究阅读记忆、阅读速度、阅读技巧等，但是由于数学语言具有符号化、严谨性、逻辑性及抽象性等特点，加之图表较多，使得数学阅读比一般的阅读更为复杂。学生开展数学阅读，须基于已有的认知经验进行深度理解，不断思考、推理，从具象中发展抽象思维，掌握数学知识，领会数学思想方法，发展逻辑思维。

基于数学学科的特性，教师应该指导学生掌握数学阅读的科学方法。首先，要对概念、定理、公式、规律以及图表反复仔细咀嚼，直至理解其含义；其次，要理序寻根，理解所读数学材料所蕴含的逻辑顺序，分析它们之间的联系，最后达到对材料的本真理解，形成认知结构，培养逻辑思维能力；最后，要结合已有的认知，灵活调整思维，将数学阅读材料中文字语言、符号语言、图形语言内化为易于接受的语言形式，发展数学抽象能力，并应用所学知识解决生活中的问题，形成应用能力。

在丰富多元的数学阅读材料中，数学绘本阅读占据着无可替代的地位。与数学教材的系统性以及科普读物的知识传播性不同，绘本以精美的插画和生动有趣的故事，开辟了一条别具一格的数学阅读路径。它宛如一座桥梁，连接着抽象的数学知识与学生的认知世界，是开启数学阅读大门的一把关键钥匙。

接下来，让我们以绘本阅读为例，体验"读思达"阅读策略指导下的数学学科整本书的阅读过程：

1. 读——问题引领下，有兴趣地读

（1）带着问题开启阅读之旅，埋下兴趣种子

对于小学生，兴趣是他们学习的内在动力，良好的兴趣能够引导他们进行有效的学习以及智力的开发。数学教材的内容不会变，学生需要掌握的知识也不会变，可以变化的是教师的教授方式。如果要教授一些比较抽象的数学内容，可以提前让学生阅读相关绘本。教师可以引导学生多问"为什么"，这样会使阅读更有乐趣。比如在教授《小数的初步认识》之前，可以布置学生阅读绘本《坏蛋格格巫的"好点子"》。看到这本书的封面，学生心里会有疑问：为什么在学习这一单元之前，老师会让大家阅读这个绘本呢？为什么一个坏蛋，居然会提"好点子"呢？是什么"好点子"呢？这个"好点子"与小数有什么联系呢？这一系列问题，可以激发学生的探索欲，有利于后续的学习。

（2）借助情境设置导读单，生长出鲜活知识

绘本有精美的插图，学生在阅读的时候会不停地观察图画中一些有趣的信息和情节，此时教师可以以导读单的形式将教材中的核心问题融入绘本故事的情节发展中，设计具有挑战性的前置任务，引导学生深入阅读和理解数学书籍，从而提升数学思维和应用能力。比如学生阅读绘本《坏蛋格格巫的"好点子"》，并且完成导读单任务（见3-4）。

表3-4　导读单

导读单
一、阅读绘本《坏蛋格格巫的"好点子"》回答下列问题。 1. 小数是由（　　）、（　　）、（　　）组成。 2. 我从绘本书中找到了哪些小数？ 3. 在你们的日常生活中，还能在哪里找到小数的影子呢？

首先，通过阅读绘本，学生知道了小数是由整数部分、小数点和小数部分组成。接着，可以设置"我从绘本书中找到了哪些小数？"的任务，让学生精读绘本。然后，为了拓宽学生对小数认识的视野，教师可以设置问题："在

你们的日常生活中，还能在哪里找到小数的影子呢？"学生可能会联想到超市里商品的标价、温度计上的读数、体重秤上的数字……每一次联想，都是小数知识在他们心中生根发芽的过程。最后，在读完整本书后，要鼓励学生勇敢地提出自己的疑惑。因为在学习的道路上，疑惑是进步的阶梯。学生可能会问："为什么有些小数后面有很多位数字？""小数和分数之间有什么关系呢？"这些问题就像是一朵朵待放的花，等待着在课堂上被精心培育，绽放出知识的花朵。

通过这样一场前置任务，学生不仅初步了解了小数的概念，更在探索与发现中激发了浓厚的学习兴趣。同时，教师也更加清晰地了解了学生的认知水平，为后续进行更有针对性的教学打下了坚实的基础。希望通过这样的努力，学生可以在轻松愉快的氛围中实现学习目标，让小数成为他们数学世界里的一位亲密朋友。

2. 思——学科融合下，有深度地思

（1）中低年段阅读——依托游戏闯关，启发学生思考

教育要促进人的全面发展，而非单向的知识灌输。小学数学教学应形象、具体、生动，且符合小学生的认知发展规律。数学绘本具有其独特的内涵和价值，能够在数学学习中带给学生数学知识、思想方法和情感体验。数学游戏则将数学问题巧妙地融合到游戏中，引发学生主动思考，积极寻求小组合作，使参与者在反复阅读和深入思考中潜移默化地掌握数学知识，发展逻辑思维能力，以此提高学生的应用能力。

例如，在初步阅读《坏蛋格格巫的"好点子"》绘本并完成了基础的小数认知任务后，教师可以设计一个名为"小数王国的大冒险"的情境游戏。在这个游戏中，学生将化身探险家，进入一个由小数构成的奇妙世界，通过小组合作，积极思考，解决一系列与小数相关的实际问题。

任务一：购买计划。学生需要根据给定的预算（如 5 元），在"小数王国"的商店里选择并计算能够购买的商品组合。这个过程中，学生需要运用小数加减法来估算和比较商品价格，培养估算和比较能力，以及在有限资源下做出决策的能力。

任务二：测量挑战。学生以小组为单位分工合作，测量并计算出从王国

入口到某个宝藏地点的最短路径。沿途可能布满不同的障碍（如需要跳过 0.3 米宽的河流、爬过 1.2 米高的山坡等），学生不仅需要利用小数加减法和比较大小的知识来规划路线，还需要考虑实际障碍，进行问题解决和决策。

任务三：小数谜题。教师设计一系列与小数相关的谜题或应用题，如，"如果一块蛋糕被切成了 0.25 份，那么你需要多少块这样的蛋糕来组成一个完整的蛋糕？"这个任务检验学生对小数概念的理解和应用能力，包括小数与分数的转换，以及对小数意义的深入理解，从而提升数学思维和掌握解决问题的技巧。

（2）高年段阅读——把握单元脉络，促进深度思考

随着年级的增加，枯燥的数学知识、抽象的数学概念让很多学生对高年级数学望而却步，而借助绘本阅读，学生可以在故事情境中不知不觉地获取知识。教师利用绘本，将阅读与学科知识相结合，能让学生理解数学知识之间的联系，促进深度学习，也符合大单元教学的教学理念。

例如，教师巧妙地将数学绘本《小木匠马鲁》与人教版六年级上册第五单元"圆"的内容巧妙融合，将有趣的绘本故事和"认识圆、会借助圆规或绳子画大小不同的圆、会找圆心、会利用圆的对称美设计精美的图案、知道圆中半径和直径的关系、认识圆周率"等数学知识串联起来。在阅读后，教师可以鼓励学生提出问题。问题可以是关于故事情节的，也可以是关于数学概念的。例如，"圆心怎么找""如何画一个超级大的圆""人们为什么能平稳地推着圆桌走"。引导学生将绘本中的数学问题与现实生活联系起来并提出问题，如"我们在生活中有没有遇到过类似的问题"或者"这个数学概念能帮助我们解决什么实际问题"。

3. 达——多种形式下，更自由地达

数学阅读的成效需要外显化的评价呈现方式，即阅读过程需要评价来监控，阅读方法需要评价来调整。我们不妨引导学生通过"说（说故事、说解决方案、说感受）、画（画思维导图、画插画）、写（写信、写读后感、写结局）"等多种多样的方式来表达他们的所思、所得、所感、所悟。在教学中，教师要搭建展示平台，展示学生"说、画、写"的成果。

例如，在深入阅读《小猫的几何世界》整本书之后，为了让学生进一步

巩固数学知识点并提升数学表达能力，可以设计创意表达环节。有的学生可能以小猫的视角续写数学日记，描述小猫在接下来的日子里继续探索几何世界的故事。教师可以鼓励学生在故事中融入更多的几何图形和数学原理。有的学生可能以小组为单位，创作一本属于自己的数学绘本。教师可以引导学生围绕几何图形或其他数学概念进行创作，既要保证绘本内容有趣、富有想象力，还要能准确传达数学知识。有的学生可能更喜欢站在舞台中央，用生动的语言和丰富的肢体动作把想象的画面表演出来。有的学生可能喜欢用思维导图来阐述圆形、三角形、正方形、长方形等基本几何图形的特点和应用，这种方法不仅有助于使零散的知识结构化，也有助于学生深入理解和掌握几何图形的本质，构建数学知识体系。有的学生通过写数学读后感来表达对几何图形的理解，这不仅是一种知识的回顾与总结，更是一次心灵的触动与思维的升华。

除以上几种表现方式外，数学的表达力还可以有很多其他的表现形式。形式并不重要，重要的是学生真正喜欢去做，乐于去做，能输出自己思考的表达就是有效的表达。

（二）数学学科的阅读案例

以《乱七八糟的魔女之城》为例，我们的目标是让学生在阅读绘本故事的过程中，自主发掘其中隐含的数学知识。在初步了解数学规律的含义之后，引导学生进一步发挥想象力，自主创造出有趣的规律，并用规律的知识来解决实际问题，感受"生活中处处有规律，处处有数学"。数学学习不是孤立的，它是全面学习的一个重要方面，可以联系其他学科，实现跨学科的融合学习。

为实现教学目标，首先根据课程重难点设置导读单，有目的地引导学生阅读绘本故事，帮助学生通过自学发现绘本故事中所蕴含的数学知识。在课堂上以小组合作的方式探索排序的规律，并鼓励学生自己创造规律并分享出来，从多个角度感知规律的多种形式。最后，将课堂作业延伸到家庭中去。学生可以将今天所学的知识与家人分享，也可以发挥想象力，用自己的方式总结故事或改编故事结局。操作步骤如下。

1. 读——读公主智救王子，巧破规律难关每一本绘本故事都散发着吸引学生兴趣的神秘气息，从扉页、封面、环衬到结语，每一页都为学生献上了精美的"食粮"，这就需要学生拥有一双会发现的眼睛去观察并阅读，发现其中的奥秘。在阅读《乱七八糟的魔女之城》时，虽然一年级的学生已经能独立阅读完整的故事，但是大部分学生只能浅显地获取绘本故事里的有趣情节，难以深刻理解整本书背后所蕴含的数学知识。因此在阅读前，教师可以先给学生一份有关《找规律》的知识点导读，先用简单易懂的语言介绍"规律"这个知识点的数学含义，使学生明白什么是有规律的事物。在导读中，可以展示规律的多种形式，如数字规律、形状规律、颜色规律、大小规律等。这样，学生的思维就是发散的，理解"事物只要是不断重复的排列就是有规律的"。接下来在阅读《乱七八糟的魔女之城》时，学生就能更有针对性，明白这本绘本实际上是在讲述找规律这个数学知识。在这种情境下学习，知识会更加鲜活有趣，学生学得更牢。例如公主最开始要进入规则之城的大门，却怎么都打不开。结合之前的导读知识，学生会明白这里可以应用规律的知识解决问题。让学生代入角色成为故事中的主人去探险，学生在经历解决各种问题的过程中，逐渐形成积极思考的习惯和推理意识，逻辑思维的能力也得到了初步的提升。在教师的引导下，学生边读边学，轻松地掌握故事里所要体现的规律意识，从而轻松掌握有关规律的数学知识。

　　2. 思——多方位思考问题，掌握规律含义

　　在读完故事后，教师采用角色扮演的形式引导学生再现故事的情节，每个小组自己分工选定扮演的角色，再上台演出。演和看的学习形式可以加深学生对绘本故事情节的印象，从多个角度深化学生对"找规律"这个知识点的理解。在此基础上，再根据知识点设计闯关的思考题，让学生在思考中巩固知识。学生作为绘本中的"公主"逐一闯关，体验成功解决问题带来的成就感和乐趣。

　　问题一：公主怎样进入规则之城的门？

　　学生根据绘本里相关的内容和图片，可以轻松地通过大树的指引找到"树上结着苹果、苹果、梨、苹果、苹果、梨"的这棵树，从而找到钥匙，进入规则之门。学生在解决困难之后，教师可以提问："你发现了有钥匙的树上

果子有什么特点?"引导学生说出:"其中果子排列是以'苹果、苹果、梨'这样的规律重复出现。"这时教师可以用规范的语言引入"规律"的含义。

问题二:公主要选择哪条路才能找到王子?

先请学生找出绘本中解决这个问题的关键句并读一读:"打开门进来竟然有好几条道。粉色、蓝色、白色、粉色、蓝色、白色……"教师引导学生思考:这句话告诉我们小路有什么规律?学生明白这是以"粉色、蓝色、白色"3种颜色为一组并不断重复的规律,这样学生就能有理有据地用规律的基本含义解决问题,并养成良好的语言表达和应用意识。

问题三:公主怎么说服巨人让她过山的?

本环节可以采用小组合作的形式,小组成员合作将巨人的指甲变成有规律的排列。学生在设计颜色规律的过程中可能会出现一些误区,教师在巡视过程中可以进行针对性指导。比如指甲只有10个,但我们一般说有3组以上的重复排列才能说明这个排列是有规律的。如果学生在设计颜色规律时使用了太多颜色,很容易导致只用10个指甲,其颜色变化体现不出规律性。因此,教师要特别注意这个点。也可以在小组展示环节展示错误的案例,然后全面而有层次地讲解这个知识点来深化学生的理解。最后让学生总结有规律排列的特征,通过言语表达再次强化本节课知识。

学生在顺利解决这些规律的问题之后,就学会了规律的含义,也从中掌握了解决规律问题的思考方法。这个阶段学生明白了读书要细读,才能抓住绘本中重要的知识,注意力也得到了集中。

3. 达——多维度表达形式,丰富阅读体验

绘本教学的魅力是无穷的,可以为学生提供一个更加广阔、生动、美丽的学习世界,其鲜活的人物对话、故事情节都能刺激学生求知的兴趣。在学生探索绘本中所蕴含的各种知识的同时,语言表达能力也获得了较大程度的提升。在绘本故事里,公主进入规则之城后发现城中的物品排列是有规律跟没规律穿插着出现的,她的任务是在这些排列中找到有规律的排列。这一过程不仅让学生在对比中感受有规律排列的美感,还让学生掌握有规律排列的特点。学生在看完绘本故事后,能根据自己的感知总结并表达出有规律物品排列的特点。这个总结表达的过程可能并没有那么顺利,学生的思考和表达

可能并不是很完美，但可以通过后期的引导加以完善。

此外，绘本学习让学生自由畅游在多姿多彩的童趣世界中，也更愿意将自己所获取到的知识用语言或者其他的方式分享给其他人。因此在阅读绘本后，教师要给学生创造表达的舞台，可以课后请学生采用以下表达形式。

语言表达：采用讲故事、演故事、续编故事等方法进行语言表达训练。语言表达是最直接的表达方式，学生可以将自己脑袋里的思维结果用语言传达出来。比如，公主将王子和魔女都带回去之后会发生什么样的故事？

文字表达：可以是改写结局、改编情节、在扉页处写前言、给书中人物或作者写信、写读后感、谈心得等。

例如结局的改写。我们时常讲："一千个读者眼里有一千个哈姆雷特。"因为每个人的想象力、理解能力不尽相同，所以每位读者对书内的人物、背景等的描写也不会相同。低年级的学生正处于天马行空的年纪，对于故事的结局有更多样的想象能力，可以鼓励学生大胆地对故事结局进行改编。在《乱七八糟的魔女之城》这本绘本故事的结局里，魔女跟着王子和公主一起回到了南国。我们可以继续写魔女回到南国后发生的各种好玩的故事，也可以写魔女再一次让公主继续接受挑战，挑战成功才能找到王子等。也可以在读完绘本故事后，将自己的心得体会写出来，再跟全班同学进行分享，从而加强学生的概括能力和书写表达能力。文字表达对学生的书写能力有较高的要求，对于低年级的学生而言这个要求可能有点高，所以我们要合理设计教学环节，使之尽量符合学生的身心发展水平。

图画表达：根据书中图画进行绘本创作。绘本故事就是用生动形象的画让学生读懂其中的人物特点和隐含的数学知识。例如在《乱七八糟的魔女之城》这本绘本故事里，公主为了进入规则之城必须找到能开门的钥匙，而钥匙隐藏在树上那些排列有规律的果实中。学生在观察的过程中了解了排列规律的表现形式。这时如果让学生根据已有规律继续创作，对学生来说是一项轻松的任务。接下来学生会发现，除了形状的规律外，原来颜色的排列也可以有规律。公主打开规则之门后发现了几条颜色排列不同的路，按照刚才的思路也能找到正确的规律之路。这里，学生又明白了规律排列也可以是颜色规律。以此类推，学生就可以知道规律的本质在于不断重复的出现，可以是形状、颜色、大小、方向等。这样学生可以继续绘画新的结果或者改编其中插画来表达自己的想法。

这些表达方式都是学生将所学知识内化后的外在表现。表达不一定是用嘴巴说的，还可以有很多其他的表现形式。不管是哪一种表达的方式，只要是学生自己思考出来的正向思维产物，就说明我们这次的阅读是成功的，有效地激发了学生的学习兴趣，掌握了数学知识，并培养了学生逻辑思维能力。

4. 总结

虽然《乱七八糟的魔女之城》是一本关于数学知识的绘本故事，但从全学科阅读的角度来说，我们可以从中挖掘出它与其他学科相融合的综合知识。引导学生明白学习不是独立的，各学科之间有千丝万缕的联系，只要留心观察，都能学到不同学科的知识。一本好的书籍有多方面的教育意义，关注的点不一样，所感悟出来的知识就不一样。因此，我们要培养学生学会多方面看问题、多方面学知识的能力。

在数学教师的眼中，这本绘本充满了有趣的规律知识。学生在读的过程中，意识到有规律的事物在我们的生活中无处不在，利用数学知识可以帮助大家解决很多问题。对于语文教师而言，这本绘本故事的情节有趣，层层递进，吸引着学生不断挑战困难，克服困难，最后获得胜利。这个故事教会我们要学习公主百折不挠、勇敢自信、敢于挑战的精神！对于美术教师而言，精美的插图不仅汇聚了丰富多彩的颜色，而且配色鲜艳，画中的人物更是表情丰富，形态栩栩如生，很适合低年级学生学习和模仿，是很好的鉴赏图片……我们可以让学生从美术的学习角度出发，设计出有规律的图画并分享。

绘本阅读是以学生当前能理解的故事为情境，让学生在故事情节中去感受知识，发现知识，学习知识。绘本更具趣味性，不像课本直接呈现知识点，因此绘本阅读对于低年级儿童探索数学知识有重要的作用。

身为小学数学教师，我时常思索：究竟该如何精心设计，方能提升学生对数学阅读的兴趣呢？从上述绘本阅读的具体实例中，我们明晰了数学阅读的一种途径。除此之外，我们还组织数学故事读书会，将数学文化阅读巧妙地融入日常教学之中，让学生化身故事里的主人公，穿越时空，与先贤们一同探索知识、掌握知识，并运用知识去解决实际问题，切实贯彻"做中学"

的教学理念。

由此可见，趣味盎然的数学阅读，不仅适用于课外拓展，还能在课堂学习中发挥重要作用。合理且高效地运用数学阅读材料，能够为课堂教学增添新颖的形式，激发学生的学习热情，培养学生自主探索知识的能力，帮助学生更好地理解和运用数学知识，让学生在数学阅读中实现知识的积累与能力的提升。

三、综合学科的阅读方法与案例

我们常说术业有专攻，由于学科性质不同，语文和数学的学科特点与综合学科的学科特点也略有不同。前者侧重知识和技能的传授，主张通过学习和练习掌握具体的知识点和技能，而综合学科则侧重于通过各种方式来提高学生的综合素质。

（一）综合学科的阅读方法

在日常的教学中，我们发现综合学科的知识拓展相对薄弱，时有局限，而全学科整本书阅读活动正好可以弥补这个不足。众所周知，广泛涉猎不同学科的书籍有益于学生构建全面多元的知识体系，使单一的知识点与其他多个学科相融合，从而形成一个更为立体、饱满的知识结构。增加除语文、数学两门学科以外的知识储备，不仅能拓宽学生的视野，还能提升他们的阅读理解能力和批判性思维能力。通过持续性的阅读，学生能获得丰富的情感体验，学会共情，拥有同理心，从优秀的书籍中习得正确的人生观、价值观，真正做到全面提高学生的综合素质，促进学生的全面发展。

因而学生可以通过整合不同学科领域的文本材料，进行交叉阅读和综合分析，以促进知识的整合和创新。为此，我们在"读—思—达"的阅读策略模式下细化阅读教学活动，如：

1. 读——问题驱动，趣读解疑

我校综合学科的整本书阅读活动从实际出发，根据不同学段的教学内容为学生选择适合的阅读书目，进行导读、推进、分享交流。比如一年级美术推荐的《三十六个字》以水墨画的艺术形式，运用简洁的语言文字讲述了一个怒"马"少年，越"田"野，穿"竹""林"，伐"木"造"船"，出海捕

"鱼"遭遇的一系列有趣的历险……让学生初步感受中华文化语言文字的博大精深。为了切实提高阅读质量，教师以任务式驱动的方法，根据学科特点设置任务卡，如：《三十六个字》是哪三十六个字？这些字有什么特点？……以此提升学生的阅读意识，让阅读更具针对性。

2. 思——融合学科，发散思维

阅读是基础，思考是核心，优化"思"的过程是推进课的重中之重。我们设置一系列由浅到深的情境问题，旨在引导学生不仅能对阅读内容进行简单的情节梳理，还能融合其他学科将问题与生活相结合，发散思维，大胆假设，激发学生讨论，进而提出解决问题的办法，实现学生从被动思考到自主创新的转变，真正理解阅读内容，深刻地分析、评价及创新，形成自己独到的见解和观点。

如《三十六个字》，首先让学生进行观察并思考，书中的图案与往日看到的图案有什么不同，引导学生运用美术视角初步感知象形文字。然后小组讨论，这些象形文字有什么特点，从而了解其文化发展的历史背景，培养学生对不同艺术的文化理解。

其次梳理出故事重点情节和典型冲突。"先运送谁"是绘本中学生最感兴趣的情节，也是一次促进数学思维发展的良好契机。以绘本情节为背景，引导学生评价故事主人公的处事方式，并讨论哪种运送方式最合适。这一过程不仅教会学生在日常生活中运用具象的图案形式将复杂的思维简单化，还能培养解决问题的能力。

最后激发学生探寻更多的艺术表现形式。通过绘本的水墨的艺术表现形式，启发学生思考运用什么手段、方法、材料等进行艺术创作，让学生在探究过程中认识到艺术与生活的广泛联系。

3. 达——百花齐放，各显风采

综合学科十分注重实践表达，倡导将阅读所获得的知识转化到真正的实践过程中。不同学科的特点不同，有着不同的表达形式，如：

（1）故事表演

比如在英语阅读学习中，我们鼓励学生积极表达自己的阅读体验和感悟。例如 *Brown Bear, Brown Bear, what do you see?* 这一课，我们可以组织学生进行分组表演。每组选择一个动物进行扮演，学生佩戴动物面具或制作动物手偶，可以模仿书中的对话："Brown bear, brown bear, what do you see?"也可创编故事情节，创造新的对话，甚至改变故事背景："What if the story happened in a different place? What other animals could join the conversation?"学生合作创作，并在班级内分享。这样的表演能加深学生对故事的理解，还能激发学生对阅读的持久兴趣。

（2）实践分享

科学学科阅读课注重引导学生运用学科知识解决实际问题，培养问题解决能力。比如三年级推荐的科学书目《游戏中的科学》，其中提供了许多实用的学习技巧和策略，是一本能让学生在玩耍中学到科学知识的书籍。读完这本书后，我们会组织学生将阅读课上所学的知识运用于生活，解决生活中实际的问题，并在课堂上展示成果。如三年（2）班，有一个学生运用"自动人工灌溉"的原理，向大家展示了他的新型灌溉方法：即便人不在家，也能给植物浇水。这个学生在课上演示了具体操作步骤：首先把一个空瓶子灌满水，用手捂住瓶口阻止新的空气进入，再猛地一翻，瓶口朝下插在一个透明的花盆里，瓶里的水可以灌溉植物好几天。这样的课堂不仅能激发学生兴趣，还能帮助学生学以致用。

（3）创意展示

美术课堂上鼓励学生把不同的学科知识融入自己的创意实践作品中。学生可以独立或合作进行阅读成果展示，例如在《三十六个字》的分享课中，将学生划分为好书推荐卡组、思维导图组、封面设计组、多媒体组，将绘画、摄影、视频制作等相融合，引导学生根据同龄人的喜好，结合故事内容，通过绘画、设计，绘制相应的标题、内容、摄影图片或绘制平面、立体图形制作定格漫画等。学生将自己对阅读的见解及理解，通过丰富的表现形式以及一定的逻辑语言表达出来，此举措能全面提升学生的综合素质。

（二）综合学科的阅读案例

《蛤蟆先生去看心理医生》（漫画版）是一本适合心理学"小白"的入门书籍。学生是祖国的未来，但随着社会的发展和生活节奏的加快，学生面临的压力越来越大，作业、考试、竞争、睡眠、父母的期望等各种因素都很大程度上影响着学生的心理健康发展。因此，我选择这本心理学书籍作为案例，旨在帮助学生通过阅读本书获得自我认知的方式方法，从而提高心理健康水平。

1. 读——阅读故事，掌握方法

在阅读本书时，学生往往被有趣的情节所吸引而疏于关注故事背后蕴含的心理知识和相关的心理咨询技巧，这就需要在教师和家长的陪同下共同阅读。

在学生初读故事时，就要为其设计悬念：蛤蟆先生为什么要看心理医生？其在咨询过程中发生了什么样的故事？遇到哪些人物？这些问题能促使学生饶有兴趣地读完整个绘本。绘本中出现了蛤蟆、苍鹭（咨询师）、老獾、鼹鼠、河鼠等动物，可以以小组阅读的形式进行角色扮演分读对话。这样，学生就能代入故事情节，切身体验主人公不断认识自我、理解自我、重塑自我的过程。

2. 思——接纳自己，理解自己

（1）读完故事后，教师可以引导学生进行冥想，在舒缓的音乐下进行思考，重现故事中的某个重要场景。比如书中蛤蟆先生在离开时问："你认为我会好起来吗？"咨询师苍鹭说："我相信每个人都有能力变得更好，我也会对你倾注我全身心的关注。但归根结底，都取决于你，能帮助的人是你自己，也只有你自己。"让学生在活动中思考：如果自己处于困境时是否有能力变好？在思考的过程中汲取更多的内在能量，为未来可能遇到的挑战做好准备。

（2）书中还提到了人生坐标游戏。如我们总在四个象限中不断内耗自己，要么你好我不好，要么我好你不好，对自己对他人总是苛刻。通过此案例，让学生思考判断自己的人生坐标在哪里，是你好我也好吗？帮助学生理解人生并没有时时刻刻的完美状态，教他们学会试着接纳自己，理解自己。

（3）引导学生思考。蛤蟆先生的治疗之路，经历了哪些改变？根据绘本中每一次咨询的内容设计打卡活动，在活动中思考每一次的咨询给蛤蟆先生带来的心理和行为上的变化。

（4）不单单是蛤蟆先生的故事可以引起我们的思考，书中苍鹭咨询师对蛤蟆先生的帮助也向我们提出了一个问题：假如朋友遇到心理问题，我们能否也给朋友提供心理上的帮助？

3. 达——提升技能，训练表达

本书其实非常适合小学生用来练习表达对话，我们可以给学生创造表达的舞台，在课前、课中、课后分别采用以下表达形式。

（1）口头表达

续编故事。要确保续编的故事与原著的风格和主题保持一致，体现原有角色在新故事中的成长和发展。在不违背原著精神的前提下，可以引入新的情节或角色。以下是一个简短的续编故事示例。

	《蛤蟆先生去看心理医生》续编案例
故事续编	在蛤蟆的新生活逐渐步入正轨后，一个阳光明媚的早晨，他决定回访苍鹭咨询师，分享自己近期的变化和成就。 蛤蟆（兴奋地）："苍鹭，你不会相信这几个月我的变化！我成立了自己的房地产公司，业务蒸蒸日上。而且，我加入了业余戏剧社，下个月就要登台演出了！" 苍鹭咨询师（微笑）："这真是太好了，蛤蟆。我为你感到骄傲。看来，你已经找到了自己的方向和激情。" 蛤蟆（感慨）："是的，我终于理解了你以前说的，要为自己的幸福负责。我现在每天都充满活力，感到无比充实。" 苍鹭咨询师（认真）："记住，蛤蟆，成长是一个持续的过程。不要害怕面对新的挑战，但也要学会享受当下。" 蛤蟆（点头）："我明白了，苍鹭。我会继续保持开放的心态，接受生活的每一个惊喜。" ……

在这个续编的故事中，我们看到了蛤蟆先生的成长和变化，而且保持了与原著一致的语言表达风格。

（2）书面表达（课前、课后）

①写信

写信是一种非常个人化和情感化的表达方式，可以用来与他人分享阅读体验、感受或寻求建议。以下是一封读者可能写给朋友的信，分享阅读后的感受。

《蛤蟆先生去看心理医生》信件案例	
信件内容	亲爱的［朋友的名字］： 　　希望你一切都好。我最近读了一本非常启发人心的书，名为《蛤蟆先生去看心理医生》，想和你分享一些我的感想。 　　书中，蛤蟆先生在苍鹭咨询师的引导下，逐渐认识到自己的"儿童自我状态"，并学会了如何以更成熟的方式应对生活中的挑战。这让我思考到，我们每个人在成长过程中都会留下一些未解决的情感问题，这些问题可能在不经意间影响着我们现在的生活。 　　读完这本书后，我开始尝试多了解自己的情感，探索自己的内心世界。我也想鼓励你，如果生活中遇到了难题，不妨寻求专业的帮助，有时候，一个外部的视角能给我们带来全新的启发。 　　期待听到你的想法，也许我们可以一起探讨如何让生活更加充实和快乐。 　　　　　　　　　　　　　　　　　　　　　　　　　　　祝好 　　　　　　　　　　　　　　　　　　　　　　　　　　　［你的名字］

②写心理日记

心理日记不是一本普通的笔记，而是一把打开内心迷宫的钥匙。想象一下，当你在深夜合上书本，台灯的光晕洒在纸上，笔尖流淌出的不仅是文字，更是一段与自己坦诚对话的旅程——那些被遗忘的委屈、暗藏的期待甚至一闪而过的愤怒，都会在这片私密的空间里渐渐显形。

比如，当你读到蛤蟆先生终于直面"儿童自我状态"时，是否也想起了自己某次无意识退缩的瞬间？或许是一次课堂上突然的沉默，或是在争吵中脱口而出的那句"反正都是我的错"。心理日记正是这样的镜子：它不评判，却让你看清情绪背后的剧本；不催促，却悄然铺出一条通往成熟的小径。

以下是一段真实的心理日记片段。

《蛤蟆先生去看心理医生》心理日记案例	
日记内容	日期：［填写日期］ 心情：深思 　　今天老师批评了我的作业，那一刻，我仿佛变回了那个缩在教室角落的胆小鬼，手心冒汗，喉咙发紧。但这一次，我决定在日记里"按住"这个瞬间——我真正害怕的是什么？

续表

《蛤蟆先生去看心理医生》心理日记案例
不是作业被否定，而是"不被认可"的恐惧像老藤蔓一样缠住了我。 如果是长大的我，会如何回应？ 或许会说："谢谢老师的批评，我会重新改正。" 原来，那个"儿童自我"需要的不只是安抚，更是一场温柔的告别仪式。

心理日记的魅力，在于它既是情绪的收纳箱，又是成长的航海图。当你开始记录，那些曾让你辗转难眠的心事，终将成为照亮前路的星火。

③图画表达（课后）

进行图画表达时，可以通过视觉艺术形式来传达情绪状态、感受和体验。这种表达方式可以非常个人化和直观，以下是一些具体的案例。

《蛤蟆先生去看心理医生》图画表达案例		
案例	图画内容	设计意图
案例1 画出蛤蟆先生在书中的抑郁情绪状态		引导学生运用美术色彩知识表达情感，如用暗色来表达蛤蟆抑郁和孤独的感觉。画中的蛤蟆可能蜷缩在房间的角落，周围环境暗淡，没有光线进入。蛤蟆的眼神空洞，嘴角下垂，表现出失落和无助。可以添加一些象征性元素，如散落一地的玩具或物品，代表失去的快乐和活力。
案例2 画出蛤蟆先生在接受心理咨询后感受到的积极变化。		使用温暖的色彩，如黄色、橙色和红色，来传达温暖和活力。蛤蟆站在开阔的空间中，背景是明亮的日光和开阔的风景。面带微笑，眼睛闪烁着希望和决心的光芒。蛤蟆可以向前迈出一步，手臂伸展，好像在迎接新的挑战和机遇。

当然也可以用一系列图画来表达蛤蟆先生从抑郁到康复的心理变化过程，如：

\multicolumn{3}{c	}{《蛤蟆先生去看心理医生》心理变化}
图画 1	画面阴暗,蛤蟆独自坐在房间内,表情沮丧。	
图画 2	蛤蟆与苍鹭咨询师坐在一起,苍鹭正用温柔的眼神鼓励他,蛤蟆的表情开始有所缓和。	
图画 3	蛤蟆站在河边,看着自己的倒影,似乎在思考和自我反省。	
图画 4	蛤蟆在户外与朋友们一起活动,笑容满面,周围环境明亮,充满生机。	
图画 5	蛤蟆站在新家"老教区"前,手持戏剧社的剧本,面带自信和期待。	

通过这些图画表达方式，学生可以将自己的阅读体验和情感反应转化为视觉艺术，从而更深入地探索和理解书中的主题和情感深度。

用"读思达"的方式带领学生深入阅读《蛤蟆先生去看心理医生》这本书后，学生纷纷表示自己对心理健康的理解更加深刻了。本次阅读帮助学生掌握了心理健康的相关知识，更重要的是，借由蛤蟆和苍鹭的互动以及十次治疗过程，探索了蛤蟆自卑、软弱、爱炫耀的个性与抑郁的情绪究竟来源于何处，读懂了童年经历对人格的深刻影响，从而帮助学生更好地理解自己、接纳自己。此外，经过多种表达方式的训练后，当学生再与朋友、家人或教师进行沟通时，能更加清晰地表述自己的体会和感受。这不仅增强了他们的语文阅读和表达能力，还提高了表达技巧。

第四章　全学科整本书阅读的课型设计

阅读是教育中最重要的事情，它不仅仅是学习的一个方面，它就是学习本身。

——尼尔·波斯特曼

在全学科整本书阅读中，黄石中心小学以"读思达"教学法为引领，设计了激发学生"读"的导读课、引导学生"思"的推进课和促进学生"达"的分享课等三种课型。阅读是基础，思考是核心，表达是归宿，每种课型各有侧重、相互衔接。导读课重在激发学生去阅读的兴趣，推进课重在启发学生去进行思考，分享课重在鼓励学生进行表达和交流。三种课型环环相扣、有序推进，并依据学科特点灵活变换，全面提升学生的阅读力、思考力和表达力。

第一节　基于"读思达"的三种课型

阅读，是一场灵魂的旅行，是一场心灵的对话。整本书阅读教学要培养学生自主确定阅读任务、制订阅读计划、综合运用阅读方法、准确监控阅读过程的能力。[①] 全学科整本书阅读的课型设计的理念和具体步骤需要紧密结合

[①] 吴亮奎. 元认知思维视角的小学语文整本书阅读教学设计［J］. 天津师范大学学报（基础教育版），2023（15）：62—66.

各学科的课程标准、学生阅读能力以及阅读教学理论方法来展开。首先，深入研究义务教育课程方案和各学科的课程标准以及教材要求，确保课型设计符合各学科的特点和教学目标。其次，充分考虑学生的实际情况和阅读兴趣，力求设计出符合学生认知水平和兴趣爱好的课型。最后，合理借鉴国内外先进的阅读教学理论和方法，结合实践不断探索和创新，完善和优化全学科整本书阅读的课型设计。基于此，全学科整本书阅读推行"导读课""推进课""分享课"三种课型。

全学科整本书阅读的三种课型紧密围绕"读思达"教学法展开，整本书阅读中的"导读课""推进课"和"分享课"通过不同的教学环节和方式，实现"读思达"教学法中的"阅读""思考"和"表达"三个环节的要求。

一、激发学生读的"导读课"

阅读是学习的起点和基础。没有阅读，所有的思考可能变成无根据的空想，所有的表达可能成为无意义的杂谈。导读，不仅仅是在阅读之前介绍书籍，激发学生的阅读兴趣，也不仅仅是引导学生做好阅读规划等，而是要贯穿书籍阅读的整个过程，巧妙设计学习活动以引导学生关注书籍的特点，在学生出现阅读障碍或者理解偏差时给予点拨。[1] 全学科整本书阅读三课型中的导读课正是"读思达"教学法中"阅读"环节的重要体现。它不仅是一个起点，而且是整个学习旅程中至关重要的一环，深刻影响着学生后续的阅读深度、思考质量及表达能力。以四年级上册《中国神话传说故事》导读课为例，导读课的首要任务是激发学生对《中国神话传说故事》的阅读兴趣。通过生动有趣的课前引入方式，如情境创设、故事片段分享、悬念设置等，迅速吸引学生的注意力，使他们产生强烈的阅读欲望，从而主动投身于书籍的世界中。这种内在的动力是推动学生持续阅读、深入探索的重要源泉。导读课还帮助学生构建对书籍内容的初步认知框架。通过教师的引导和介绍，学生可以了解神话传说的基本特点、文化背景以及故事的大致脉络，为后续的深入阅读提供方向。这种框架式的认知有助于学生更好地理解和记忆故事内容，提高阅读效率。在导读课中，教师通过示范阅读方法、强调阅读策略等方式，

---

[1] 刘颖异. 名著导读课如何设计"导读"[J]. 语文建设，2022（9）：28—31.

潜移默化地培养学生的阅读习惯。这些习惯包括定时定量阅读、边读边思考、做读书笔记等，将伴随学生整个学习生涯，为日后的深入学习和广泛阅读奠定坚实的基础。

经过导读课的铺垫，学生在后续阅读中能够更加深入地认识人物形象，挖掘作者的创作意图以及故事背后的文化内涵。他们不再满足于表面的故事情节，而是能主动思考、提问并寻求答案，从而实现对知识的深层次理解和内化。同时，教师通过设计问题、引导讨论等方式激发学生的思考欲望，培养他们的批判性思维和创造性思维。这种思维方式的训练将使学生在后续阅读中更加注重对问题的深入分析、多角度思考和独立判断，从而提高他们的思考质量。教师可以通过组织讨论、分享感悟等方式鼓励学生表达自己的观点和感受。这种表达训练不仅有助于提高学生的口头表达能力，还能够促进他们对所学知识的整合和应用，提高他们的书面表达能力。随着阅读的深入和思考的成熟，学生的表达能力将得到进一步的提升和完善。

阅读作为"读思达"教学法的前提和基石，导读课作为三课型的起始，其重要性不言而喻。它不仅是"读思达"中"读"的启程，更是对学生阅读兴趣的引领和激发。它的核心目标是通过一系列精心设计的活动，点燃学生对整本书的阅读之火，激发他们的好奇心和探索欲，帮助他们形成对书籍内容、主题和风格的初步预期，同时掌握有效的阅读策略，提高自主学习能力。

（一）背景与情境的引入

在整本书阅读教学中创设合适的阅读情境能够为学生的高效阅读创造必要条件。[①] 导读课开始，教师会通过生动有趣的背景介绍和作者生平讲述，为学生构建一个引人入胜的阅读情境。利用视频、音频、图片等多媒体资源，让学生仿佛穿越时空，置身于书籍所描绘的时代背景之中。这样的引入方式能够迅速吸引学生的注意力，激发他们对书籍内容的好奇心和探索欲。例如《骑鹅旅行记》的导读课环节中，我们播放一段尼尔斯被小精灵施魔法变成拇指大小的小人儿的过程，以及他初次骑上雄鹅莫顿随着大雁群飞向天空的惊险瞬间的视频短片。视频中的色彩丰富、动作夸张，配以激昂的背景音乐，

---

① 杨宴丽. 聚焦"读思达"教学法的小学语文整本书阅读教学策略［J］. 国家通用语言文字教学与研究，2024（10）：122—124.

让学生仿佛穿越时空，亲眼见证这一不可思议的奇迹发生。这样的视觉冲击将立即吸引学生的注意力，激发他们想要了解更多故事细节的欲望。

（二）书籍概览与预期建立

通过简要介绍整本书的内容的主要框架、核心概念以及探索目标，帮助学生建立起对整本书的整体认识和期待，从而激发他们的学习兴趣和探索欲望。比如故事性比较强的人文类书籍，为学生概述书籍的主要情节、人物关系以及核心主题。通过简要的梳理和讲解，帮助学生建立起对故事的整体框架和预期。这样的介绍不仅能够让学生在阅读时更加有目的地去探寻书中的细节和深意，还能够激发他们的阅读兴趣和期待感。在《童年》这本书的导读课上，告诉学生，这本书是一部自传体小说，以主人公阿廖沙的视角，细腻地描绘了他在外祖父家的童年生活。全书大致可以分为几个关键阶段，从初到外祖父家的不适应，到逐渐融入并见证家庭中的种种变故，再到最终获得成长与感悟。这样的框架介绍，帮助学生从宏观上把握故事的发展脉络。为了激发学生的阅读兴趣和探索欲望，可以设定几个具体的探索目标。比如，让学生思考阿廖沙如何在逆境中成长，家庭环境如何影响他的性格形成；探讨书中人物的性格特点，分析他们对阿廖沙成长的影响；以及寻找并理解书中那些展现人性光辉的瞬间，感受它们在主人公成长道路上的重要作用。通过这样的简短导读，学生不仅对《童年》这本书有了整体的认识和期待，还明确了阅读时的探索方向。学生能够带着对故事的好奇和对人物命运的关切，更加有目的地翻开书页，探寻那些隐藏在字里行间的细节与深意。这样的导读课，无疑为学生的整本书阅读之旅铺设了一条充满趣味与启迪的道路。

（三）阅读策略与方法的指导

导读课需要关注阅读策略的培养。通过整本书的系统阅读，学生有机会运用多种高级阅读策略，从而提升其综合阅读能力。[①] 教师会根据书籍的特点和学生的实际情况，教授他们如何制订阅读计划、如何进行有效的笔记记录、如何提出有深度的问题等。这些阅读策略和方法将成为学生的阅读指南，帮助他们在阅读的道路上更加高效、深入地理解书籍内容。比如在《细菌世界

[①] 郑丹. 基点·抓点·落点：思辨性阅读与表达的"思"与"路"[J]. 黑龙江教育（教育与教学），2024（4）：48—50.

历险记》导读课上，我们设置情景，每个学生都是勇敢的小小探险家，师生携手明确探险的地图——即这本书的章节结构。通过翻阅目录，我们得知《细菌世界历险记》被划分成了多个章节，每个章节都引领我们深入细菌世界的不同角落。为了保持探险的新鲜感并确保旅程的连贯性，我们引导学生一起设定一个合理的阅读进度，比如每天或每两天攻克一个章节。在这场探险中，会遇到许多生动有趣的细菌角色，它们各自拥有独特的生活习性和对人类世界的不同影响。为了留住这些珍贵的探险记忆，引导学生们要随身携带"探险笔记"。在笔记中，记录下那些令人印象深刻的细菌故事、它们的特点以及新学到的知识。

（四）导读活动的实施

在实施导读活动时，教师可以采用多种形式，如小组讨论、角色扮演、情境模拟、互动体验与动手实践等。这些互动性的活动，让学生更加深入地参与导读过程中来，激发阅读兴趣和积极性。同时，教师还可以通过提问、引导等方式，帮助学生发现书籍中的亮点和深意，为后续的深入阅读做好铺垫。如：劳动学科在《小小园艺师》等劳动教育书籍的导读中，组织一次小型园艺活动，让学生亲手种植植物或制作园艺手工艺品，通过实践活动让他们感受到劳动的乐趣，进而想要阅读更多相关书籍以学习更多技能；科学学科结合《小小科学家》系列书籍，设计简单的科学实验，如制作火山爆发模型或观察植物生长过程，让学生在动手实践中体验科学的魅力，增强阅读科学书籍的动力。

导读课是全学科整本书阅读的重要组成部分。它通过背景与情境的引入、书籍概览与预期建立、阅读策略与方法的指导以及导读活动的实施等多个环节，为学生提供一个全方位阅读体验的机会。让学生在享受阅读的同时，不断提升阅读能力和综合素养。

二、引导学生思的"推进课"

没有思，所有的读都是一掠而过、走马观花（走过场），所有的达都是死记硬背、照抄照搬（有口无心）。推进课不仅是"读思达"教学法中"思"的重要体现，更是培养学生深度思维能力与综合素养的关键环节。推进课作为全学科整本书阅读过程中的重要环节，如同阅读旅程中的加油站和引航灯。在全学科整本书阅读推进课中，我们深刻认识到，阅读不仅仅是文字信息的简单摄取，更是一个复杂而多维的认知过程，涉及理解、分析、评价、综合乃至创造等多个层面的思维活动。因此，致力于构建一个以学生为中心的学习环境，其中深化理解和深度思考是贯穿始终的核心目标。这一目标的实现，不仅依赖于学生自身的阅读投入，更离不开教师的精心设计与引导。通过任务引导、讨论交流以及思维可视化工具的运用，旨在帮助学生跨越文字的表面，深入探索文本背后的意义、作者的意图以及作品与现实生活、其他学科之间的关联。这一过程，正是"读思达"教学法中"思考"环节的具体体现，强调了在阅读中思考的重要性，以及通过思考促进知识内化、能力提升和思维发展的目的。

在这里，思考不再是被动地接受与记忆，而是主动地探索与创造；阅读不再是简单的信息获取，而是与作者进行跨越时空的心灵对话；表达不再是空洞的言辞堆砌，而是思想火花的精彩绽放。正是这样的教学过程，让"思考"成为连接阅读与表达的桥梁，成为推动学生全面发展与终身学习的核心动力。推进课中，我们尤为注重"思"的培育与激发。这一阶段，不仅是阅读的深化与拓展，更是思考的磨砺与升华。通过精心设计的任务引导，我们鼓励学生跳出文本的框架，从多个角度审视问题，提出自己的见解与疑问。同时，讨论交流成为课堂的主旋律，学生们在思维的碰撞中激发灵感，在观点的交锋中深化理解。这一过程，不仅促进了学生对文本内容的深入理解，而且锻炼了学生的思维能力与批判性思考，使他们学会独立思考、勇于质疑、善于创新。

推进课营造了一个鼓励学生主动阅读、勇于提问的学习环境。在这个环境中，学生不再是被动接收信息的容器，而是成为积极探寻知识、构建个人见解的主体。通过设置具有启发性和挑战性的阅读任务，激发学生的好奇心和探索欲，促使他们主动深入文本，挖掘其中的深层含义。

（一）任务引导，讨论与交流，促进思维碰撞

根据学生身心发展的规律和学习的情感体验，依据学生的兴趣、能力和

需求，设计整本书阅读任务。① 在推进课上，鼓励学生围绕阅读任务展开小组讨论或全班交流，分享各自的理解、疑惑和见解。这种互动不仅帮助学生从多个角度审视问题，拓宽思维视野，还能在观点的碰撞与融合中激发学生的创新思维和批判性思维。在讨论过程中，引导学生学会倾听、质疑和反思，培养他们的沟通协作能力和解决问题的能力。

在《安徒生童话》推进课上，教师设计一系列富有想象力和思考空间的阅读任务，以激发学生对这些经典故事的深层探究。例如选取《海的女儿》或《丑小鸭》等故事，请学生深入分析主要角色的内心世界变化，探讨其行为背后的动机和情感波动。这样的任务促使学生从单纯的情节关注转向对角色复杂心理的剖析。或选取《安徒生童话》中与其他国家或地区童话相似的故事（如《坚定的锡兵》与欧洲其他国家的骑士故事），要求学生进行跨文化比较分析，探讨不同文化背景下故事元素的异同及其背后的文化意义。这样的任务不仅拓宽了学生的国际视野，还促进了他们对文化多样性的理解和尊重。或者鼓励学生选择自己喜爱的故事进行创意续写或改编，如为《皇帝的新装》添加新的情节转折，或让《小人鱼》的故事在另一个时代背景下发生。这样的任务能够激发学生的创造力和想象力，同时加深他们对原作的理解和感受。这些任务不仅引导学生深入阅读《安徒生童话》的文本内容，还激发了他们对故事背后深层含义的探究欲望，培养了批判性思维和创新能力。

（二）工具运用，思维可视化，助力深度理解

为了进一步加深学生对文本内容的理解，教师巧妙地运用了思维可视化工具。这些工具如思维导图、概念图、时间线等，能够将复杂的信息结构化和可视化，帮助学生清晰地看到文本中各个部分之间的联系和逻辑关系。通过绘制这些图表，学生不仅能够更直观地理解文本内容，还能在动手操作的过程中锻炼逻辑思维和创造性思维。

在阅读《数学在哪里》这本融合生活实例与数学原理的书籍时，鼓励学生利用思维导图来构建数学知识网络。例如，当书中探讨"几何图形在建筑设计中的应用"这一主题时，引导学生绘制一幅中心主题为"几何之美与建

---

① 叶托．"整本书阅读"学习任务群的教学解读与实践策略［J］．语文建设，2024（14）：31—35．

筑艺术"的思维导图。从中心向外辐射出的分支分别代表不同的几何图形（如圆形、三角形、矩形等），每个分支下再细分为该图形在建筑中的具体应用实例（如圆形穹顶、三角形稳定性支撑、矩形窗格等），并配以简化的建筑草图或图片作为辅助说明。通过这样的思维导图，学生不仅直观地看到了几何图形与建筑设计的紧密联系，还在绘制过程中锻炼了逻辑思维和分类归纳的能力，使原本抽象的数学概念变得形象、具体。

在《京剧脸谱》整本书阅读推进课上，为了让学生深入理解京剧脸谱这一独特艺术形式背后的文化内涵和审美特征，引入了概念图和时间线作为思维可视化工具。首先，通过概念图，学生围绕"京剧脸谱"这一核心概念展开探索，将脸谱的构成要素（如颜色、图案、线条等）作为一级分支，并进一步细化到每种要素所代表的角色性格、情感色彩及象征意义（如红色代表忠诚勇敢、黑色象征刚正不阿等）。概念图的绘制过程，实际上是学生对京剧脸谱艺术特征进行深度剖析和归纳总结的过程，有助于他们形成系统性的认知框架。此外，利用时间线工具，引导学生梳理京剧脸谱的历史发展脉络。从最初的简单涂面到后来的精致彩绘，再到不同流派和剧目的独特风格，学生在时间线上标注出关键的历史节点和代表人物。通过时间线的直观展示，学生能够清晰地看到京剧脸谱艺术随时代变迁而不断演进的过程，从而更加深刻地理解其历史价值和文化意义。这样的教学方式，不仅提升了学生的审美鉴赏能力，还激发了他们对传统文化保护和传承的责任感。

（三）勾连知识，跨学科融合，拓宽阅读视野

在全学科整本书阅读推进课中，还应注重跨学科知识的融合与渗透。在深入研读每一本书的同时，不应孤立地看待其中的知识点，而应将其置于更广阔的学科交叉视野下，探索其与其他学科之间的内在联系与相互影响，帮助学生建立更加全面和多元的知识体系。通过这样的学习方式，学生能够跳出单一学科的框架，以更加全面和多元的视角审视世界，从而培养跨领域思考、解决问题的能力。

《昆虫记》这本充满生命奥秘与文学韵味的著作，在整本书阅读推进课中同样注重跨学科知识的融合。在法布尔细腻的笔触下，学生不仅领略到了昆虫世界的奇妙与多彩，还能在教师的引导下，将生物学的观察记录与文学的

语言表达、哲学的生命思考、艺术的形象塑造等多个维度相结合。比如，在分析某种昆虫的生活习性时，可以引导学生思考这种习性背后的生态意义，以及它在自然界食物链中的位置和作用；还可以鼓励学生借鉴法布尔的文学手法，尝试用自己的笔触描绘心中的昆虫世界，将科学观察与文学创作巧妙结合；更可以从哲学的角度探讨昆虫生命的意义与价值，引导学生思考人类与自然界的和谐共生之道。这样的跨学科阅读体验，不仅丰富了学生的知识储备，还激发了他们的想象力和创造力，培养了他们的综合素养。

在全学科整本书推进课程中注重通过任务引导、讨论交流和思维可视化工具、跨学科融合等多种手段，促进学生在阅读过程中的深化理解和深度思考。这一过程不仅提高了学生的阅读能力，更重要的是培养了他们的思维能力，使他们能够独立思考、勇于探索、善于创新，为接下来的分享课做准备，也为未来的学习和生活奠定坚实的基础。这正是"读思达"教学法中"思考"环节所追求的最终目标。

三、促进学生达的"分享课"

没有达，所有的读就会因为缺乏方向而变得漂浮不定，所有的思就会因为缺少归宿而变成昙花一现。达是读与思的方向和归宿，没有表达的阅读往往流于空疏，没有表达的思想往往稍纵即逝。分享课侧重于"读思达"的"达"，作为"读思达"教学法中的重要一环，在全学科整本书阅读中具有重要地位，为学生搭建了一个展示自我、交流思想的宝贵平台。表达，作为阅读与思考成果的呈现方式，折射出学生对语言文字的深刻理解和灵活运用程度。[1] 全学科整本书阅读的分享课，作为阅读旅程的终点庆典，是一个鼓励学生主动多元表达、积极交流的平台。它打破了传统课堂的束缚，让学生在轻松愉悦的氛围中，自由地分享自己的阅读所得。无论是文学的细腻情感，还是科学的严谨逻辑，抑或是音乐美术的多彩，都能在这里找到共鸣。分享课通过多样化的表达形式，如口头演讲、书面报告、创意展示等，引导学生将阅读体验转化为具体的成果，运用多元化的表达形式展现出他们的独特见解

---

[1] 陈新霞．"读思达"教学法视域下小学语文阅读教学策略微探［J］．福建教育学院学报，2024（5）：81—83.

和创造性思维。

"达"作为归宿，确保阅读与思考的实效性。分享课为学生提供一个契机，让他们通过书写读后感、绘制思维导图、进行口头演讲或参与辩论等形式，将内心的触动和思考转化为可触摸、可交流的内容。这一过程，不仅是对阅读成果的总结与回顾，更是对自我情感与认知的一次梳理与升华，确保了阅读与思考的实效性。

"达"作为提升，促进思维与表达能力的飞跃。分享课上，学生需要将自己的理解与思考以清晰、准确、富有感染力的方式表达出来。这要求他们不仅要深入理解文本内容，还要学会如何组织语言、构建逻辑、选择合适的表达方式。例如，在准备演讲或辩论时，学生需要反复推敲自己的观点，搜集论据，设计开场白与结尾，这一系列过程都是对逻辑思维、批判性思维以及创造性思维的锻炼与提升。同时，通过不断的练习与反馈，学生的语言表达能力也会得到显著增强，能够更加自信地在公众场合发表自己的观点，与他人进行有效的沟通与交流。

"达"作为桥梁，促进学生间的相互学习与启发。分享课不仅仅是一个单向的表达过程，更是一个双向或多向的交流与互动过程。在分享中，学生通过倾听他人的分享，能够了解到不同的阅读视角与思考方式，从而拓宽自己的视野，丰富自己的认知。同时，他们也能在交流中发现自己未曾注意到的细节或问题，进而引发更深入的思考与探索。此外，学生间的相互反馈与建议也是一笔宝贵的财富，能够帮助学生及时发现自己的不足并加以改进，同时也能够激发学生的灵感与创意，促进创新思维的发展。这不仅有助于学生巩固和深化对书籍的理解和感悟，还能够增强他们的自信心和成就感。这种展示阅读成果的过程，是"读思达"中"表达"环节的重要体现。只有让表达成为整本书阅读的必然归宿与提升途径，我们才能真正实现知识的内化与迁移，培养出具有创新思维、批判性思维和良好沟通能力的新时代人才。

（一）打破传统，营造自由表达的氛围

在传统的课堂中，学生往往被固定的教学模式所束缚，难以自由表达自己的想法。然而，在整本书阅读的分享课上，这一切都被彻底颠覆。教师精心设计的开放环境，让学生感受到前所未有的轻松与自由。他们不再是被动接受知识的容器，而是主动探索、积极表达的主体。在一次《小王子》的分享课上，教师没有设定固定的分享框架，而是鼓励学生根据自己的阅读感受，选择任何形式进行表达。有的学生选择了口头演讲，用稚嫩而真挚的声音讲述了小王子与狐狸之间的友情故事；有的学生则创作了手绘漫画，用生动的画面展现了小王子在各个星球上的奇遇；还有的学生编写了短剧，邀请同学们一起上台表演，将书中的经典场景再现得淋漓尽致。

（二）多元化表达，展现独特见解

分享课鼓励学生运用多样化的表达形式，不仅丰富了课堂的内容，也让学生有机会展现自己的独特见解和创造性思维。无论是文学的细腻情感，还是科学的严谨逻辑，抑或是音乐美术的多彩，都能在这里找到共鸣，并得到充分的展现。

在《看看我们的地球》这本充满探索与发现的科普读物分享课上，学生被书中关于地球奥秘的丰富内容深深吸引。他们以多样化的表达形式，展现了各自对这本书的独特见解和创造性思维。一些学生选择了制作精美的PPT来呈现学习成果。他们精心挑选了书中关于地球结构、板块构造、地质变迁等核心知识点，利用简洁明了的图表和生动的动画效果，将复杂的地球科学原理变得直观易懂。这些PPT不仅展示了学生的逻辑思维能力和信息整合能力，也让其他同学在视觉上享受了一场地球科学的盛宴。还有一些学生发挥了自己的艺术特长，通过绘画、手工制作等形式来表达对《看看我们的地球》的感悟。他们有的绘制了地球表面的壮丽景观，如山川河流、海洋冰川，有的则制作了地球仪模型，用不同颜色的材料代表不同的地质层和生态系统。这些作品不仅色彩斑斓、富有创意，也生动地展示了学生对地球这个美丽家园的热爱和敬畏之情。在这节分享课中，学生通过多元化的表达形式，不仅展现了他们对书籍内容的深入理解和独特见解，也充分展示了他们的创造性思维和艺术才华。这种自由而开放的分享氛围不仅激发了学生对地球科学的浓厚兴趣，也为他们未来的学习和成长奠定了坚实的基础。

（三）巩固深化理解，增强自信心与成就感

通过分享课上的多元表达，学生不仅巩固和深化了对书籍的理解和感悟，还增强了自信心和成就感。他们意识到自己的阅读体验是有价值的，自己的见解和创意是值得被分享的。这种积极的心理体验将激励他们在未来的阅读中更加投入和专注。

在《数学花园漫游记》分享课上，学生以多样形式展现对数学的新认知，收获了自信与成就。此书以贴近生活的趣味故事，激发学生探索数学奥秘的热情。一个曾对数学心存畏惧的学生，在"奇妙的几何世界"这一章节分享课上大放异彩。他精心制作PPT，配以手绘插图，生动展示几何图形的魅力及其实用性。结合书中故事，让数学概念跃然眼前，变得趣味横生。分享时，他自信满满，语言表达流畅，赢得同学们热烈的反响。此次分享，不仅改变了他对数学的态度，也启发了同学们对数学的新认识。这次经历对他而言是成长的飞跃。他意识到，数学并非难题堆砌，而是充满探索乐趣的学科。同学和老师的肯定，更激发了他的学习动力，增强了自信。他成为同学们的榜样，鼓励大家勇于尝试，用创意方式分享数学之美，让数学成为成长路上的助力。这次分享课，不仅深化了数学知识，更在学生心中种下了热爱数学的种子。

全学科整本书阅读的分享课是一个充满活力和创造力的平台。它打破了传统课堂的束缚，让学生在自由愉悦的氛围中自由表达、积极交流；它鼓励多元化的表达方式，让学生展现独特见解和创造性思维；它巩固和深化了学生对书籍的理解和感悟，增强了他们的自信心和成就感；它是"读思达"教学法中不可或缺的一环，为学生们的阅读之旅画上了完美的句号。

阅读即前提，思考是核心，而表达为提升，三者相互促进、相互包含，构建系统性的教学模式。① 在课型设计的具体实践中，导读课、推进课、分享课三者相互关联、相互促进。导读课为推进课打下基础，推进课为分享课提供素材和准备，而分享课则是对前两者学习成果的展示和升华。整本书的导读课、推进课与分享课构成了学生阅读学习的完整链条，它们相互衔接、相互补充，形成了一个完整的阅读循环，共同促进了学生的阅读成长和全面发展。在这个过程中，学生们不仅收获了知识和技能，更收获了成长和进步的喜悦，让他们在整本书阅读的过程中得到全面的提升和发展。"读思达"教学

---

① 杨宴丽. 聚焦"读思达"教学法的小学语文整本书阅读教学策略[J]. 国家通用语言文字教学与研究，2024（10）：122—124.

法下的三种全学科整本书阅读课型不仅有助于培养学生的阅读兴趣和阅读能力，还能够促进他们的思维发展和表达能力提升，符合现代教育理念和学生发展需求。

第二节　三种课型的实践案例

深入"读思达"教学法在全学科整本书阅读教学中的实践探索后，我们将呈现三种课型的丰富案例。从语文学科的整本书阅读实践开始，我们将逐一展示各学科如何在导读、推进与分享的过程中，巧妙融合阅读、思考与表达，共同绘制出一幅幅生动、多元的教育实践图景。

一、语文学科整本书阅读实践案例

《十万个为什么》《中国民间故事》《西游记》《骑鹅旅行记》作为语文学科整本书阅读实践案例，全面覆盖科普、传统文化、古典神话与现代奇幻等多元文学类型。在激发学生阅读兴趣的同时，还能在导读中启迪科学思维，在推进时深化文化认同，在分享时锻炼批判性思考与创意表达。《中国民间故事》传承民族文化，《十万个为什么》培养探究精神，《西游记》激发想象力，《骑鹅旅行记》则促进环保意识与人文关怀。通过这些案例，学生将在阅读中思考，在思考中表达，全面提升综合素养。

案例一：《中国民间故事》的三种课型

《中国民间故事》是一本收录了中华各民族经典民间故事的故事大全，展现了古代劳动人民的勤劳、善良、勇敢、智慧等优秀品质，同时揭示了社会中的自私、霸道等邪恶现象。通过生动的情节和鲜明的人物形象，展现了中华民族悠久的历史文化、民俗风情和道德观念。

（一）案例阅读价值

在《义务教育语文课程标准（2022年版）》（以下简称"语文新课标"）

的指引下，教育聚焦学生文化素养与综合能力培养，《中国民间故事》极具价值。从文本价值看，它汇聚大量民族特色传统故事，借生动情节、鲜明人物展现中华民族历史文化、民俗风情与道德观念，增强文化自信与民族认同感。其故事类型多元，涵盖神话传说、英雄史诗等，语言质朴，情节曲折，能满足多样化阅读需求，激发学习兴趣与想象力、创造力，是提升学生素养的关键读物。从教学价值讲，"整本书阅读"在新课标拓展型学习任务群中有着重要地位，《中国民间故事》作为文化瑰宝，融知识性、趣味性、民族情感于一体，既包含丰富历史文化、民俗信息，又以曲折情节、鲜活人物传递道德、哲理，契合语文课程实践性，有利于学生借角色扮演、复述故事内容以提升语言与思维能力。其质朴生动的语言、引人入胜的情节还能培养学生的审美，增强文化自信。故事寓意也有助学生将道理用于生活，培养批判性思维与解决问题能力。将《中国民间故事》引入语文教学，有助于学生了解传统文化，提升语文核心素养，成长为兼具深厚底蕴与人文素养的人才。

（2）阅读指导过程

在民间故事三课型阅读指导过程中，教师以独具匠心的导读课开启阅读之旅。首先，凭借邮票奇缘，展示与民间故事紧密相关的邮票，引导学生观察图案、开展趣猜活动，借邮票这一新颖媒介牢牢抓住学生的注意力，激发其对民间故事的好奇与阅读兴趣，为后续营造积极心理氛围。接着，通过目录寻宝，指导学生查看民间故事书籍目录，鼓励学生自主选择感兴趣主题或章节，并依故事类型、地域、人物等进行个性化分类，培养自主学习与信息筛选能力，初步构建故事整体认知框架。随后，以田螺奇缘为引，选取如田螺姑娘故事里的田螺这类代表性元素，让学生深度猜读情节走向与人物命运，锻炼逻辑推理、想象与分析能力，使其带着思考与期待开启阅读。最后，在阅读导航环节，师生共同探讨阅读方法与节奏，助力学生制订个性化阅读计划，涵盖每日或每周阅读量、时间安排等，培养良好阅读习惯，保障阅读有序高效推进。

推进课则进一步深化阅读体验。首先，教师检查阅读进度，通过提问、设置悬念激发好奇心，针对已读内容抛出深层次问题，如探讨故事情节反映的社会现象或文化内涵，引导学生突破表面，深入挖掘故事背后的意义与价值，提升阅读理解能力。其次，组织自由结组探索，3—5人为一组，共同创造性复述民间故事，引导他们梳理故事情节并把握主要内容，同时回顾创造性复述方法，鼓励学生进行创造性表达，从而深化了他们对故事的理解，培养团队协作能力和表达能力。

分享课更是将阅读收获升华。首先教师开场组织学生分享阅读民间故事后的感受与收获，鼓励学生用生动的语言抒发对精彩情节的喜爱、人物形象的见解等，既再度激发阅读兴趣，又为学生搭建语言表达平台，助力积累语言经验、提升表达能力。随后引导故事分析，从主题、情节结构、人物塑造、文化背景等多元角度剖析故事特点与价值，如探究不同地区民间故事主题异同及文化根源，培养分析、归纳总结与批判性思维，提升思维品质，助力全面深入理解。最后引领学生联系生活，思考故事所蕴含的道理，探讨如何汲取主人公的品质与处事方法来应对生活困难，实现知识迁移应用，让学生领悟民间故事的现实指导意义，培养解决实际问题与感悟生活的能力，全方位展现民间故事阅读的魅力与价值。

表4-1 三课型阅读过程指导

阅读过程	导读课	推进课	分享课
三课型活动	一、邮票奇缘，开启故事之旅 二、目录寻宝，个性分类探索 三、田螺奇缘，深度猜读探索 四、阅读导航，制订个性化计划	一、激发好奇心，促进深度思考 二、自由结组探索，共绘改编新篇章 三、互动反馈启智慧，共创故事再传承	一、激发兴趣，积累语言经验 二、故事分析，提升思维品质 三、联系生活，应用智慧解决问题

（三）三类课型实例

1. 激发学生爱读书的"导读课"

设计《中国民间故事》整本书的导读活动时，教师的首要考量在于如何挖掘并展现书中的趣味元素，以此吸引并留住学生的心，使他们成为民间故事类读物的忠实读者。因此，在导读课堂上，我们的核心任务是点燃学生的阅读热情，引领他们步入一个充满想象与智慧的民间故事殿堂。

为了实现这一目标，我们将灵活运用多种阅读策略，为学生推开一扇扇通往奇幻世界的门扉。通过生动讲述精选的故事片段、搭配引人入胜的视觉素材（如精美插图或动画短片）以及鼓励学生参与的角色扮演、故事改编等活动，全方位、多角度地展现《中国民间故事》的魅力。这样的教学设计，不仅能够激发学生的好奇心与探索欲，还能让他们在享受阅读乐趣的同时，深化对中国传统文化的理解与认同，从而培养出既热爱阅读又具备深厚文化底蕴的新时代学生。

(1) 邮票奇缘，开启故事之旅

语文新课标提出的"要重视培养学生广泛的阅读兴趣，扩大阅读面，增加阅读量，提高阅读品位"为民间故事整本书阅读教学指明了方向。导入环节为激发学生的阅读兴趣，在教学设计中融入了"趣猜邮票"环节。通过展示中国地图和邮票框架，结合提示内容，引导学生猜测邮票上的故事图案。这一创意导入不仅将民间故事与中国地理文化相结合，还让学生在轻松愉快的氛围中进入阅读状态。

(2) 目录寻宝，个性分类探索

语文新课标还强调"要培养学生独立阅读的能力，学会运用多种阅读方法"。因此，在民间故事整本书阅读导读课的教学中，鼓励学生观察封面和目录，进行个性分类。学生根据自己的兴趣和理解，对目录中的故事进行分类，如美好愿望、历史人物、经典故事、风物人情等。这一环节不仅锻炼了学生的信息筛选和归纳能力，还激发了他们的阅读兴趣和个性思维。同时，进行阅读指导，为学生提供实用的阅读策略和方法，帮助他们更好地理解和欣赏民间故事。

(3) 田螺奇缘，深度猜读探索

在深入阅读阶段，语文新课标倡导"珍视学生独特的感受、体验和理解"。以《田螺姑娘》为例，教师通过一系列活动引导学生探寻故事的神奇之处，寻找文中令人称奇的情节，如田螺姑娘化身为美丽女子的神奇场景，并通过视频激发学生的想象力。当被问及"田螺姑娘的出场很神奇，大家在读这段文字的时候会想象得到这位美丽的田螺姑娘吗"时，一个学生兴奋地举手分享了自己的想象。

教师进一步指出，这些神奇情节正是民间故事的魅力所在。学生们被引导着品味故事中的神奇想象,并分享自己的发现。通过梳理故事情节,学生们发现,年轻人的吃饭经历充满波折,勤劳时能吃到热饭,懒惰时则只能吃烂饭。在探讨田螺姑娘如何知晓年轻人勤劳与否的问题时,学生们纷纷提出了自己的猜想,有的认为田螺姑娘是神仙,有的则认为她可能暗中观察年轻人的行为。

在故事的最后,教师引导学生思考《田螺姑娘》的深层寓意,如勤劳善良的价值、爱情的纯真与美好等。鼓励学生分享自己的感悟和思考,并提问:"这个故事给你带来了哪些启示?你会如何将这些启示应用到生活中?"学生们不仅被主人公的勤劳和善良所感动,更从深层次上理解了"勤劳善良能获得幸福"的道理。通过小组汇报和互评环节,学生们进一步梳理了故事情节,加深了对做人品质的理解。

针对五年级学生的心智成长特点,在引导他们探索《中国民间故事》这一充满奇幻色彩与文化底蕴的书籍时,教授高效的阅读策略变得尤为关键。因此,在民间故事整本书阅读教学中,鼓励学生制订阅读计划,并讨论快速阅读的方法。学生根据自己的阅读兴趣和计划,合理安排阅读时间,提高阅读效率。同时,通过讨论快速阅读的方法,如扫读、略读等,帮助学生掌握阅读技巧,提升阅读速度和理解能力。这样的教学设计不仅有助于培养学生的自主阅读能力和习惯,还能让他们在阅读中感受到乐趣和成就感。正如语文新课标所指出的,"要重视学生读书、写作、口语交际、搜集处理信息等语文实践,提倡多读多写,改变机械、粗糙、烦琐的作业方式,让学生在语文实践中学习语文,学会学习"。

(4)阅读导航,制订个性化计划

在《中国民间故事》导读课的收尾阶段,我们设计了一系列总结与分享活动,旨在帮助学生巩固阅读成果,深化理解。这些活动包括:一是让学生总结本次阅读的亮点与收获以及所使用的阅读策略;二是鼓励他们制订个性化的阅读计划,继续探索更多有趣的民间故事;三是引导他们反思阅读过程中的情感体验与认知成长,鼓励他们勇敢表达自己的想法与感受;四是组织阅读分享会,让学生们在轻松愉快的氛围中交流阅读心得,共同探讨故事中的深层含义与文化价值。

通过这些导读课的活动，不仅能够帮助学生更好地领略《中国民间故事》的魅力，还能培养学生的阅读兴趣与习惯，为学生的全面发展打下坚实的基础。至此，我们的《中国民间故事》导读课程便画上了圆满的句号。

2. 帮助学生去思考的"推进课"

《中国民间故事》阅读推进课的课程设计紧扣语文新课标中"语文课程应引导学生在真实的语言运用情境中，通过积极的语言实践，培养语言文字运用能力和思维能力，提高审美创造能力"的要求，同时紧密结合了五年级上册第三单元民间故事的语文要素。教师深知，让学生通过不同方法创造性复述民间故事，能激发他们对民间故事的热爱，从而更好地传承中国民间故事。比如，在引导学生复述《牛郎织女》时，鼓励学生从不同角度出发，有的学生侧重描绘牛郎的勤劳善良，有的则突出织女的心灵手巧，极大地丰富了故事的内涵。在这一过程中，教师引导学生运用改变人称、增加情节等创造性复述的方法，让故事更加生动有趣。

（1）激发好奇心，促进深度思考

课程初始，教师遵循语文新课标"教师应精心设计富有挑战性的学习任务，激发学生的好奇心、想象力、求知欲，促进学生自主、合作、探究学习"的要求，巧妙运用猜题挑战的教学策略，精心设计了一系列与《中国民间故事》相关的问题。这些问题不仅涵盖故事的基本情节，还深入人物特征等细节。就像在探讨《孟姜女哭长城》时，教师提问孟姜女在得知丈夫去世后的心理变化，学生能马上进行思考与反馈。通过这种猜题的方式，迅速吸引学生们的注意力，使他们的思维活跃起来，仿佛置身于充满神秘和奇幻的故事世界之中。

在有效激发学生的学习热情之后，教师帮助学生回顾民间故事的特点，比如通过口耳相传、情节反复、故事神奇等特点，让学生对这些民间故事有个基础认知。紧接着，教师明确本节课的学习目标，然后发布"我们都是'民间故事的传承人'"的主题情境任务，让学生更明确本节课的任务与要求，能够学有目标，学有方向，在大主题情境中畅游知识的海洋。翻开整本书第一篇《田螺姑娘》，教师引导学生运用之前学过的提高阅读速度的方法，快速梳理故事情节，把握主要内容。学生试着复述分享故事，再引导学生发现复述故事和创造性复述故事的不同之处。比如，让学生对比自己快速阅读和仔细品味时对故事理解的差异。同时，教师结合之前单元所学的阅读技巧，如抓关键语句、概括主要内容等，帮助学生更好地理解和复述故事。

(2) 自由结组探索，共绘改编新篇章

创造性复述民间故事对于学生来说具有极其重要的意义。它不仅能够锻炼学生的语言表达能力和思维创新能力，还能让学生更深入地理解民间故事所蕴含的文化内涵和价值观念。通过创造性复述，学生能够赋予古老的故事以新的生命力，使其在现代社会中依然绽放光彩。同时，这也培养了学生对传统文化的热爱和传承意识，让民间故事在新一代青少年的心中扎根、发芽，为中华民族优秀文化的传承和发展贡献力量。在创造性复述的环节，为了帮助学生把故事讲得更加生动，教师先带领学生回顾了课本中学习到的创造性复述的方法，让学生用上这些方法进行创造性复述故事。教师鼓励学生自由组合成小组，激发团队合力和创造力。每组可以选取故事中的一个或多个场景进行创造性改编与演绎，学生根据自己对故事的理解和兴趣特长来分配角色。他们可以选择扮演故事中的主人公、配角或场景，试着以故事中人物的口吻来讲述故事。在创造性复述的过程中，学生们可以充分发挥自己的想象力，结合生活经验和情感体验进行创作，为故事增加一些合理有趣的情节。此环节，教师尽可能地给予学生自由发挥的空间，无论是小组讨论、角色扮演还是上台汇报交流等环节，教师都鼓励学生自由发挥、大胆表达。比如，在复述《田螺姑娘》片段时，有的小组增加了田螺姑娘和谢端遇见时的浪漫场景，有的小组则把田螺姑娘帮谢端煮饭、收拾家务的能干场面进行了详细且全新的细节描写，还有的小组把田螺姑娘和谢端各自的心理活动都描述了出来……每个学生都在尽情且合理地表达，思维的火花于课堂之上热烈碰撞。这些都很好地体现了新课标"鼓励学生合作学习和创新表达"的要求。

(3) 互动反馈启智慧，共创故事再传承

语文新课标强调教师要注重教学过程中的互动与反馈。通过与学生的交流互动，教师了解到学生对故事的不同理解和看法，根据学生的实际情况和需求进行调整和改进。比如在第一次学生们创造性复述《田螺姑娘》之后，就根据评价量表进行自我评价和组员评价。学生们在评价之后发现了自己复述时存在的相关问题，马上及时探讨纠正。

当学生们初次尝试进行创造性复述时，有一个学生选取了"谢端等待田螺姑娘的过程"的温馨片段进行描绘。他叙述道："谢端静静地等待着，等到太阳落山，等到星星满天，仍然没有遇到什么，他只好去做饭。这样，一天，两天，三天……一直等了六天，仍然没有等到田螺姑娘出来。他失望了！他坐在那边一直想啊，想啊，想啊，就是想不明白田螺姑娘到底是为什么还没有来呢？谢端的心中充满了失落。他独自坐在一旁，思绪纷飞，却始终无法解开田螺姑娘未曾赴约之谜。"

然而，在自评与互评的环节中，小组内的其他学生迅速捕捉到了这个学生在复述中存在的局限——过于聚焦于谢端的等待与内心独白，而忽视了其他细节的丰富性。组长敏锐地指出，可以通过深化谢端等待过程中的情感波动与神态变化，使故事更加立体生动。他建议："我们可以尝试描绘谢端从最初满怀期待，脸上洋溢着抑制不住的喜悦，到随后转为默默守候的平静，再到最终失望透顶，面容上再无一丝波澜的情感历程。同时，还可以巧妙地融入一些肢体语言，如从最初的焦急踱步到后来的静坐沉思，再到最终的无助垂首，以此更加直观地展现谢端的内心世界。"

于是，其他组员学生就提出来："老师，我也想来试一试创造性复述这个故事。"征得教师同意后，学生上台进行汇报。而这一次，却是全新的故事，情节、人物形象、动作表情都十分生动。通过这个环节，学生完美地把《田螺姑娘》这个民间故事创造性地复述出来，有效获得"我是民间故事传承人"的勋章，很好地把民间故事传承下去。这一教学过程中最精彩的环节在于学生的主动参与和积极反馈。学生不仅能够自我评估和相互评价，还能主动争取再次复述的机会，展现出强烈的学习热情和积极性。而学生的自我反思能力、合作交流能力以及勇于尝试和创新的精神，也在本节课中较好地体现出来。学生在不断实践和改进中提升了创造性复述的能力，同时还深化了他们对民间故事的理解和传承意识。

在课堂的最后，教师根据语文新课标的"拓展性学习和个性化作业"设计了作业超市，为下一阶段的交流分享课做准备。鼓励学生带着任务去阅读故事，再去创造性复述故事，并尝试制作连环画。比如，布置学生根据《牛郎织女》这一课文再去创作一幅连环画，并附上简短的文字说明。同时，教师还引导学生回顾之前单元中学习到的写作手法和表达方式，鼓励学生在连环画的文字描述中加以运用。

3. 促进学生善表达的"分享课"

在语文新课标"义务教育语文课程培养的核心素养，是学生在积极的语文实践活动中积累、建构并在真实的语言运用情境中表现出来的，是文化自信和语言运用、思维能力、审美创造的综合体现"的指导下，教学设计旨在培养学生的文化自信、语言运用、思维能力和审美创造。

（1）激发兴趣，积累语言经验

五年级的学生正处于思维活跃、好奇心强的阶段，对故事有着浓厚的兴趣。而《中国民间故事》作为一种独特的文体，具有通俗易懂、情节生动、寓意深刻等特点。这节课通过让学生深入阅读中国民间故事，不仅让他们理解故事中的深刻道理，还引导他们将这些道理运用于解决实际生活中的问题，从而实现知识的内化与实践。学生们在课堂上表现出了极高的热情和参与度，积极分享自己的阅读感受和见解。

课程伊始，教师以一段导入语激发学生的兴趣，引导学生分享阅读《中国民间故事》后的感受。这一环节不仅让学生有机会表达个人感受，也为他们提供了一个展示语言运用能力的平台，体现了语文新课标"语文课程应引导学生热爱国家通用语言文字，在真实的语言运用情境中，通过积极的语言实践，积累语言经验，体会语言文字的特点和运用规律，培养语言文字运用能力"的要求。学生们纷纷畅谈自己在阅读中的收获，有的被故事中的人物所感动，有的从故事中领悟到了深刻的道理。

（2）故事分析，提升思维品质

教师引导学生进入任务一：读故事，明事理。在这一任务中，学生需要从不同角度思考，梳理信息，并在小组内分享自己的观点。通过填写故事题目、主要人物、结局和道理的表格，学生能够深入理解故事内容，梳理故事中的人物、结局以及故事的道理，并从中提炼出生活的智慧。在这一阶段，学生们阅读并讨论了《田螺姑娘》《灯花》等故事，通过分析人物和结局，进一步明白了民间故事所蕴含的道理。正如"快乐读书吧"小贴士明确指出：

民间故事体现了古人对于生活的朴素认知和对美好生活的追求，勤劳善良的人会获得幸福，而那些贪婪自私的人最终会一无所获。这一过程不仅锻炼了学生的逻辑思维和批判性思维能力，也培养了道德价值观。在分享中，学生也逐渐理解到，民间故事不仅仅是娱乐和传说，它们承载了人们的美好愿望，教导人们勤劳和善良能带来幸福，而自私贪婪将导致失败。"纸上得来终觉浅，绝知此事要躬行。"学生们在理解道理的同时，也开始思考如何将这些道理运用到实际生活中。

接下来，课堂进入了第二个任务环节——"读故事，懂做人"。根据课标中"提升思维品质"的要求，要培养学生的批判性思维和创新性思维能力。在分享课中，学生不仅要讨论故事中的内容，还需围绕故事中的人物品质、情节发展和结局进行深度分析。例如，当学生们分析《田螺姑娘》中的主人公时，不仅要关注故事的表层含义，还要从人物的动机、情节的发展等角度探讨主人公为何会做出这样的行为选择，并从中提炼出"勤劳善良能获得幸福"的道理。通过对故事中人物品质的分析，学生们认识到故事人物的优秀品质，如坚韧、勇敢、勤劳等。每个小组围绕自己选择的故事进行汇报，其他同学则根据设定的评价标准进行互评。这个环节不仅帮助学生梳理了故事情节，也让他们进一步理解做人应具备的品质。教师通过总结强调，民间故事中传递的品质和精神是中华民族文化的重要组成部分，学生应当从中汲取力量，学习做一个品德高尚的人。"勿以恶小而为之，勿以善小而不为。"学生们在学习民间故事的过程中，不断反思自己的行为，努力提升自己的品德修养。

（3）联系生活，应用智慧解决问题

课程的高潮部分是任务三：联结生活，解决问题。这一环节是本节课的核心，学生需要将所学的民间故事中的道理应用到解决实际生活中的问题。通过模拟"智慧热线"的情景，学生需要运用故事中的知识来帮助解决同学遇到的问题。教师设计了四个生活情境，要求学生用所学的故事智慧来解决问题。教师描述了一个生活场景：小红、小明和小花在筹备班级活动时因为意见不统一发生了争执，导致活动进展缓慢。学生们认真思考后，有人提到《三兄弟牵金牛》的故事，认为这个故事中三兄弟团结协作的精神可以为解决问题提供启发。有学生提出："他们可以像三兄弟一样，先放下自己的分歧，一起商量出一个大家都能接受的方案。"随后，教师循循善诱地引导学生思考三兄弟团结的根本原因。学生回答："因为他们知道，只有团结一致才能达成目标，每个人都能发挥自己的特长，最终完成任务。"通过讨论，学生们逐渐认识到团结合作的重要性，并学会如何在生活中处理类似的问题。

在另一个情境中，教师提到一个学生在图书馆借书时因未按时归还被要求赔偿的情况。学生们思索后，联系到《九色鹿》中的情节，纷纷表达了自己的看法。有学生说："小明应该主动承认自己的失误，并且向图书馆道歉。"其他学生补充："不能像调达那样背信弃义，诚信待人是最重要的，这样才能得到他人的宽容和信任。"教师在此基础上进一步强调了诚实的价值，鼓励学生在生活中也要遵循这种原则。通过情境的设置和讨论，学生不仅学习了如何解决实际问题，也深刻理解了诚信待人的意义。

学生们也通过各自选择的民间故事，给予不同的解决方案。在这个过程中，不仅锻炼了学生的创造性思维和解决问题的能力，也让他们体会到知识与生活的紧密联系。这一环节的设计，充分体现了语文新课标中对于学生实践能力和创新思维的培养要求。"知之者不如好之者，好之者不如乐之者。"学生们在解决问题的过程中，感受到了学习的乐趣和成就感。

最后，教师激励学生继续阅读《欧洲民间故事》和《非洲民间故事》，从不同文化的故事中汲取更多的智慧和力量。这一设计不仅符合语文新课标中"多元文化学习"的要求，也激励着学生通过阅读开阔眼界，增强国际理解力和跨文化交流的能力。

通过这次分享课，学生们不仅加深了对民间故事的理解，还学会了如何将这些智慧应用到实际生活中。这节课的教学设计体现了教师通过阅读故事培养学生思考能力、道德观念和解决问题能力的目标，既要注重对民间故事的理解，也要让学生感受到这些故事与实际生活的紧密联系，最终达成阅读教学与道德教育的有机结合。

（四）阅读教学反思

本次《中国民间故事》阅读分享课以培养学生从文本中提取道理、运用知识解决实际问题为目标，力求通过丰富的教学活动，引导学生在阅读中思考、成长。

结合实际教学过程总结课程成功之处：一是任务驱动，教学环节层层递进。将课堂划分为"读故事，明事理""读故事，懂做人""联结生活，解决问题"三个任务环节，设计了由浅入深的学习目标。在"读故事，明事理"环节，学生通过表格梳理故事情节，总结出《田螺姑娘》等民间故事的寓意。这一过程帮助学生理清了故事逻辑，培养了归纳能力。而在"联结生活，解决问题"环节，创设了四个生活情境，鼓励学生结合故事道理提出解决方案。例如，有学生引用《三兄弟牵金牛》的团结精神，劝解小组成员合作解决争功问题。这种设计拉近了文本与生活的距离，使学生在实践中加深了对故事内涵的理解。二是实现了多元评价，激发学生阅读动力。课堂中采用了自评、互评和展示评价相结合的方式，让学生明确了活动目标。在小组汇报时，学生需要声音洪亮、表达清晰、观点有逻辑，这不仅提升了课堂参与度，也培养了学生的语言表达能力和团队合作意识。三是丰富学生的文化体验，扩展其阅读视野。在课程最后，引导学生继续阅读《欧洲民间故事》和《非洲民间故事》，通过跨文化比较，激发他们的学习兴趣，为后续教学埋下伏笔。这一拓展环节让学生认识到不同文化的独特价值，提升了他们的文化理解力和审美情趣。

课程根据科学合理的教学设计进行，但在实际实施过程中仍旧存在不足。首先，文本分析深度不足。在总结故事寓意时，部分学生的回答流于表面。有学生简单地用"善有善报"来解释故事道理，而未能进一步思考这些道理在现代生活中的实际意义。这表明教师在引导学生深入挖掘文本内涵方面还需加强。其次，个体关注度不足。"联结生活，解决问题"环节对阅读能力较弱的学生来说挑战较大，部分学生未能顺利完成任务。这反映出教师在课堂设计时对学生个体差异的关注不够，需要在后续教学中给予更多指导和支持。最后，跨文化比较流于形式。课末的跨文化延伸环节时间安排较为仓促，学生未能充分讨论不同国家民间故事的特点，导致这一环节的效果不够理想。

针对上述不足提出有效的改进措施。首先，强化文本深度解读。通过开放性问题引导学生深挖故事内涵，例如"《田螺姑娘》中体现了怎样的传统家庭观念？这种观念在今天还有哪些现实意义？"鼓励学生结合社会背景和个人体验展开讨论，从而加深对文本的理解。其次，实施分层教学。针对阅读能力较弱的学生，可以为他们设计提示更明确的问题或提供示范答案；对能力较强的学生，则鼓励他们进行故事改编或创作活动。最后，优化跨文化学习设计。将跨文化比较作为独立课题，分配充足时间，组织学生阅读并讨论《欧洲民间故事》和《非洲民间故事》。通过分组展示、辩论等方式，挖掘不同文化的共性与独特性，帮助学生在对比中深化理解。

综上，《中国民间故事》三种阅读课型以任务驱动为主线，结合文本解读和生活情境，培养了学生的思辨能力和实践能力。然而，在引导学生深入分析文本、关注个体差异以及拓展跨文化比较等方面还有改进空间。未来，我们将继续探索更科学、高效的教学方法，充分落实《义务教育语文课程标准（2022年版）》的要求，让语文课堂成为学生认识世界、提升自我的桥梁。

案例二：《十万个为什么》导读课

《十万个为什么》是苏联著名作家米·伊林在1929年出版的一部科普作品。全书采用"屋内旅行记"的方式，以自来水龙头、炉子、餐桌和灶台、厨房炊具架、餐具柜、衣柜为停靠站，以有趣的故事、活泼的语言，深入浅出地揭示了那些隐藏在日常生活中的小秘密。

（一）案例阅读价值

《十万个为什么》整本书阅读教学兼具文本价值与教学价值。在文本价值上，米·伊林的《十万个为什么》符合语文新课标的要求，集知识性与趣味性于一体，用文艺的笔调、生动的比喻和有趣的事例讲述科学知识，降低阅读难度，提升学生阅读兴趣与理解能力，以"为什么"为主线引导学生思考，培养问题意识与解决问题的能力。丰富的科普知识还能激发学生想象力与创造力，培养创新思维。在教学价值上，它与语文新课标的要求高度契合，广博的科普内容助力学生领悟科学道理、探寻自然秘密，在阅读策略上，倡导自主、合作、探究性阅读，学生可依兴趣选章节，与伙伴探究问题或动手实验，有效激发阅读兴趣，提升阅读技能与科学素养。

（二）阅读指导过程

在《十万个为什么》整本书阅读的导读课上，首先，通过提出一系列新奇有趣、贴近生活的问题，激发学生的好奇心与求知欲，顺利导入课程。接着，引导学生初识书目，介绍作者、成书背景等，让学生对《十万个为什么》有初步印象，同时梳理书中的大致内容框架，感知作品梗概。随后，进入文本阅读环节，带领学生精读部分精彩篇章，从生动的表述、有趣的案例中，领悟文本将科学知识趣味化呈现的魅力，感受其中蕴含的科学奥秘。在学生阅读过程中，适时给予方法指导，像如何带着问题阅读、怎样提取关键信息等，助力学生实现有效阅读。课程末尾，梳理总结整堂课的重点内容，回顾知识要点、阅读方法。最后，巧妙设置悬念，引发学生对后续深入阅读的期待，鼓励他们自主探索书中更多的科学知识。

表 4-2　导读课阅读过程指导

阅读过程	导读
导读课活动	1. 提出问题，激趣导入 2. 初识书目，感知梗概 3. 领悟文本，感受趣味 4. 方法指导，有效阅读 5. 梳理总结，阅读期待

（三）导读课型实例

整本书阅读作为"拓展型学习任务群"内容之一，语文新课标特别强调阅读兴趣的培养和"保鲜"。教师在进行导读设计时，应首先考量如何彰显书中之趣，让学生乐于捧起这本书或这一类书，以培养科普类读物的积极阅读者。因此，在《十万个为什么》整本书阅读的导读课上，首要任务是激发学生的阅读兴趣，让他们沉浸在探索知识的乐趣中。我们会巧妙地运用各种阅读策略，像打开一扇扇神奇的门，引领学生走进《十万个为什么》的奇妙世界。其次，为了保持学生的阅读热情，我们会教他们如何制订阅读计划表和做阅读记录。这样，学生们就能有条不紊地推进阅读，同时记录下自己的思考和发现。在阅读过程中，学生们会逐渐理解科普作品的阅读方法，感受到《十万个为什么》这本书的内容的趣味性以及写作语言的生动性。更重要的是，他们会深刻体会到科普作品的科学性、准确性和严谨性，从而更加敬畏和热爱科学。

1. 设疑引思，趣启课堂

在教学环节的第一步中，考虑到四年级学生正处于对世界充满好奇的年龄，喜欢探索和发现新事物，所以设置了"提出问题，观看科学小实验——高低蜡烛，你发现了什么？"来激发学生的好奇心和探究欲望。在动手实践上，这个年龄段的学生开始有能力进行一些基本的操作和实验，而且他们的逻辑思维和理解能力正在发展中。在导读课时采用实验探究目的就是帮助学生更好地理解和掌握科学知识，同时培养他们的观察能力、思维能力、实践能力和创新能力。在观察实验的基础上，引导学生将实验现象与日常生活相联系，提出了一系列疑问。这些疑问不仅涵盖了实验原理的探讨，还延伸到了实际应用和科学探索的广阔领域。整个活动设计不仅可以启发学生的思维，还能培养他们的探究精神和科学素养。通过提出问题、观察实验、联系生活等环节，学生们在轻松愉快的氛围中掌握了科学知识，提高了解决问题的能力。

2. 新览书目，初悟梗概

教学环节的第二步，简单介绍本书的概要有助于激发学生对整本书的阅读兴趣。引导他们仔细观察这本书的封面和目录，就像探险家审视地图一样，对即将展开的阅读之旅充满期待。通过对比阅读，学生们会发现科普作品的独特魅力，学会如何探究问题，并掌握阅读这类书籍的方法。《十万个为什么》的目录无疑是一个引导学生探索科学世界的精彩地图。其与众不同之处不仅体现在内容的丰富性和多样性上，更在于其独特的编写方式和表现形式。介绍目录能引导学生探索科学的奥秘，满足他们的好奇心，同时帮助他们建立系统的知识结构。《十万个为什么》的目录还体现了强烈的互动性。每一个"站"都像是一个小型的科学实验场，鼓励学生参与其中，进行实际操作和观察。这种互动性的设计，不仅增强了学生的参与感，也让学生在实践中深化对科学知识的理解。

3. 体悟文意，趣韵盈心

教学第三步，教他们如何制订阅读计划表和做阅读记录。这样，学生们就能有条不紊地推进阅读，同时记录下自己的思考和发现。在阅读过程中，学生们会逐渐理解科普作品的阅读方法，感受到《十万个为什么》这本书的内容的趣味性以及写作语言的生动性。更重要的是，他们会深刻体会到科普作品的科学性、准确性和严谨性，从而更加敬畏和热爱科学。《十万个为什么》这本书采用了问题解答的形式，每一个章节都是围绕着一个"为什么"的问题展开，然后给出详尽准确的答案。此外，《十万个为什么》的语言生动还体现在它运用了大量的比喻、拟人等修辞手法，使得科学知识变得更加形象、有趣。我们可以引导学生品读文本相关语段如，"如果问你：水为什么能灭火？你会怎么回答？我的一位熟人回答说：'水能灭火，因为它又湿又冷。''可是煤油也又湿又冷，你倒是试试用煤油来灭火吧！不，你还是不试为好，一试就得报火警了。'"从这些具体语段中，通过朗读、对比分析等方式来引导学生去感受米·伊林的语言优美生动，采用了比喻、拟人等多种修辞等。同时，书中还有一些有趣的历史故事。在阅读故事之前或者之后，提出一些问题，让学生思考和讨论并制作一些小档案，引导学生做一个阅读的有心人，用历史小档案法进行阅读积累。

4. 方法为径，阅读致远

根据四年级学生的认知发展水平，教会学生阅读科普读物的方法是非常重要的。例如，教导他们查找不理解的科技术语，结合生活经验来理解问题，通过反复揣摩语言来增强感悟能力，以及在阅读后进行思考和总结。通过走进第一站阅读具体材料，分别从读前、读中、读后进行阅读方法指导，提高学生自主深入阅读的能力，并进行思维品质培养，培养学生爱提问、爱思考、爱探究、爱动手动脑的科学品质。

在四年级的课堂上，考虑到学生当前的认知发展水平，引导他们掌握阅读科普读物的有效方法成了当务之急。

课堂伊始，教师开启"读前"引导环节。教师向学生展示一本科普读物，先让学生们自主浏览目录，圈出那些引发好奇、看着生僻的科技术语。教师在教室里踱步，观察学生们的进展，适时俯身轻声提醒，比如"留意那些专业名词，它们可能是打开新知识大门的关键"。

进入"读中"阶段，教师引导学生结合生活经验理解书中内容。当学生们读到关于物体热胀冷缩的原理时，教师便引导学生思考：夏天轮胎打气要是打得太足，在太阳下暴晒会怎样？冬天水管里的水如果没放干净，又会发生什么？通过这样的引导，使学生们恍然大悟，纷纷联系起生活中类似的场景，加深对知识的理解。教师还会鼓励学生反复揣摩书中的语句，看到书中描写植物生长过程的细腻语句，教师就会细心引导学生放慢速度，多读几遍这几句话，感受一下作者是如何把植物生长的动态描绘得栩栩如生的。在教师的引导下，学生们逐字逐句品味，感悟能力逐渐增强。

"读后"环节，教师着重培养学生思考与总结的能力。教师布置任务，要求学生们合上书本，回想书中最有趣的知识点，以及自己产生的疑问。教师在教室里巡视，鼓励学生大胆表达想法，不要担心想法不对，只要是认真思考后的疑惑，都值得提出来。在教师的组织下，学生们逐渐养成思考、总结的习惯，爱提问、爱思考、爱探究、爱动手动脑的科学品质也在悄然间得到培养，自主深入阅读的能力稳步提升。

5. 书海拾贝，展望新篇

在课堂的最后，由于科普作品导读课的阅读梳理总结是非常重要的学习环节，能够帮助学生更好地理解和掌握科学知识，提高学习效果，所以引导学生在阅读结束后做四件事：一是总结本书主要内容和阅读方法；二是制订下一步的阅读计划；三是反思和评价本节课的收获；四是交流和分享。

最终，我们希望学生们能够真正热爱上阅读，享受阅读带来的乐趣。同时，他们也能掌握有效的阅读策略，对每一次阅读都充满期待。通过这样的导读课，我们相信学生们会在《十万个为什么》的引领下，踏上一段充满惊喜和发现的阅读旅程。至此，导读课的教学环节便落下了帷幕。

（四）阅读教学反思

在这节《十万个为什么》的导读课上，紧紧围绕着"读思达"教学法展开，旨在通过引导学生深入阅读、积极思考、有效表达，全面提升科学素养和综合能力。生动有趣的科学视频作为引子，为学生们铺设一条通往知识奇境的道路，点燃他们对科学世界的好奇之火与探索欲望。这些视频如同一把钥匙，不仅激发了学生们对科学的浓厚兴趣，更在他们心中产生了对即将展开的书籍阅读的无限期待。通过鼓励学生细致观察、大胆预测书籍内容，并深入了解作者背后的故事，学生构建了一个充满想象与期待的阅读前奏。这一过程不仅锤炼了学生的观察力与想象力，更重要的是，让学生深刻体会到阅读并非简单的文字堆砌，而是一场信息的寻宝游戏，是对知识海洋的深度探索与理解。预测验证、解决问题及联结生活等高效阅读方法，鼓励学生将个人经验与书籍内容相融合，在思考与探索中享受阅读的乐趣。在这一过程中，"读思达"教学法得到了淋漓尽致的展现，学生们在享受阅读的同时，实现了阅读能力与思维能力的双重飞跃，为后续的整本书阅读奠定了坚实的基础。

尽管在课堂上努力践行"读思达"教学法，但在回顾过程中，我们也发现了一些不足之处。特别是在如何更好地体现"阅读"作为整本书阅读前提和基石的作用方面，还需要进一步加强。在引导学生进行深入阅读时，方法和手段还不够丰富多样，难以满足不同学生的学习需求。

针对上述不足，计划采取以下措施：一是丰富阅读引导方法，通过组织专题阅读、小组讨论、角色扮演等多种形式的活动，让学生们在阅读中更加积极主动地思考和探索。此外，还可以利用多媒体教学资源、电子书籍等现代化教学手段来丰富阅读内容，提高学生的学习兴趣和效果。二是加强阅读反馈与评价机制建设，及时反馈学生的阅读进度和成果，给予具体而富有建设性的指导。同时，还可以鼓励学生进行阅读交流和分享，让他们在分享中感受到阅读的乐趣和价值，从而更加热爱阅读、享受阅读。

案例三：《西游记》推进课

《西游记》是一部以现实社会为依据、历史故事为因由、神魔故事为框架的经典著作，也是中国古代第一部浪漫主义章回体长篇小说。全书共一百回，讲述了唐僧、孙悟空、猪八戒、沙僧师徒四人前往西天取经，一路斩妖除魔，历经九九八十一难，最终取得真经的故事。其中大闹天宫、三打白骨精、车迟国斗法、女儿国遇难、真假美猴王、智取红孩儿、三借芭蕉扇等情节扣人心弦，引人入胜。在整个取经的过程中，他们不仅遇到了各种妖魔鬼怪，还经历了各种险阻，但他们始终团结一心，互相帮助，最终克服了所有困难，取得真经。

（一）案例阅读价值

《西游记》是我国文学史上神魔小说的巅峰之作，开创了神魔长篇章回体小说新门类，在明代掀起了神魔小说的创作热潮，推动众多经典诞生，在中国文学史和古代小说史上地位极高，影响广泛而深远，象征着一个文学新时代的开端，具有独一无二的文本价值。其教学价值同样丰富多元。在语言学习上，书中生动的对白、形象的比喻、诙谐的描写以及多样的修辞手法，能有效提升学生的语言表达能力，帮助他们学会生动地刻画人物、描述场景、传达情感。大量的诗词还有助于提升学生对古典诗词的理解与创作能力。从文化层面来说，这部作品蕴含着丰富的古代文化、宗教思想和哲学智慧。通过阅读，学生可以深入了解古代历史背景、佛道等宗教信仰、社会风貌，以及忠诚、勇敢等传统美德，进而拓宽文化视野，传承中华文化核心价值观。在人物塑造上，孙悟空、唐僧等主要角色性格鲜明，分析这些角色能培养学生的批判性思维与文学鉴赏能力，让学生在反思中学习。在语文素养提升方面，阅读《西游记》有助于学生学习诙谐幽默的语言特色，提升语言建构与运用能力；通过把握故事情节、体会文本结构，发展思维能力；在感受鲜活人物与作者爱憎的过程中，培养审美鉴赏与创造能力；学习书中的俗语、成语等，增进对中国文化的传承。在阅读《西游记》时，需要借助"预测""批注"等多种阅读策略，在整本书阅读过程中灵活迁移运用，帮助学生形成良好的阅读习惯并转化为阅读能力。整本书阅读规划要综合考虑版本、目标、计划等多方面，运用恰当策略引导学生品味经典，收获终身受益的阅读体验。

（二）阅读指导过程

《西游记》的阅读指导过程，旨在带领学生深入探索这部经典名著，收获知识与成长。活动过程丰富且富有深度，让学生沉浸在《西游记》的奇幻世界中。

活动伊始，我们开展了"走进'西游'，探寻路线"环节。教师为每个学生发放了《西游记》原著以及相关的古代地图资料，引导学生仔细阅读书中关于唐僧师徒四人西天取经路线的描述。因为取经路线是《西游记》故事发展的重要脉络，通过梳理路线，能让学生对整个故事的走向有宏观的把握，对故事的整体框架有更清晰的认知，仿佛沿着唐僧师徒的足迹，开启了一场奇妙的西行之旅。

接着,"聚焦'重复',感受精妙"环节将活动推向高潮。学生需要深入文本,找出那些看似重复的情节,比如"三打白骨精""三借芭蕉扇"。之所以聚焦这些重复情节,是因为它们是作者写作手法的精妙体现。在找出情节后,学生进行反复的阅读,从人物的语言、动作、心理等方面进行细致分析。学生围坐在一起,热烈讨论这些重复情节背后的深意。在讨论中,学生发现这些重复并非简单的赘述,而是通过层层递进,不断强化人物形象,从而感受到作者构思的精妙之处。

随后的"品读打斗,感受精彩"环节同样精彩。学生从书中挑选自己认为精彩的打斗片段,像孙悟空与二郎神的斗法、孙悟空大闹天宫时与天兵天将的战斗等。挑选片段是为了让学生能够更有针对性地进行阅读和分析。在挑选好片段后,学生从动作描写、语言描写、环境描写等多个角度细细品味。通过这样的品味,学生领略到作者笔下打斗场景的精彩绝伦,进一步体会到《西游记》的独特魅力。

最后,在"阅读小结,开启智慧"环节,教师先引导学生自主回顾整节课的内容,梳理自己在各个环节的收获和疑问。这是为了让学生对所学知识进行自我总结,加深记忆。然后,组织大家进行小组交流,分享自己的阅读感悟。在小组交流中,学生各抒己见,有的学生分享了自己对某个角色新的认识,有的学生则分享了自己从阅读中获得的启发。最后,全班进行大汇总,教师对学生的发言进行点评和补充。在这个交流过程中,学生开启智慧,不仅加深了对《西游记》的理解,更在阅读方法和思维能力上得到了提升,为后续更深入的阅读奠定了坚实的基础。

表 4-3 推进课阅读过程指导

阅读过程	推进
推进课活动	1. 走进"西游",探寻路线 2. 聚焦"重复",感受精妙 3. 品读打斗,感受精彩 4. 阅读小结,开启智慧

(三)推进课型实例

《西游记》整本书阅读推进课,我们不仅要关注学生的阅读进度,还要引入合适的阅读方法和策略帮助其解决阅读困难，更要帮助其树立阅读的信心，激发其持续阅读的兴趣。这就需要我们在上课前和学生共读经典，共情人生，方能共思成长。

1. 梳理"取经"路线，构建整体认知

基于学生已经按照自己的计划读完《西游记》，对取经的经过有了基本的了解，所以在教学环节第一步让学生出示之前绘制的取经路线图，教师和学生一起梳理，厘清故事情节，使学生对整本书的内容有一定的结构框架认知。语文新课标提出"整本书阅读教学，应以学生自主阅读活动为主，要引导学生了解主要内容，关注整体与局部、局部与局部之间的关系，梳理文章内容，厘清行文顺序是深入阅读的基础"。因此，以取经路线图来导入，初步检验了前一段时间的阅读成果，培养学生思维的整体性。使用阅读过程图像化策略，借助互评西游取经线路图，梳理全书脉络，加强学生自我反思和自我调整的能力，提升阅读素养。

2. 分享阅读经验，交流读书方法

交流读书方法，能让学生取长补短，互相借鉴，让学生爱上阅读，所以接着让学生分享阅读经验。情节曲折的章回体小说，往往让人读了后面就忘记前面，所以让学生通过表格总结了"三打白骨精"的故事情节。白骨精有三变，让我们感受到白骨精的诡计多端；孙悟空有三打，真是让人大快人心；再看唐僧的三逐，让我们看到一个善恶不辨、忠奸不分的糊涂师父。让学生明白阅读的方法其实有很多，让学生自己在读中归纳整理读书方法，然后交流、分享读书经验和技巧，把课堂还给学生，激发他们的主人翁意识。

3. 精读借扇情节，探究人物形象

考虑学生的心理发展特点，让学生在问题的驱动下对《西游记》展开多角度、深层次的探究和思考，使他们带着自己的思维走进故事。设计有启发性的问题可以激发学生对作品的深层次思考，让学生对整本书形成更深刻的理解，也是学生语文核心素养构建的重要环节。"三打白骨精"这个故事情节通过前面的学习已经在学生脑海里活络了起来，自然也就印象深刻。因此这时候我们给学生一个"重复"的切入点，也就有了阅读方向，让学生有目的、有方法、有节奏地去精读三次借芭蕉扇的情节，找出人物的语言、神态、动作等细节的描写，圈画出关键语句，探索三次借扇过程的同中之异。

学生通过自主阅读，关注到人物的语言、神态、动作等细节的描写，圈画出关键语句。然而，学生对人物形象理解得还不是很透彻，此时让学生分组讨论并填写"孙悟空三借芭蕉扇"分析表，以深化他们对故事人物的认识和理解。但部分学生难以准确把握人物在不同借扇方式下的心理变化。例如，对于孙悟空骗借芭蕉扇时，铁扇公主为何轻易上当，学生的理解模糊。教师见此情景，引导学生再次精读相关段落，聚焦铁扇公主对孙悟空的认知局限，以及孙悟空如何巧妙利用她的弱点。同时，教师举例说明，如同生活中人们因固有思维而受骗的场景，帮助学生类比理解。经过此番引导，学生思路逐渐清晰，能更深入地分析人物心理，进而深化对人物形象的理解。他们明白了三次借扇：礼借、逼借、骗借，虽然每次的借扇方式不同，但通过精读作者大量的神态、语言、动作等描写，我们认识到铁扇公主的泼辣犀利，还有孙悟空的机智善变，看似重复的"借扇"情节实则向学生展现了更加全面的人物形象。孙悟空从刚开始的斗勇到后来的斗智，层层深入，可见一部《西游记》正是孙悟空自我超越的成长历程。

表 4-4　"孙悟空三借芭蕉扇"分析表

	孙悟空	铁扇公主	牛魔王	借扇方式	借扇结果
一借					
二借					
三借					

4. 开展课堂评价，促进素养提升

开展整本书阅读，不仅要思考"怎么读"的方法引导，还要有"读得怎么样"的结果评估。[①] 使用"小组课堂合作学习"汇报评价量表，根据学生的课堂表现、小组讨论和汇报交流等，评价学生对故事情节、人物形象和主题思想的理解程度，培养学生的批判性思维、团队协作精神和解决问题的能力。这一环节采用了量化评价和质化评价相结合，遵循"教—学—评"一致的原

---

① 朱红. 指向"教—学—评"一致的整本书读评单设计［J］. 语文建设，2024（20）：40—44.

则，涵盖了"读什么""怎么读"和"读得怎么样"的内容。

表 4-5 "小组课堂合作学习"汇报评价量表

评价单		
序号	评价要点	星级
1	用简练的语言概括人物性格特点	☆☆☆
2	汇报时声音响亮，自然大方	☆☆☆

5. 巧解语言难题，融合多元方法

由于古典名著与现代文学书籍的语言不同，词语晦涩难懂，内容理解起来难，所以根据"快乐读书吧"里孙悟空和牛魔王打斗的语段，引导学生通过联系上下文来猜测语句意思，体现了语文新课标中培养学生自主阅读能力的要求："让学生在阅读中学会主动思考、主动探索，提高学生对语言的理解和感悟能力。"利用鱼骨图画出孙悟空和牛魔王打斗时的变化的这种可视化的方式，能让学生更清晰地梳理故事脉络，锻炼学生的逻辑思维和归纳总结能力。让学生利用鱼骨图画出孙悟空和牛魔王打斗时的变化，梳理故事情节，与语文新课标提倡的"利用多种教学手段促进学生思维发展"相契合。运用影视作品这种生动直观的形式，能让学生更深刻地感受经典文学作品的魅力。教师播放《西游记》影视作品中孙悟空和牛魔王打斗的精彩经典片段，吸引学生注意力，帮助学生构建阅读场景，对比体会原著描写之妙。这不仅渗透了"结合影视作品"读古典名著的方法，还进一步激发了学生阅读原著的兴趣，体现了语文核心素养之思维发展。

6. 拓展经典阅读，探究重复叙事

整本书阅读的意义在于通过认识一本书，从而认识自己，发现世界。在其他中国古典名著中，也有许多与"三"相关的情节。如：在《三国演义》中，有刘备三顾茅庐请诸葛亮出山辅佐的故事，也有桃园三结义的情节；在《水浒传》中，有三打祝家庄的情节，也有鲁智深三拳打死镇关西的情节；在《红楼梦》中，刘姥姥三进大观园的情节也是为人所熟知的。因此让学生拓展阅读，从而发现名著的共性，通过延伸这些与"三"有关的情节，也可以进一步探究《西游记》中重复叙事的特点和文化内涵。同时，让学生更深入地理解人物性格和故事情节，提高阅读能力和文学素养，进一步感受名著的魅力。

(四) 阅读教学反思

本案例主要抓住"重复"的运用特点,引导学生立足文本,以"重复"为切入点去精读文本,深入分析,进而提升学生的思维能力。在这一推进的过程中,通过绘制取经路线图并互动评价补全内容,学生需要对《西游记》的内容有深入的理解,锻炼了他们对内容的理解能力。完成"孙悟空借扇过程"分析表,要求他们具备对文本进行深入分析和归纳的能力。在讨论和汇报的过程中,学生分析、评价并交流自己的观点,培养了批判性思维能力、沟通能力和团队协作精神。通过将文学作品与影视作品进行对比,学生学会了如何将不同领域的知识进行融合,提高了跨学科学习的能力。最后设计相关的实践活动,让学生将所学知识应用于生活实际情境中,提高学生的实践应用能力。

案例中的活动设计虽然丰富多样,但侧重于整体阅读教学,可能忽略了学生的个性化阅读需求,难以满足不同学生的阅读兴趣和水平。个别学生对分析文章主题、人物性格、情节发展等方面不够深入,趋于表面化,在参与过程中感到困难或失去兴趣。小组合作虽然有助于提高学生的参与度,但如何确保每个学生都能积极参与,提高学生阅读兴趣以及深度阅读能力,避免"搭便车"现象,是一个需要关注的问题。在互动评级的过程中,缺乏实效性,可能存在评价不够全面或深入的问题。

针对不同学生的学习需求和兴趣点,在以后的阅读教学中可以设计差异化的教学活动,为不同层次的学生提供适合的学习任务和支持。首先,在阅读过程中增加师生互动和生生互动的环节,如提问、讨论、辩论等,以激发学生的学习兴趣和主动性。其次,尽可能完善小组合作机制,建立明确的合作规则和分工机制,确保每个学生都能积极参与小组合作。同时,建立科学、全面的互动评价标准,确保评价过程有效,定期检查和评估小组合作成果,多鼓励学生积极参与评价,提高评价的质量。最后,及时给予反馈和指导,帮助他们树立自信心和成就感。在活动结束后及时收集学生的反馈意见,了解他们在学习过程中的困惑和收获,以便对后续的教学活动进行调整和优化。

案例四：《骑鹅旅行记》分享课

《骑鹅旅行记》是瑞典女作家塞尔玛·拉格洛夫创作的童话。它是世界文学史上第一部，也是唯一一部获得诺贝尔文学奖的童话作品，更是一部著名的集文艺性、知识性、科学性于一体的优秀儿童文学作品。在该书中，作者用新颖而灵活的手法、幽默而生动的笔调为学生描绘了瑞典一幅幅气象万千的美丽图画，并通过引人入胜的故事情节，对瑞典的地理和地貌、动物、植物、文化古迹、内地居民和偏僻少数民族地区的人民的生活和风俗习惯进行了真实的记录。

（一）案例阅读价值

《骑鹅旅行记》是一部兼具文学与教学价值的经典作品。在文学价值上，它通过独特的叙事手法将现实与奇幻巧妙融合，塑造了尼尔斯、雄鹅等鲜明的人物形象，展现了他们的成长与转变，同时辅以丰富的群像和细腻的自然文化描绘，使故事既富有想象力又充满深刻内涵。在教学价值上，作品契合语文新课标要求，能够培养学生的核心素养，如跨文化理解、语言运用和思维能力；其连贯的情节和完整的结构适合整本书阅读，提升学生的阅读专注力和理解能力；丰富的文学元素也为学生提供了学习表达思想情感的机会。此外，作品蕴含的自然、历史、地理等知识，为跨学科整合学习提供了优质素材，助力学生综合素养的提升。

（二）阅读指导过程

在《骑鹅旅行记》的阅读指导过程中，教师通过分享课活动引导学生深入理解作品。首先，学生分享与交流尼尔斯奇幻旅程中的精彩片段，激发阅读兴趣并加深对情节的理解。接着，通过人物赏析环节，学生从多元角度评价阿卡及其他角色，分析他们的性格特点和成长变化，提升对人物形象的认识。最后，学生进行创编故事活动，畅想尼尔斯的新冒险篇章，培养想象力和创造力。这一过程通过分享、赏析和创编三个环节，帮助学生全面感受作品的魅力，提升阅读与表达能力。

表 4-6　分享课阅读过程指导

阅读过程	分享
分享课活动	1. 分享与交流：尼尔斯的奇幻旅程 2. 人物赏析：多元评价阿卡与其他角色 3. 创编故事：畅游历险新篇章

（三）分享课型实例

文学阅读与创意表达是"发展型学习任务群"的重要部分，语文新课标着重指出要促进学生文学素养与创意能力的同步提升。教师在《骑鹅旅行记》分享课的设计中，应着重思考怎样挖掘书中的文学价值，使学生能够深入理解并爱上这部作品及其背后的文学世界。所以，在《骑鹅旅行记》的分享课上，核心目标是加深学生对作品文学价值的认识，并激发他们的创意表达能力。精心安排多种分享活动，像搭建一座座沟通的桥梁，帮助学生更好地走进《骑鹅旅行记》的文学殿堂，同时也让他们走出书本，结合自己的生活和想象，创作出新的故事。

在整本书阅读课堂上，我们踏上了一段特别的旅程，那就是一起探索《骑鹅旅行记》这部经典儿童文学作品的奇妙世界。

1. 绘制尼尔斯奇幻航线：创意与地理的融合

首先让学生们绘制各自的"尼尔斯旅行路线图"。他们在图纸上描绘出尼尔斯的飞行轨迹，并融入自己的创意和想象，仿佛也化身为小小的探险家，跟着尼尔斯一起翱翔在天空中。在课堂上，学生们兴奋地分享着自己的路线图，有的注重地理的准确性，详细地标注了每一个经过的地点；有的则更注重情节的连贯性，把途中发生的故事都融入其中，让整个旅程更加生动有趣。

2. 剖析作品人物群像：多元视角下的深度解读

接着，我们一起深入赏析了作品中的人物。阿卡作为"领头雁"，她的勇敢、智慧和领导能力让学生们印象深刻。他们结合具体的事例，谈了对阿卡的认识和评价，眼中闪烁着对英雄人物的崇拜和向往。接着，教师引导学生按照刚才的方法，分析狐狸斯密尔、雄鹅茅帧、渡鸦巴塔基等角色。

在讨论狐狸斯密尔的小组里，学生很快就抓住了他狡猾的特点。一个学生说："斯密尔多次设计陷害尼尔斯和雁群，比如在河边设下埋伏，试图抓住他们。斯密尔的眼神和行为都透露着一种奸诈,总是在暗处盘算着如何达到自己的目的。"大家纷纷举例,从不同的情节中分析斯密尔狡猾的性格。

而对于雄鹅茅帧,学生则着重强调他的忠诚。有学生说:"无论遇到多大的困难和危险,茅帧始终陪伴在尼尔斯身边,不离不弃。在面对斯密尔的攻击时,茅帧会挺身而出,保护尼尔斯,这种忠诚是非常难得的。"

渡鸦巴塔基的机智也引起了学生的兴趣。他们从巴塔基帮助尼尔斯解决难题的情节中,总结出他的聪明和灵活。一个学生说:"巴塔基能够利用周围的环境和物品,巧妙地化解危机,比如用树枝搭建工具,帮助尼尔斯逃脱困境。他的机智给我们留下了深刻的印象。"

他们运用"观点+例子"的方法,对这些人物进行了全面的评价,体现了他们多元的视角和深入的思考。

3. 创编历险故事篇章:开启想象的创作之旅

然后,我们进行了一次大胆的尝试——创编自己的历险故事。学生们仿佛打开了想象的大门,设计了各种奇妙的旅行目的地和旅途中可能遇到的人物,构建了一个个引人入胜的故事框架。在小组内合作完成故事的创编过程中,他们时而眉头紧锁,时而欢声笑语,那份投入和热情使人深受感动。我们还召开了班级故事会,学生们纷纷上台分享了自己的历险故事。那些充满神秘色彩、幽默趣味的故事情节,充分展现了他们丰富的想象力和创造力。

通过本次阅读案例的实施,学生们不仅深入了解了《骑鹅旅行记》这部作品的内涵和价值,还通过分享与交流、人物赏析和故事创编等活动,提升了阅读理解能力、口语表达能力和创造力。同时,他们也感受到了阅读的乐趣和挑战,更加热爱阅读。

(四)阅读教学反思

上述案例通过分享与交流、人物赏析和故事创编等活动,促进学生的语言表达、批判性思维、创新能力以及自信心与沟通能力的提升。结合"教—学—评"一体化的原则,对本次教学活动进行反思。

在课前,明确了三个层次的教学目标(KUD):知识(K)层面,学生需了解《骑鹅旅行记》的故事梗概;理解(U)层面,学生需深入理解阿卡等人物的性格特点;运用(D)层面,鼓励学生运用想象力和创造力创编自己的历险故事。通过课堂的分享与交流、人物赏析及故事创编等环节，观察到学生们大多能够达成这些目标。他们不仅能够准确回顾故事情节，还能对人物性格进行多元评价，并成功创编出富有创意的故事。这证明了教学目标设计的合理性，并且在教学过程中得到了有效落实。在教学过程中，要注重教学评价的多维度与及时性。首先，通过学生的"尼尔斯旅行路线图"展示和分享，及时给予反馈，肯定学生的创意和想象力，同时指出在地理准确性或情节连贯性方面的不足。其次，在人物赏析环节，鼓励学生运用"观点＋例子"的方法进行评价，这不仅锻炼了学生的逻辑思维能力，而且能够更全面地了解学生对人物性格的理解程度。最后，在故事创编环节，通过班级故事会和奖项评选，及时肯定了学生的创作成果，也为他们提供了改进的方向。这种多维度、及时性的评价方式，不仅激发了学生的学习兴趣和动力，也促进了综合素养的全面提升。

在教学过程中，部分学生的参与度有待提高。如在分享与交流环节，尽管大部分学生都积极举手发言，分享自己的"尼尔斯旅行路线图"和途中故事，但有几个学生始终保持沉默，没有主动参与讨论中。当被点名分享时，他们显得紧张，加上准备不足，只能简单复述书中的情节，缺乏个人见解和创意。由此，我们将采取如下具体措施：增强互动与激励。设计更多互动环节，如"角色扮演""快速问答"等，以激发学生的兴趣和参与度。同时，设立"进步之星""最佳听众"等奖项，鼓励每个学生都能积极参与并倾听他人的分享。

综上所述，通过这次教学实践，深刻认识到"教—学—评"一体化对于提升教学质量和促进学生全面发展的重要性。在未来的教学中，将继续坚持这一原则，不断探索更加有效的教学方法和评价方式。同时，更加注重学生的个体差异和个性化需求，努力为每一个学生提供适合他们的学习路径和支持。相信，在"教—学—评"一体化原则的引领下，教学之路将会越走越宽广。

二、数学学科整本书阅读实践案例

为了将数学知识与现实生活相结合，并且兼具整本书阅读的趣味性，我们选择了以下案例作为数学学科阅读的范例。《马可的零用钱：条形统计图》《我和爷爷的建筑之旅》《一亿有多大》以及《软糖 666》，每个案例都通过不同的故事情境，将抽象的数学概念具体化、生动化，让学生在享受阅读乐趣的同时，自然而然地掌握数学知识。这些案例不仅体现了数学知识的应用价值，还激发了学生学习数学的兴趣和好奇心。通过阅读这些书本，学生可以直观地感受到数学的魅力，更加深入地理解和运用数学知识，培养数学思维和应用能力。因此，这些案例在数学学科阅读教学中具有重要的参考价值。

案例一：《马可的零用钱：条形统计图》的三种课型

《马可的零用钱：条形统计图》是"数学帮帮忙"系列绘本故事中的一本。故事主要讲的是男主人公马可在为自己争取多一点的零花钱的过程中，不仅用学习到的数学知识帮助了爸爸，更为自己赢得了爸爸对增加零花钱的认可。这本书通过有趣的故事情境让学生深入理解数学与生活的密切联系，体会数学来源于生活。

（一）案例阅读价值

《马可的零用钱：条形统计图》作为数学课的辅助文本，这本书的阅读价值主要体现在其通过生动的故事和有趣的情节，向学生展示了数学在日常生活中的实际应用。这本书主要通过讲述马可想要增加零花钱的故事，让学生提前认识条形统计图的基本结构，包括横轴、纵轴、标题等，掌握读取条形统计图中数据的方法，培养抽象思维，将实际问题中的数据抽象为条形统计图中的图形表示，通过使用条形统计图来帮助他说服爸爸。这个故事不仅有趣，还能让学生理解到数学在解决实际问题中的作用，如收集数据、整理信息并通过图表直观展示结果。

（二）阅读指导过程

在《马可的零用钱：条形统计图》三课型阅读指导过程中，导读课以谈话方式引入，交流学生之间如何支配自己的零用钱，进而引出主人公马可，吸引学生阅读本绘本。教师首先让学生初步认识绘本，大胆猜测文章内容，接着让学生共同阅读绘本，概述故事情节，形成有效阅读。

推进课则进一步深化阅读体验。学生有了阅读的基础，将绘本中主人公马可绘制条形统计图的方法迁移到本课中，根据绘本内容迁移本课条形统计图的构成部分，最后从数学角度提取信息、分析数据等，形成有价值的数学成果。

分享课更是将阅读方法广泛应用。教师不再局限于本绘本，而是透过绘本进行数学文本的阅读，包括统计表和统计图，提取数学信息，进而总结概括。分享生活中的数学信息，从数据中得出一些推论，体会生活中蕴含的哲理。

表4-7 三课型阅读指导过程

阅读过程	导读	推进	分享
三课型活动	1. 谈话交流，激趣导入 2. 初识绘本，大胆猜测 3. 阅读文本，感受趣味 4. 描述情节，有效阅读	1. 绘制条形统计图方法 2. 条形统计图的构成部分 3. 条形统计图的信息提取	1. 阅读文本，提取数学信息，总结概括 2. 分享数学信息，体会生活哲理，表达情感

（三）三类课型实例

1. 激发学生爱读书的"导读课"

为激发学生的阅读兴趣，教师在导读课选用《马可的零用钱：条形统计图》这本绘本。本绘本讲的是男主人公马可在为自己争取多一点儿零花钱的过程中，不仅用学习到的数学知识帮助了爸爸，更为自己赢得了让爸爸给自己增加零花钱的机会，这也是数学魅力的一种体现。

课程伊始，教师请学生观察这本绘本的封面（如图4-1），并回答封面的内容。根据语文学科阅读经验，学生将封面信息的书名、出版社、插图等一一读出来。个别学生会留意到插图中"让我高兴点，涨涨"的字眼，这极大地吸引大家的阅读兴

图4-1 马可的零用钱：条形统计图

图 4-2　绘本内容情节 1

趣，教师请学生联想马可是如何让零花钱变多的，大胆猜测、大胆发言。在封面的正中间写着"条形统计图"几个大字揭示了本书与条形统计图有密切联系，让学生带着问题去探索数学与马可的零用钱之间的联系。请全班学生共同阅读，并描述故事情节：马可是如何做到涨零用钱的。学生通过阅读绘本讲解故事情节：马可每周有 3 元零用钱，可其他同学都至少有 5 元，他央求爸爸给他涨零用钱，可是爸爸却说够用了，马可觉得不公平。（如图 4-2 绘本内容情节 1）

　　马可把几个同学的零用钱用条形图画了出来，发现安的最高，就像摩天大楼，自己的却像个小房子。马可的条形图引起了爸爸的注意，他端详了半天，还是觉得 3 元钱已经足够了，可是语气不像以前那样坚决了。（如图 4-3 绘本内容情节 2）

　　第二天，马可又对同学们做的家务进行了统计，并把它做成了条形图，这次，马可做家务活的那个条形图成了高塔，别的同学的都是小房子。（如图 4-4 绘本内容情节 3）爸爸花了整整 10 分钟研究马可的这张条形图。

　　爸爸认为马可做的条形图非常清楚，也特别有说服力。受马可的条形图的启发，爸爸昨天也做了条形图，为自己赢得了一个新客户。于是，爸爸决定给马可涨零用钱。

图 4-3　绘本内容情节 2

图 4-4　绘本内容情节 3

  这本绘本用图片和文字相结合的形式，通过学生通俗易懂的话语和条形统计图的描述统计，让学生感受条形统计图在生活中的应用，同时请学生说一说生活中哪里还能看到条形统计图的应用，进行小组交流。在导读课让学生对条形统计图有初步了解，为推进课做好铺垫。

  2. 帮助学生思考的"推进课"

以一段残疾奥运健儿在赛场上奋力拼搏的视频为切入点，培养学生不放弃、不向命运低头的拼搏精神，把历届残奥会各国获得金牌数作为主线，统计各国金牌数量，询问学生该如何绘制条形统计图。此时拿出绘本，让学生找出绘本中有关条形统计图的画法。（如图4-5绘本内容情节4）

学生自主阅读绘本中马可是如何绘制条形统计图，然后读出统计表和统计图一一对应的关系，正确把握哪个位置画哪个数据的图。绘制完毕后，读取其中蕴含的数学信息。

根据《马可的零用钱：条形统计图》这本绘本的启发，学生绘制出条形统计图。条形统计图是由象形统计图演变而来，在象形统计图的基础上，条形统计图增加了纵轴数据信息即一格表示1、一格表示2、一格表示5甚至更多。学生在阅读统计图时，要清楚知道1格表示多少，根据统计图的标题阅读出统计的具体内容，根据横轴阅读出统计类别。接着举例生活中的实例，如图4-6统计图统计的是2018年北京市8月份的天气情况。每格代表1天，在8月份中，晴天有9天，阴天有6天，多云有9天，阵雨有5天，雷阵雨有2天等。

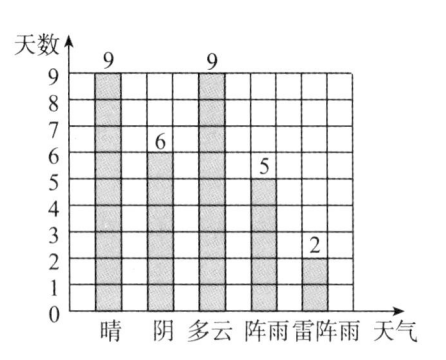

图4-5　绘本内容情节4

图4-6　2018年北京市8月份天气情况统计图

那么条形统计图除了上面的单式统计图，还有复式统计图。复式统计图与单式统计图相比，增加了图例以及调查对象。复式条形统计图的调查对象往往是两种及两种以上，阅读图例是正确阅读复式条形统计图的前提，如

图 4-7 图例的读取，了解到灰色条形图统计的是中国第 26 届—第 29 届的金牌数，黑色条形图统计的是美国第 26 届—第 29 届的金牌数。

以上阅读的内容是图表本身的信息，可以通过读标题、读图例、读横轴纵轴、读数据等获取。

通过阅读以上信息，可以培养学生分析数据的能力并做出合理预测。如中国在第 26 届—第 29 届奥运会中金牌数量不断增加，说明中国的体育运动在不断发展，也可以合理预测中国第 30 届奥运会可能会得 60 枚金牌甚至更多，增强学生的民族自豪感。

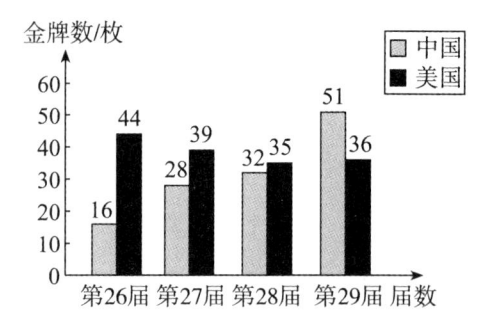

图 4-7 中美两国近四届奥运会金牌数统计图

在统计与概率领域，绘制条形统计图也需要学生学会阅读统计表中的数据，根据数据判断一格具体表示多少更合理。如统计表中的数据都是 2 的倍数且数量不是特别大时，可以选择一格代表 2，如果数据大部分是 5 的倍数，此时一格表示 5 或者 10 比较合理。通过图 4-8 统计图数据的阅读，在绘制条形统计图时，一格代表 2 比较合理。

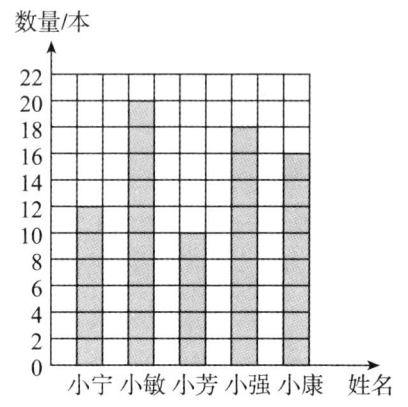

图 4-8 5 个同学 3 个月看书情况统计图

表 4-8 5 个同学 3 个月看书情况统计表

姓名	小宁	小敏	小芳	小强	小康
本数	12 本	20 本	10 本	18 本	16 本

表 4-9 某幼儿园小朋友喜欢吃的水果统计表

水果	苹果	香蕉	西瓜	草莓	榴莲
人数	20	35	45	60	5

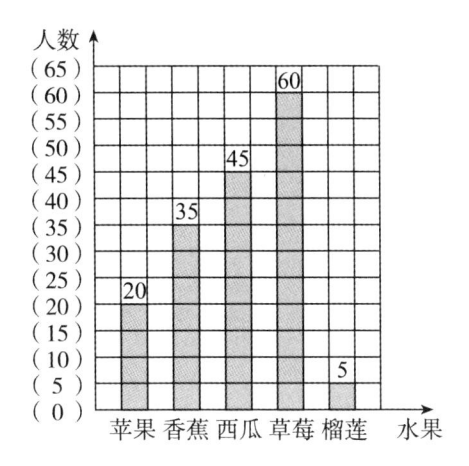

图 4-9 幼儿园小朋友喜欢吃的水果统计图

通过图 4-9 统计图数据的阅读，在绘制条形统计图时，一格代表 5 或者 10 比较合理。可见，有效的阅读，对于统计图的绘制也至关重要，选择合理的单位数据，使绘制更简洁高效。

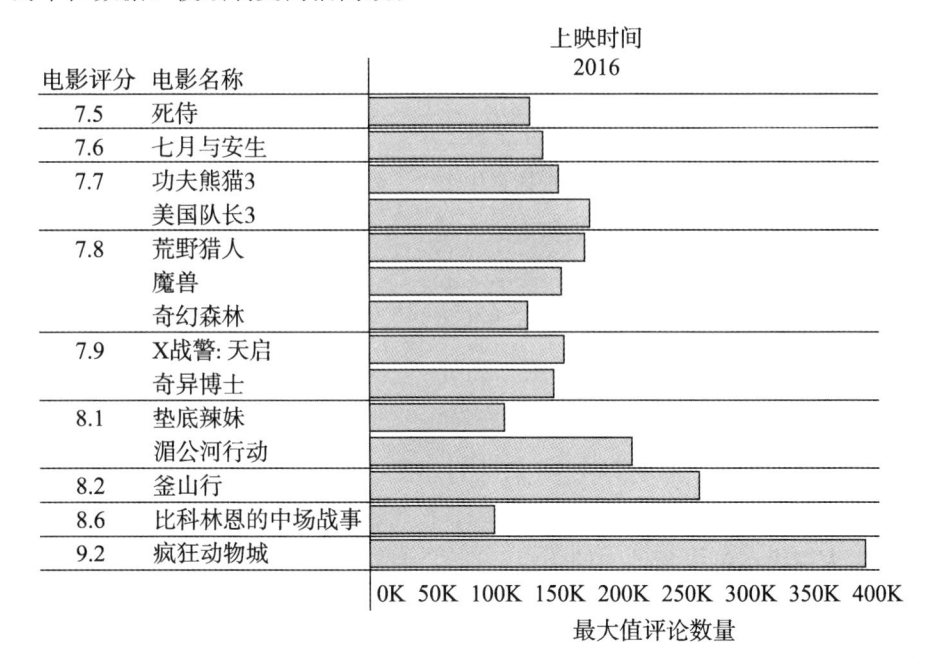

图 4-10 2016 豆瓣 TOP 电影统计图

而且，阅读条形统计图中的信息，可以为我们的决策提供参考价值。如图 4-10，在选择电影的时候，大众会经常参考网络评分，上图显示 2016 年《疯狂动物城》评分最高，评论数量也最多，说明这部电影获得热议和好评，大家会参考网络上的数据选择电影观看。

3. 促进学生善表达的"分享课"

导读课与推进课让学生们了解并掌握条形统计图的相关内容，以绘本为载体学习条形统计图，学会阅读条形统计图，思考条形统计图背后反映的内容。课堂不只是单纯学习本课内容，更多的是培养学生的数学思维，学会正向迁移，触类旁通，从一个知识点的学习可以迁移到一个领域的知识点的学习。

分享课首先从绘本中读取条形统计图在生活中的应用（如图 4-11）中，从而让学生联想还有哪些事情可以用条形统计图来统计。

其次请学生欣赏中国自参加奥运会以来金牌数不断变化的视频。重点关注 1960—2016 年五大常任理事国历届残奥会奖牌榜（如图 4-12）。在视频中学生看到中国由弱到强，最后赶超美国居于榜首，学生的激动之情溢于言表，爱国之心油然而生。在本视频播放后，教师请学生小组交流，刚刚视频中的统计图（图 4-12）是否见过，并根据统计图是由数条折线绘制而成，请学生大胆为该类统计图起

图 4-11 生活中的条形统计图

个名字，从而引出"折线统计图"。中国金牌数不断上升用的是折线统计图，让学生大胆表达折线统计图的优点，即直观地表示某一事物的增减变化，为后续学习打下基础。接下来出示各类统计图在生活中的运用，请学生畅所欲言从图中获取的信息。

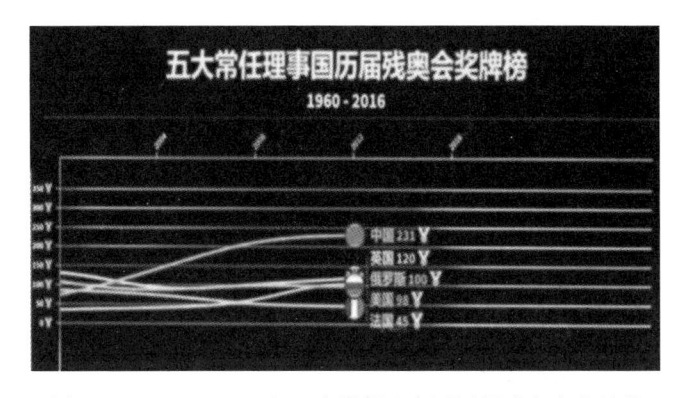

图 4-12 1960—2016 年五大常任理事国历届残奥会奖牌榜

学生根据图 4-13 扇形统计图表达自己的观点：第 29 届奥运会中国获得的所有奖牌中，水上项目获得的奖牌比例是 23%、体操项目获得的奖牌比例是 18%、力量型项目获得的奖牌比例是 22%、球类项目获得的奖牌比例是 21%、田径项目获得的奖牌比例是 2%、其他项目获得的奖牌比例是 3%。中国在力量型项目、水上项目和球类中获得的奖牌数比重最多，说明中国更加擅长力量型项目、水上项目和球类项目；中国在各个项目中都有获得奖牌，也说明中国在各个项目中都努力奋斗，充分体现了奥运精神等。

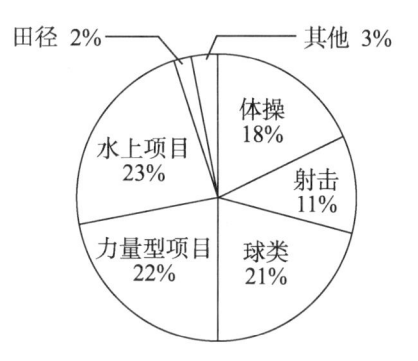

图 4-13 第 29 届奥运会中国奖牌情况统计图

学生根据图 4-14 条形统计图表达：图中调查的是 1997 年和 1999 年我国各类自然保护区的数量，在 1997 年时县级自然保护区有 326 个，在 1999 年时县级自然保护区有 449 个，在 1997 年市级自然保护区有 84 个，在 1999 年市级自然保护区有 138 个，以此类推，发现 1999 年各类自然保护区数量均比 1997 年的数量多，体现国家对自然环境的保护、重视程度提高等信息。

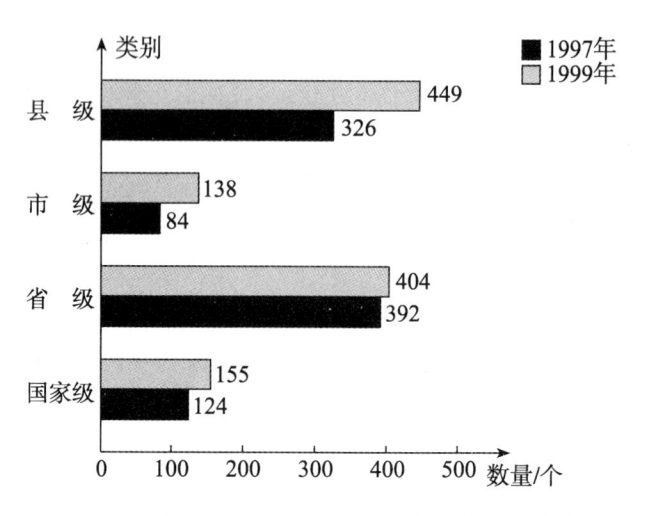

图 4-14　我国 1997 年、1999 年自然保护区的数量

接下来，请学生分享自己学习统计内容的心得体会。有的学生说："统计图太有意思了，简单的图中蕴含着许多信息。条形图的长短之间互相比较可以看出谁多谁少，马可就是靠绘制条形统计图，让爸爸看到马可比别人家务干得多而零花钱少，从而实现涨零用钱的小愿望。"有的学生提出疑惑："这么多种统计图，该如何选择合适的统计图呢？这其中有没有什么小妙招？"有的学生说："除了《马可的零用钱：条形统计图》绘本，我发现《我们的校报》也很有意思，也是关于统计方面的绘本。大家可以去看看。"学生们既善于思考，又敢于表达自己的观点。

通过学生们的分享，不难看出，他们已经学会运用迁移能力正确阅读并表达各种统计图中蕴含的数学信息，体会统计与概率领域中方法的多样性，横向比较各统计图的特点，表达不同统计图的优点。

（四）阅读教学反思

上述案例应用在统计与概率领域，教师将阅读融入数学学习中，培养学生的阅读能力，学生从感兴趣到爱上，这是一个发展的过程。因此，在导读课应注意选取能够激发学生阅读兴趣的绘本，让学生自主阅读，在故事中了解数学知识，了解条形统计图，在读的过程中以主人公视角关注知识的生成过程。推进课重在准确获取图表中的基础信息以及对比各数据等，在阅读中培养学生的数据意识，根据统计的数据思考现实问题以及数据背后隐含的意义。学生通过思考数据的特点做出合理预测以及决策，进行合理的图表绘制。数学阅读关注的是阅读，但核心是促进数学思维的发展，通过阅读不断促进学生的思维发展。分享课则侧重学生表达能力的训练，学会阅读、思考，进而表达出自己的观点。但分享课的形式可以再丰富一些，不拘泥于以上几种活动，如讲绘本内容，讲阅读感受，讲对教材阅读的想法等。这里需要思考一个问题：如何让学生真正读懂，而不是走马观花般阅读？或许可以以问题为驱动进行阅读。数学阅读的过程既是数学思维发展的过程，也是数学思维能力得到有效训练的过程。因此，数学阅读并不是盲目地阅读，而是带着问题边阅读边思考，在探究问题的过程中不断思考、不断理解、不断深入。对于概率统计领域的内容，就要带着"题目背景是什么、有哪些重要的数据、数据之间的逻辑关系是什么"等问题去阅读，从而快速获得有用的信息。

数学阅读能力最终是培养学生从语言符号中获取正确意义所需要的综合能力，主要包括三个方面的能力：一是数学语言转换能力，即能够理解数学领域的术语和符号，将其转化为数学知识和规则，并形成推理和解释的能力；二是数学概括能力，即在阅读过程中，将阅读材料中的规律、模式、性质等抽象概念提取出来，并进行概括和总结的能力；三是数学阅读推理能力，是指通过阅读数学文本、问题或定理，能够进行逻辑推理和推导的能力。三大能力相互联系、相互补充、相互促进，在不同的问题情境中共同发挥作用。

重视数学阅读，不仅可以培养学生阅读能力，而且有助于学生个性化学习，使每个学生通过自身的努力，达到各自可能达到的水平。学生数学阅读能力的培养，不仅是对数学课堂教学的补充，而且对拓宽学生数学视野、提高学生分析问题、解决问题的能力起到很大的作用。

案例二：《我和爷爷的建筑之旅》导读课

《我和爷爷的建筑之旅》是一个充满温馨的绘本故事，讲述了一个孩子和爷爷一起探索城市中不同建筑的经历。他们一起参观城市里的各种建筑，游览了古老教堂、现代图书馆，以及一些正在建设中的创新建筑。

（一）案例阅读价值

《我和爷爷的建筑之旅》这本书巧妙地融入了数学概念，使学生在欣赏建筑的同时，能够感受到数学的魅力，为数学启蒙提供了有趣的素材。通过绘本中的建筑旅行，学生可以了解到不同风格的建筑，增加对建筑艺术的认知，从而拓宽视野。《我和爷爷的建筑之旅》绘本不仅涉及数学知识，还涉及建筑、艺术等多个领域。通过阅读，学生可以了解到不同学科之间的关联和融合，拓宽他们的知识面和视野。这种跨学科的教学方式有助于培养学生的综合素质和创新能力。该绘本为数学教学提供了一种新的思路和方法。它通过将数学知识与现实生活相结合，以故事和图画的形式呈现，使数学教学更加生动有趣。

（二）阅读指导过程

在导读课中，教师首先利用多媒体展示绘本的封面，引导学生观察封面上的建筑元素和人物表情，猜测故事内容，让学生带着问题用数学眼光阅读绘本。接着，教师介绍绘本故事中的人物，同时，引出孙子对爷爷工作的好奇和向往。随着故事的推进，教师引导学生观察画面中的建筑特点，在学生的观察和讨论基础上，教师适时地引入相关的数学概念。学生小组交流讨论，并在教师的引导下制作简单的建筑模型，请小组代表分享制作过程以及交流制作心得。最后，总结数学阅读在学科教学中的重要性，让学生分享对这节课的感想，以及通过《我和爷爷的建筑之旅》的绘本故事学习到哪些数学知识。

表 4-10　导读课阅读过程指导

阅读过程	导读
导读课活动	1. 提出问题，激趣导入 2. 初识书目，感知梗概 3. 领悟文本，感受趣味 4. 方法指导，有效阅读 6. 梳理总结，阅读期待

（三）导读课型实例

1. 提出问题，激趣导入

课前以《我和爷爷的建筑之旅》作为引导，教师利用多媒体展示绘本的封面，引导学生观察封面上的建筑元素和人物表情，猜测故事内容。教师提出问题："看到这本书的封面，你们有什么问题要问吗？比如，爷爷和孙子会去哪里旅行？他们会发现哪些建筑的数学秘密呢？"

2. 初识书目，感知梗概

导读课伊始，教师先朗读绘本的开头部分，介绍爷爷是一位建筑师，他对建筑有着深厚的热爱。同时，引出孙子对爷爷工作的好奇和向往。随着故事的推进，教师每读完一个建筑场景（如古老的城堡、现代的摩天大楼、优雅的桥梁等），就暂停下来，引导学生观察画面中的建筑特点，并提问："你们看到了哪些几何形状？这些形状在建筑中起到了什么作用？""你们注意到建筑的对称美了吗？它是如何通过数学原理实现的？"

3. 领悟文本，感受趣味

在学生的观察和讨论基础上，教师适时地引入相关的数学概念（如几何形状、比例、对称、空间布局等），用简单易懂的语言解释这些概念在建筑中的应用和意义。在阅读过程中，教师可以安排几次小组讨论，让学生分享自己在绘本中发现的数学元素和感受，鼓励学生提出自己的问题和见解。

4. 方法指导，有效阅读

教师提前准备一些简单的建筑材料（如纸板、剪刀、胶水等），让学生以小组为单位，根据绘本中的某个建筑场景，制作一个简易的建筑模型。在制作过程中，引导学生注意运用所学的数学知识（如形状、比例、对称等）。制作完成后，每组派代表上台展示他们的作品，并分享制作过程中的想法和体会。教师可以邀请其他学生对作品进行点评和提问，促进交流和互动。

5. 梳理总结，阅读期待

最后，总结数学阅读在学科教学中的重要性，让学生分享对这节课的感想，以及通过《我和爷爷的建筑之旅》的绘本故事学习到哪些数学知识。教师总结："通过今天的导读课，我们不仅跟随爷爷和孙子一起探索了建筑中的数学奥秘，还亲手制作了建筑模型，感受到了数学的魅力和建筑的美丽。希望同学们在以后的学习和生活中，能够继续保持对数学的热爱和对建筑的关注，用数学的眼光去发现世界的美好。"以此引起学生的学习兴趣和阅读期待，不断提高他们的数学素养。

（四）阅读教学反思

数学作为一门基础学科，与其他学科之间存在着密切的联系和渗透。通过阅读跨学科的数学材料，学生可以了解到数学在物理、化学、生物、经济等领域中的应用和价值，从而促进跨学科之间的融合和交流。这种跨学科的学习方式能够帮助学生建立起更加全面和系统的知识体系，提升综合素质和创新能力。

上述案例应用在图形与几何领域，教师将阅读融入数学学习中，培养学生的阅读能力，在阅读中既培养学生的模型意识和核心素养，还会用数学的眼光观察现实世界。观察建筑中的数学元素，培养学生的空间想象力、逻辑推理能力和问题解决能力。数学阅读还可以激发学生对数学学科的兴趣和动力。通过阅读富有启发性和趣味性的数学材料，学生可以感受到数学的魅力和趣味性，从而更加积极地投入数学学习中。同时，数学阅读还能够帮助学生了解数学在现实生活中的应用和价值，使他们认识到学习数学的重要性和必要性。这种积极的学习态度和不竭的学习动力是推动学生不断进步的重要力量。

案例三：《直线、平行线、垂线》推进课

《直线、平行线、垂线》是一本极具趣味与教育意义的数学绘本。它从生活中常见的事物切入，开启学生几何知识的探索之旅，并引导学生发现生活中无处不在的几何图形，激发学生对数学几何的兴趣与探索欲望。

（一）案例阅读价值

《直线、平行线、垂线》这本书从生活中的常见物品，如餐桌、椅子、地毯、黑板、百叶窗、领带、斑马线等引出几何概念，让学生感受到数学与生活的紧密联系，使抽象的几何知识变得具体易懂；同时通过设计拉绳子、排棋子、折纸等一系列实践游戏，如让学生用毛线团检查家里物品的边缘是否为直线、在棋盘上用棋子排出不同的直线组合等，鼓励学生亲自动手操作，在实践中学习和理解几何知识，提高动手实践能力，锻炼学生逻辑思维、空间想象和问题解决能力。

（二）阅读指导过程

本次全学科阅读推进课以《直线、平行线、垂线》绘本为依托展开教学。教师首先引导学生翻开绘本，通过在纸上连接两点画直线的活动，引出判断直线的方法，让学生借助绳子检验，锻炼动手与合作能力；接着，教师展示

笔记本横线图片，引导学生观察其特点，阅读绘本相关定义后寻找教室中的平行线实例，并让学生动手操作加深理解。随后，教师在黑板上画相交直线，借助书本一角讲解垂线定义，学生在教室中寻找垂线实例，提升逻辑思维能力。最后，以小组竞赛形式用棋盘摆出几何图形，巩固知识并培养协作能力。课程贯穿阅读、实践、观察和互动，让学生在动手操作与团队合作中掌握几何基础知识，同时提升观察力、逻辑思维及团队协作意识。

表 4-11 推进课阅读过程指导

阅读过程	推进
推进课活动	1. 阅读绘本，探索直线的奥秘 2. 联系生活，观察平行线的秘密 3. 解疑思学，进入垂线的世界 4. 小组竞赛，拓展学生的思维

（三）推进课型实例

在数学的奇妙世界里，几何图形宛如璀璨星辰，构成了数学领域中最为基础和重要的部分。在这些图形中，直线、平行线与垂线则如同基石一般，支撑起了整个几何学的框架。为了引领学生深入探索这片神秘领域，我们借助一本精彩的绘本，展开了一场全学科阅读推进课。通过这种跨学科的教学方式，让学生在阅读与实践中感受几何之美，培养思维能力。

1. 阅读绘本，探索直线的奥秘

课程伊始，教师引领学生翻开绘本，共同探索直线的奥秘。教师提出问题："想象一下，在一张洁白的纸上点出两个点，然后试着用铅笔把它们连起来，怎样才能画得最直呢？"学生们纷纷拿起笔积极尝试，认真地画了起来。不一会儿，教室里就充满了讨论声。部分学生说用尺子靠一靠就能画直，而另一些学生则说可以沿着书本的边画。这时，教师引导学生阅读绘本中关于确定直线的方法。学生们惊讶地发现，原来还可以用折纸的折痕或者拉直的绳子来检验。教师鼓励学生使用绳子检验自己所画的线条。学生们纷纷拿出提前准备好的绳子，将绳子拉直对准纸上的点，通过绳子的辅助确认了直线的正确性。个别学生在操作过程中会遇到一些小麻烦，旁边的同学也会纷纷伸出援手，帮助他一起完成检查。通过这个简单的活动，学生们不仅学会了如何判断直线，更在实践中锻炼了动手能力和合作精神。

2. 联系生活，观察平行线的秘密

随后，课程的焦点转向平行线。教师展示了一张带有横线的笔记本图片，并询问学生这些横线的特点。学生经过观察后，提出了横线不会相交的观点。教师肯定了学生的观察，并引导他们阅读绘本中关于平行线定义的描述。接着，教师提出问题："在我们的教室中，哪些物体的边缘是平行线？"学生们积极寻找并给出了黑板上下边缘和窗户边框等答案。为了加深学生对平行线概念的理解，教师引导他们再次阅读绘本中关于对折长方形纸和用三角板画平行线的方法，并鼓励他们动手尝试。通过折叠和观察，学生们对平行线有了更直观的认识。

3. 解疑思学，进入垂线的世界

课程继续深入，进入垂线的世界。教师在黑板上画出两条相交的直线，并询问学生这两条线是否构成垂线。学生对此表示疑惑。教师随后使用书本一角作为工具，按照绘本中的方法对准两条线的交点，引导学生观察角度。学生恍然大悟，理解了垂线的定义。在理解了垂线概念后，学生们开始在教室中寻找垂线的实例，如墙角的边缘、桌腿与桌面的交接处等。在这一过程中，学生不断运用所学知识进行判断和分析，逻辑思维能力得到了显著提升。

4. 小组竞赛，拓展学生的思维

为了进一步拓展学生的思维，教师组织了一次小组竞赛。教师要求学生分组使用棋盘和棋子摆出直线、平行线和垂线，并要求小组之间比拼谁摆得更快更好，同时能够解释其原理。学生迅速分组，开始热烈讨论和操作。一些小组迅速摆出了漂亮的平行线和垂线，并能够清晰地解释其原理；而其他小组在尝试过程中虽遇到困难，但通过不断调整和互相鼓励，最终也完成了任务。在这一竞赛过程中，学生不仅巩固了所学的几何知识，还培养了团队协作能力和竞争意识。

课程结束时，教师引导学生回顾整个阅读和实践过程。学生们积极发言，分享了他们的学习成果，包括学会判断直线、平行线和垂线的方法，认识到数学在日常生活中的普遍应用，以及在活动中提升的动手能力和思考能力。

本次跨学科阅读推进课程，以《直线、平行线、垂线》绘本为媒介，通过引导学生阅读、思考和实践，使他们在轻松愉快的氛围中接触了几何学，培养了观察能力、动手能力、逻辑思维能力和团队协作能力。相信在未来的学习旅程中，学生们将带着对数学的热爱和探索精神，继续发现数学世界的更多奥秘。

（四）阅读教学反思

本次《直线、平行线、垂线》阅读推进课旨在融合多学科元素，以绘本为核心引导学生深度探究几何知识。本节课的主要优点：充分体现了全学科阅读的特点，从生活中常见的物品引出几何概念，让学生切实感受到数学的实用性；实践活动丰富多样且有效，实践游戏极大地激发了学生的学习兴趣和参与度；问题引导与思维培养并重，通过一系列有针对性的问题引导学生思考，逐步培养了学生的逻辑思维、空间想象和问题解决能力。

当然本节课也存在不足之处。在实践活动中，虽然大部分学生积极参与，但仍有个别学生表现出较为吃力或参与度不高的情况，导致这部分学生可能在知识掌握上存在一定的漏洞。同时绘本深度挖掘仍有欠缺，虽然利用绘本进行教学，但在引导学生阅读绘本时，更多侧重于知识的直接提取，对绘本中蕴含的数学文化、历史背景以及更深层次的数学思想挖掘不足。

案例四：《软糖666》分享课

《软糖666》这本故事书讲述用一个有趣的游戏，即心里想一个数，经过加、减、乘、除的计算后，得出一个让你想不到的结果，使学生在解密的过程中了解代数的含义。

（一）案例阅读价值

《软糖666》这本书巧妙地将数学知识和趣味故事结合在一起，让学生在阅读中享受乐趣的同时，还能学到代数知识。而且，通过绘本里的图画和小游戏，能够激发学生的好奇心，培养他们的数学思维和解决问题的能力。这本书在教学方式上也十分新颖。它倡导"寓教于乐"的教学理念，让学生在游戏中学习，在学习中游戏。这种教学方式不仅能够提高学生的参与度，还能让他们在玩乐中自然而然地掌握数学知识。同时，通过绘本阅读，学生还能学会综合应用各种符号表征和代数推理来破解故事中的密钥和谜团。

（二）阅读指导过程

在分享课中，以《软糖666》作为教学连接，课前布置关于代数、方程、等式性质等问题，让学生带着问题用数学眼光阅读绘本，打通数学与生活的联系。课始，先请学生概括该书内容并分享心得。接着，以猜数游戏开启课堂，学生心中猜想的数经系列运算后展示结果，引发其他学生猜测，多次游戏后学生因结果神奇产生疑问。揭秘环节，小组用一袋糖果代表所想的数参与运算，学生发现糖果数量不变，即任何数量都可玩此游戏。之后引导学生思考无袋子时的表示方法，引出用符号或字母表示参与运算即"代数"，分享书中代数思想，总结出含有未知数的式子就是方程。应用拓展环节，让学生求解方程中未知数的值，渗透等式性质，借助天平让学生发现等号两边同时加或减同一个数等式仍成立。最后，总结数学阅读在学科教学中的重要性，让学生分享对课程的感想，以及探讨如何利用此类教学资源激发学习兴趣、提高数学素养。通过这一系列教学活动，助力学生学习数学知识，培养终身学习能力和对数学的热爱。

表 4-12 分享课阅读过程指导

阅读过程	分享
分享课活动	1. 概括内容，分享体会 2. 猜数游戏，分享过程 3. 揭秘游戏，分享发现 4. 理解概念，分享思想 5. 应用拓展，分享感想

（三）分享课型实例

1. 概括内容，分享体会

课前以《软糖666》作为连接，布置给学生具体的问题：什么是代数？什么是方程？等式的性质是什么？……让学生带着问题去思考，用数学的眼光和方法去阅读绘本，从而打通数学与生活的联系，化抽象为具体。

课程伊始请学生上台概括《软糖666》这本书的具体内容，分享自己的心得体会后进入这堂课。

2. 猜数游戏，分享过程

以一个趣味游戏开始，和学生一起猜数字谜。学生心中想一个数，写在纸上，不让别人知道；然后将纸上这个数进行运算，加1，乘2，加4，除以2，最后减3，上台将计算结果展示出来。让其他学生根据最终的计算结果，猜出他写在纸上的字。学生之间多玩几次，他们就会发现这很神奇，于是产生疑问：为什么做了这么多次计算，最后得到的结果还是这个数字呢？有了这样的好奇，就可以带着学生一起来揭秘了。

3. 揭秘游戏，分享发现

揭秘游戏环节，以小组为单位，拿出自己小组准备好的一袋糖果，糖果数量表示心里想的数，用其参与运算，来证明自己的猜想。学生动手摆一摆，经历了这个运算的过程，有结果后，让学生上台分享这个发现，学生能够表达出：从始至终这个袋子里的糖果都没有改变。也就是说，不管起初装入了几颗糖果，经过这番运算之后，结果这个纸袋里面的糖果数量还是不变的。所以，可以选用任何的数量来玩这个数字游戏。

4. 理解概念，分享思想

让学生思考如果没有袋子应该怎么表示？有学生会想到可以用一个符号，如图形符号或字母来表示这个袋子，由符号来参与运算，就是一个"代数"的过程，形成在生活中经常使用代数的思想。让学生分享书中的代数思想，如：要平均分纸袋里的软糖，但是纸袋破了一个洞，它们和口袋里的7颗软糖混在一起了，一共是15颗。其实，这里面我们就能找到一个等量关系，即纸袋里的软糖加上口袋里原有的7颗，就是15颗，从而学生也能总结出其中纸袋里的软糖就是未知数，可以用一个符号来表示，写为"$B+7=15$"这样含有未知数的形式，这样的式子就是方程。

5. 应用拓展，分享感想

应用环节可以提问B到底等于几呢？学生根据绘本中所给的思路试一试、摆一摆、画一画、算一算等来寻找答案，并给学生渗透一种思想，即等式的性质，结合天平（跷跷板）让学生发现，等号的两边同时加或减去同一个数，等式仍然成立。

最后，总结数学阅读在学科教学中的重要性，让学生分享对这节课的感想，以及如何通过类似《软糖666》这样的教学资源，激发学生的学习兴趣，提高数学素养。通过这样的教学活动，学生不仅能够在课堂上学到数学知识，还能够培养终身学习的能力和对数学的热爱。

（四）阅读教学反思

《软糖666》的教学案例，通过绘本故事的形式，在数学教学中融入了阅读和表达力的培养。本节课的主要优点如下：一是提高了学生的阅读兴趣。通过故事化的教学内容，可以激发学生对数学学科的兴趣，使他们更愿意参与到学习过程中。二是增强了学生的表达力。学生在阅读绘本后，通过讨论和分享，能够提升自己的表达能力和沟通技巧。三是深化了数学概念的理解。通过具体的故事情境，学生能更好地理解方程的概念和运用，从而加深对数学知识的理解。

当然，本节课也存在不足之处。如在揭秘游戏环节中，让每个小组拿出准备好的糖果，可以明确安排每个小组的糖果数量要有所不同，并对每个组员的任务有个明确安排，比如一个人数、一个人记录、一个人汇报等。在汇报的过程中，也可以选择不同的糖果数量进行汇报，从而得出结论。

总体来看，《软糖666》的教学案例在提升学生阅读兴趣和表达力方面成效不错。但在实际应用中，教师需要根据学生的实际情况和教学目标来调整和优化教学方法。

三、综合学科整本书阅读实践案例

综合学科因其独特的学科特性，与语文、数学等传统学科有着显著的区别。针对这些特性，综合学科的教师巧妙地结合自身学科的特点，积极探索并实践了整本书阅读的推广策略。

案例一：信息科技学科《Scratch少儿趣味编程大讲堂——入门篇》导读课

《Scratch少儿趣味编程大讲堂——入门篇》以丰富、有层次的一线教学案例导入，通过浅显易懂的语言，为广大初学者提供了一套层层递进的、完整的学习方案。入门篇分册内容来自学习Scratch编程的真实教学实践，通过故事的形式和12个趣味情境向学生介绍Scratch编程的基本技能以及程序设计的基本思维和方法。本书首先带学生熟悉编程环境，通过一系列小故事，在增加学习过程趣味性的同时，提升学生的程序设计水平和逻辑思维能力。

（一）案例阅读价值

《Scratch 少儿趣味编程大讲堂——入门篇》是一本兼具文本价值与教学价值的优秀少儿编程教材。从文本价值来看，它紧跟信息技术发展的步伐，将图形化编程这一易于上手、直观易懂的学习方式引入基础教育体系，特别适用于心智水平和认知能力有限的低年级学生。该书详细介绍了 Scratch 编程软件及其在青少年编程教育中的重要性，旨在激发学生对编程的兴趣，培养他们的逻辑思维能力和创新力。从教学价值来看，该书通过拖拽积木式的编程界面，让学生逐步理解编程的基本逻辑，如顺序、循环、条件判断等，从而发展他们的计算思维和解决问题的能力。同时，它鼓励学生自主创作游戏、动画等作品，激发他们的创意与动手能力，并在完成作品的过程中体验到成就感和乐趣。此外，该书还注重跨学科融合，将编程与数学、艺术、科学等多学科知识相结合，帮助学生在实践中理解相关知识，并培养沟通能力和团队合作意识。最重要的是，作为编程的入门课程，该书通过趣味性强、难度适中的教学内容，降低了学习编程的门槛，为学生后续深入学习其他编程语言奠定了坚实的基础，使他们能够更好地适应未来科技发展的需要。

（二）阅读指导过程

《Scratch 少儿趣味编程大讲堂——入门篇》导读课的阅读指导过程，首先通过提出问题、激趣导入的方式引发学生的好奇心与兴趣；接着，引导学生初识 Scratch 软件并初步感知书本内容，建立对编程学习的初步认识；然后，通过书海导航环节，引领学生进行实践操作，逐步掌握编程技能；最后，进行梳理总结，回顾学习成果，激发学生对后续阅读的期待与热情。

表 4-13　导读课阅读过程指导

阅读过程	导读课
导读课活动	1. 提出问题，激趣导入 2. 初识软件，感知书本 3. 书海导航，引领实践 4. 梳理总结，阅读期待

(三)导读课型实例

1. 课标领航，探索编程的奇妙世界

《义务教育信息科技课程标准（2022年版）》（以下简称"信息科技新课标"）明确指出，信息科技课程旨在培养科学精神和科技伦理，提升自主可控意识，并强调编程教学的实践应用。而Scratch编程正是这样一门既有趣又实用的课程，不仅能让学生在轻松愉快的氛围中学习编程知识，还能培养他们的创新思维和问题解决能力。通过Scratch，我们可以将编程与数学、科学、艺术等其他学科相结合，实现跨学科的综合应用。

结合信息科技新课标的要求，本节课的目的不仅是让学生初步了解Scratch是什么、能做些什么，更重要的是要激发学生对编程的兴趣和热情，培养编程思维和实践能力。让我们携手并进，共同探索Scratch编程的奇妙世界，感受它带给我们的乐趣与惊喜吧！同时，也希望学生能够在信息科技新课标的指引下，不断提升自己的数字素养与技能，为未来的学习和生活打下坚实的基础。

2. 激趣导入，展现编程的无限魅力

在这一引人入胜的导入环节，教师将带领学生踏上一场奇妙的编程之旅。通过精心挑选的Scratch编程相关视频，以及一系列令人目不暇接的Scratch趣味作品，将瞬间点燃学生的热情，吸引学生的注意力。这些精彩纷呈的内容，正是为了隆重介绍本节课的"明星"——《Scratch少儿趣味编程大讲堂——入门篇》一书。

视频中，那些活灵活现的角色仿佛拥有了生命，在虚拟的世界里自由穿梭。作品中，各种奇思妙想如雨后春笋般涌现，展现了Scratch编程的无限可能。而这些令人惊叹的视频和作品，与书中的情境和故事紧密相连，仿佛是一扇扇通往编程世界的神秘之门。

通过这扇"门"，学生将初步领略Scratch的风采——它不仅是编程世界中的一颗璀璨明珠，更是学生手中创造奇迹的魔法棒。无论是动画角色的生动演绎，还是趣味游戏的巧妙设计，Scratch都能轻松实现。它让学生在轻松愉快的氛围中，逐渐揭开编程的神秘面纱，形成对编程的初步概念。

3. 初识软件，了解编程的"前世今生"

在这个充满好奇与探索的导入环节过后，教师将带领三年级的小朋友们踏上一场特别的旅程——走进 Scratch 编程软件的奇妙世界。虽然学生可能很少接触电脑，对 Scratch 软件的认识也寥寥无几，但请相信，这将是一次充满乐趣与惊喜的学习之旅。为了打破陌生感，教师精心准备了一段简短而生动的微课视频，它将作为学生的"导游"，带领学生初步了解 Scratch 编程软件。在观看视频的过程中，师生将一起追溯 Scratch 的"诞生地"——美国麻省理工学院（MIT），感受它深厚的学术底蕴和前沿的科技氛围。同时，我们还会了解到 Scratch 在青少年编程教育中的重要地位和作用，它就像一座桥梁，连接着学生的好奇心和未来的科技梦想。

在微课中，学生会看到 Scratch 是一个专为青少年设计的图形化编程工具，摒弃了复杂的语法和代码，采用拖拽积木形式的代码块，让编程变得像搭积木一样简单有趣。通过 Scratch，我们可以轻松创建出各种有趣的互动故事、游戏和动画，让创意在指尖流淌，让梦想在屏幕上绽放。

微课结束后，教师给学生留出一段时间，让他们亲自上手体验 Scratch 软件。这是一个非常重要的环节，因为只有亲身体验，学生才能真正感受到 Scratch 的魅力所在。他们可以尝试拖拽不同的代码块，观察它们如何组合成一个个有趣的程序；也可以发挥自己的想象力，尝试创作属于自己的小故事或小游戏。这是为接下来的操作打下基础。

4. 案例导游，掌握编程的思维方法

在接下来这一环节，教师将引领学生翻开这本充满魔法与智慧的《Scratch 少儿趣味编程大讲堂——入门篇》。这本书如同一座宝藏库，里面藏着 12 个趣味横生的故事，每个故事都是一把钥匙，能打开 Scratch 编程世界的大门，引领学生掌握编程的基本技能，学会程序设计的思维和方法。让学生想象一下，通过这本书，他们将不再是对电脑屏幕感到陌生的小观众，而是成为能够用代码创造奇迹的小小程序员。书中的每一个故事，都巧妙地融入了 Scratch 编程的知识点，让学习变得生动有趣、轻松愉悦。

为了让学生更直观地感受这本书的魅力，教师选取了其中一个简单而富有启发性的案例——牛顿发现地心引力的故事。在这个故事中，学生将化身小小探险家，跟随牛顿的脚步，去探索万有引力的奥秘。但这次，学生不再只是用眼睛去看，用耳朵去听，而是要用双手去创造，用代码去演绎。

每个游戏的诞生都少不了规则的制定。在今天的课堂中，学生是游戏的主人。因此，接下来教师将引导学生一起制定游戏规则，就像牛顿制定科学定律一样，严谨而有趣。一起动手实践，在 Scratch 软件中创建角色、设置场景、编写脚本，让故事中的角色动起来，让场景活起来。在这个过程中，学生将学习到 Scratch 编程中的一些基本概念，如角色、场景、事件等。这些概念就像搭建积木的基石，是掌握 Scratch 编程的关键。同时，教师通过简单的示例，演示如何在 Scratch 中进行编程操作，如添加角色、设置场景、编写脚本等。在这个过程中，学生将亲身体验到 Scratch 编程的乐趣，感受到代码的力量，加深对书中内容的理解。让学生在《Scratch 少儿趣味编程大讲堂——入门篇》的引领下，用创意和想象力编织出属于自己的编程故事。相信通过这本书的陪伴和实践的锻炼，学生一定能够成为 Scratch 编程的小高手!

5. 回顾总结，整本书阅读助力成长

最后，与学生一起共同回顾并总结一下本节课的宝贵学习内容。在课堂中，教师与学生一起揭开了 Scratch 编程的神秘面纱，还通过生动有趣的实践案例，让学生掌握了 Scratch 编程的基本概念与基础操作，比如如何巧妙地运用角色、场景和事件等元素来编织创意无限的数字故事。这些知识的积累，无疑为学生打开了通往编程世界的大门，让学生看到了用代码创造奇迹的无限可能。在课程结束后，教师可以鼓励学生继续保持满满的热情与好奇心，在家探索 Scratch 编程的广阔天地。勇敢尝试自己动手，运用所学，创作出一件属于自己的 Scratch 作品。无论是趣味横生的小游戏，还是引人入胜的互动故事，都将是学生编程旅程中的宝贵财富。每一次的尝试与探索，都是对自我能力的挑战与提升，更是对编程世界无限可能的探索与发现。

此外，为了助力学生在 Scratch 编程的道路上走得更远，教师会精心挑选一些优秀的 Scratch 作品网站与社区，供学生学习与交流。

综上，教师深刻认识到，整本书阅读的价值不仅在于书籍本身的内容，更在于阅读过程中学生所经历的完整思维与情感体验。整本书阅读是一个持续而复杂的过程，导读只是整本书阅读的第一步，之后还需要教师在实践中不断探索与完善。在未来的日子里，教师将继续秉持"共读、推进、引导"

的教育理念，与学生们一同在阅读的道路上砥砺前行。相信通过师生的共同努力，学生不仅能够体验到 Scratch 编程的乐趣，还能够在整本书阅读的过程中获得更加丰富的知识与情感体验，为他们的成长之路增添更多的色彩与光芒。

（四）阅读教学反思

在这次《Scratch 少儿趣味编程大讲堂——入门篇》导读课中，教师致力于通过丰富有趣的教学内容和实践活动，激发学生对编程的兴趣，培养逻辑思维能力与创新精神。

经过深思熟虑的教学设计与实施，课程存在教学亮点的同时也存在一些值得反思和改进之处。教学亮点有：一是导入成功激发兴趣。通过展示 Scratch 编程的相关视频和趣味作品，成功地吸引了学生的注意力，激发了他们对编程的好奇心和探索欲。学生们在观看视频和欣赏作品时，脸上洋溢着兴奋和好奇。二是软件初探环节有效。微课视频的引入，让学生初步了解了 Scratch 编程软件的背景和特点。通过亲手操作 Scratch 软件，学生们亲身体验了编程的乐趣，为接下来的学习打下了坚实的基础。三是书海导航实践丰富。通过选取牛顿发现地心引力的故事作为案例，引导学生们制定游戏规则，并在 Scratch 软件中创建角色、设置场景、编写脚本。这个过程不仅让学生们掌握了 Scratch 编程的基本概念，还让他们体验到了编程的创造性和趣味性。四是课堂总结与拓展全面。在课堂的最后阶段，教师与学生一起回顾了本节课的学习内容，并鼓励他们在家继续探索 Scratch 编程。此外，还为学生们推荐了一些优秀的 Scratch 作品网站与社区，供他们学习与交流。

值得反思之处在于：一是时间分配需优化。虽然整个教学过程紧凑有序，但在某些环节的时间分配上还存在不足。例如，在软件初探环节，由于学生们对 Scratch 软件比较陌生，因此花费了较多时间进行引导和解释。这导致后续的实践环节时间略显紧张，部分学生未能充分展示自己的作品。二是学生差异需关注。在教学过程中，容易忽略不同学生对编程的兴趣和接受能力存在差异。一些学生能够迅速掌握 Scratch 编程的基本概念，并创作出有趣的作品；而一些学生则显得力不从心，需要更多的指导和帮助。在未来的教学中，需要更加关注这些学生的需求，为他们提供更多的支持和鼓励。三是教学互动需加强。虽然在课堂上积极引导学生参与讨论和实践，但在某些环节，学生们的互动还不够充分。例如，在制定游戏规则和创建角色时，部分学生未能积极参与讨论和提出自己的意见。为了增强课堂的互动性，在未来的教学中应设置更多的小组合作和讨论环节，鼓励学生们相互交流和分享自己的想法。

针对不足之处，提供了如下改进措施。首先，调整时间分配。在未来的教学中，根据学生的学习情况和反应，灵活调整各个环节的时间分配，确保每个环节都能得到充分的展开和深入，让学生在有限的时间内获得最大的收获。其次，关注个体差异。对不同学生的兴趣和接受能力，采取差异化的教学策略。对于编程兴趣浓厚且接受能力强的学生，为他们提供更多挑战性和创造性的任务；对于编程基础薄弱或兴趣不浓的学生，给予更多的关注和指导，帮助他们逐步建立信心和兴趣。最后，加强教学互动。为了增强课堂的互动性，设置更多的小组合作和讨论环节。鼓励学生们相互交流和分享自己的想法和作品，让他们在互动中学习和成长。同时，教师应积极参与学生的讨论和实践，为他们提供及时的反馈和指导。

通过这次教学反思，教师深刻认识到自己在教学中的不足和需要改进之处。在未来的教学中，教师将继续努力提升自己的专业素养和教学能力，为学生们提供更加优质、有趣的编程教育。

案例二：科学学科《落叶跳舞》推进课

《落叶跳舞》是一本由日本著名绘本作家伊东宽创作、蒲蒲兰翻译的创意绘本，于 2007 年 10 月由二十一世纪出版社出版。这本书通过独特的艺术风格和深刻的自然哲思，展现了落叶在秋日森林中舞蹈的生动场景，赢得了广泛的赞誉，深受儿童喜爱。绘本中，不同颜色和形状的落叶被巧妙地绘制成充满生命力的角色，它们在秋风的吹拂下尽情舞蹈，构成了一幅幅美丽的画面。

（一）案例阅读价值

《落叶跳舞》不仅具有文本价值，还兼具教学价值。从文本价值来看，该书通过描绘秋天的落叶，引导学生观察并认知秋季的季节特征，展示了生命的循环与变化，培养了学生对自然的敏感性、观察力以及对变化的接受能力，同时激发了他们对自然现象的好奇心和探究欲，有助于培养科学思维。而在教学价值上，该绘本对小学一年级学生来说，更是培养自然观察、形状认知、色彩感知等科学能力的优秀教材，同时能够激发创意思维，引导情感与想象力的发展，渗透生活美学，提升动手能力，促进科学与艺术的融合，为学生认识自然、亲近自然提供了重要基础，并鼓励他们通过动手实践活动，如制作落叶书签、拼贴落叶画等，加深对落叶及自然界的认识和理解。

（二）阅读指导过程

在《落叶跳舞》阅读推进课中，首先通过举办落叶模仿大赛，激发学生对落叶形态及舞动方式的兴趣与模仿能力；随后，在问题驱动环节，引导学生思考为什么叶子会在秋天变色并最终落下，激发他们的好奇心与探究欲；紧接着，组织一系列与植物相关的科学探究实践活动，如观察落叶的显微结构、进行植物色素提取实验等，让学生在实践中学习科学知识；最后，举办落叶收集创意展，鼓励学生发挥创意，利用收集的落叶制作各种艺术品，展示他们对落叶及自然美的理解和表达。

表 4-14 推进课阅读过程指导

阅读过程	推进课
推进课活动	1. 落叶模仿大赛 2. 问题驱动："小朋友们，你们是否想过，为什么叶子会在秋天变黄、变红，最终离开树妈妈的怀抱呢？" 3. 组织一些与植物相关的科学探究实践活动 4. 落叶收集创意展

（三）推进课型实例

在基础教育阶段，科学教育不仅是知识的传授，更是对学生好奇心、探索欲及科学素养的培养。《义务教育科学课程标准（2022年版）》强调，课程应贴近学生生活，利用身边的现象与事物，激发兴趣，培养科学思维能力。基于此理念，将《落叶跳舞》这一富有创意与想象力的绘本融入科学教学，成为创新且有效的策略。在《落叶跳舞》整本书阅读推进课中，教学目标明确，旨在通过绘本与"周围的植物"课堂内容结合，促进学生科学素养的全面提升。

1. 启动阶段：落叶模仿大赛——激发兴趣，初步感知

在一个金黄色的秋日，校园里弥漫着落叶的芬芳，一场以"落叶"为主题的教育探索活动悄然拉开序幕。教师带着学生走进校园的小树林，启动了一场别开生面的"落叶模仿大赛"。学生在寻找自己心仪的落叶过程中，不仅锻炼了观察力，更在教师的引导下，开始思考："为什么落叶会有不同的形状和颜色？""为什么在秋天树叶会落下来？"这些问题如同一颗颗种子，播撒在学生好奇的心田。

2. 深入阶段：问题驱动，科学探索

回到教室，教师借助多媒体手段，向学生生动介绍了植物生理学的基础知识，如叶绿素、类胡萝卜素和花青素在植物生长和落叶过程中所扮演的角色。同时，结合实物展示和互动实验，如模拟树叶色素提取过程，学生亲手操作，观察不同树叶提取液的颜色变化，深入理解了叶子变色的科学原理。在这个过程中，教师鼓励学生提出自己的猜想，并引导他们进行小组讨论，分享观察和发现，培养了批判性思维和解决问题的能力。

3. 动手实践：创意科学实验与艺术创作

紧接着，教师设计了一系列动手实践活动，如制作树叶书签和"树叶色素画"，将科学探索与艺术创作巧妙结合。学生在创作过程中，不仅学会了如何运用自然材料创作，还体验到了艺术创作的乐趣和成就感。教师适时提问："为什么不同树叶的色素提取液颜色不同？""在艺术创作中，你是如何运用这些色素来表达自己的情感和想法的？"这些问题不仅促进了学生对科学原理的深入理解，还激发了艺术灵感和创造力。

4. 成果展示：落叶收集创意展

最后，一场充满创意和诗意的"落叶收集创意展"将活动推向高潮。学生将自己收集的落叶、创作的书签、色素画等作品，以及在学习过程中拍摄的照片、记录的笔记等，布置成一个充满个性和情感的展览。展览期间，学生轮流担任解说员，向参观展览的家长和同学介绍自己的作品和创作背后的故事，锻炼了口语表达能力和自信心。同时，教师引导学生回顾和总结自己的学习经历，思考："通过这次活动，我学到了什么？""在未来的学习和生活中，我打算如何运用这次活动的经验？"这些问题不仅帮助学生巩固了学习成

果，更为他们未来的学习和成长指明了方向。

这次以"落叶"为主题的教学活动，从模仿大赛的初步感知，到科学探索的深入理解，再到动手实践的创意表达，最后到成果展示的反思总结，每一步都充满了启发和思考，让学生在探索自然奥秘的过程中，不仅学到了知识，更学会了如何观察、思考和创造，为全面发展奠定了坚实的基础。学生不仅学到了丰富的植物科学知识，更重要的是，他们学会了如何以一颗好奇的心去观察世界，用双手去探索未知，用心灵去感受自然的美好。这样的学习方式，不仅激发了学生的学习兴趣和创造力，还培养了观察力、思考力和解决问题的能力，为全面发展奠定了坚实的基础。在未来的日子里，愿每个学生都能像秋天的落叶一样，勇敢地拥抱变化，勇敢地追寻自己的梦想。

（四）阅读教学反思

在《落叶跳舞》推进课的教学过程中，教师深刻地体会到了培养学生思维的重要性。本节课程通过导入热门歌曲《起风了》，成功地调动了学生的学习积极性。从学生的日常生活引出绘本，使他们迅速进入思考状态，如："落叶是怎么起舞的？起风了，你有什么感受呢？"这样的问题激发了学生的好奇心，让他们主动参与到小组讨论中，积极思考问题，为后续的学习奠定了良好的思维基础，深化了思维的深度。在探究活动中，引导学生思考叶子落下的原因以及落叶跳舞的方式，促使学生深入思考自然现象背后的科学奥秘。通过发布树叶知识任务单和"小叶子、大世界"的大情景，引发认知冲突，进一步激发学生的探索欲望。在探究落叶的过程中，学生们不仅学会了用眼睛观察、用手触摸、借助工具探究等方法，还对落叶有了更深入的认识，培养了思维的深度。在研讨实验发现环节，学生们对落叶跳舞的必然性及成因进行深入探讨，提出了一系列问题，如："是每一片落叶都会跳舞吗？每片落叶的轨迹都一样吗？作者用的词汇准确吗？"这些问题促使学生从不同角度思考问题，拓展了思维的广度。安排学生到操场上去感受"落叶跳舞"并收集落叶，让他们在亲近自然的过程中大胆探究发现，进一步激发了创新思维。创意空间环节为学生提供了自由发挥和创造的空间。学生们变身成小小落叶魔术师、小小落叶代言人，进行创意写绘，将收集到的落叶做成自己喜欢的图案并展示出来。在这个过程中，学生们充分发挥了自己的想象力和创造力，提升了思维的创造性。同时，同学之间的相互评价和激励也营造了一个充满活力与互动的学习氛围，促进了学生思维的交流与碰撞。

案例三：音乐学科《各种各样的乐器》分享课

《各种各样的乐器》是由德国插画师安德烈娅·霍耶著绘的音乐绘本，主要介绍了主人公小保罗收到了来自奶奶的礼物，来到音乐学校，挑选最喜欢的乐器学习。于是，他在参观的过程中认识了钢琴、竖笛、架子鼓等多种乐器，感受到了不同乐器的魅力。

（一）案例阅读价值

《各种各样的乐器》是一套兼具文本价值与教学价值的音乐启蒙绘本。它充满童趣，融合了丰富的音乐知识。通过小主人公保罗的经历，让学生在故事中体验不同乐器的魅力，拓宽音乐视野，建立扎实的音乐基础，提升音乐素养。同时，作为音乐阅读课的素材，该绘本符合《义务教育艺术课程标准（2022年版）》的指导思想，通过夸张形象的图片科普乐器知识，激发学生的音乐想象力，实现美术视觉与音乐听觉的双重审美教育，契合了坚持以美育人、重视艺术体验、突出课程综合的课程理念，对学生的音乐学习起到了极大的促进作用。

（二）阅读指导过程

在《各种各样的乐器》阅读分享课中，首先通过"回顾内容，承上启下——我会说"环节，让学生复述绘本中的乐器知识，建立新旧知识的联系；接着，采用"音画结合，检测成果——我会听、我会画"的方式，播放乐器声音让学生猜测并绘制相应乐器，以此检验学习成果并激发创造力；最后，通过"拓展思维，见解独到——我会写"的步骤，引导学生撰写个人对乐器或音乐的独特见解，培养批判性思维和表达能力。

表 4-15　分享课阅读过程指导

阅读过程	分享课
分享课活动	1. 回顾内容，承上启下——我会说 2. 音画结合，检测成果——我会听、我会画 3. 拓展思维，见解独到——我会写

（三）分享课型实例

小学音乐教育是培养学生艺术素养和综合能力的重要组成部分。在如今的音乐教学中，音乐阅读成为培养学生音乐素养的关键环节之一。然而，习惯了用耳朵聆听音乐的学生对于音乐阅读充满了困惑，所以教师在教学上会面临一些挑战，如学生对音乐阅读的兴趣不高、教师的教学方法单一等问题。

《各种各样的乐器》这一本书作为认识乐器的启蒙书可以很好地拓宽学生的视野。用视觉来描绘听觉，让学生的思维不局限于教科书当中的内容，能有自己独到的认知和见解。阅读课还能给学生一个互相交流、勇于展示自己的平台，分享自己的疑问和收获，在同学的互相帮助中共同进步。所以分享课是在这几个目标中开展的。

第一，了解自己在阅读中取得的成效。教科书中的知识内容比较有限，加上音乐课程相对较少，能了解的音乐课外知识不多。俗话说："师傅领进门，修行在个人。"教师用科学的方法引导学生学习，又通过分享课让学生更清晰地明白自己阅读的"修行"是否取得成果，并进行反思，不断进步，从而提升高效阅读的能力。

第二，与同学相互交流所得，共同进步。学生通过分享课交流阅读经验，好的方法和思路供其他人借鉴参考，有些在阅读时遇到的疑惑也可以在这时候提出，共同讨论，梳理和采用对自己最有用的观点，提高对阅读的兴趣。

第三，提高音乐审美能力。《义务教育艺术课程标准（2022年版）》的课程目标提出：审美感知的培育，有助于学生发现美、感知美，丰富审美体验，提升审美情趣。学生可以各抒己见，分享自己的审美理解，从音乐中产生热爱生活、探索自然的启发，树立乐观向上的学习生活态度。

基于以上三个目标，分享课一共设计了四个板块：我会说、我会听、我会画、我会写。这四个板块根据阅读过程，按照难易程度层层递进，分别设计不同的内容，学生根据这些板块来交流和分享自己的阅读成果。

1. 我会说

表达内容：说说这本书主要讲了什么故事。这一板块的设计主要是在推进课和分享课之间起到衔接作用，不仅总结上一节课的阅读内容，也起到巩固复习的作用。学生通过复述书本的主要内容以强化记忆，在脑海中形成像思维导图一样的构架，不断展开，衔接到其他板块。

学生根据自己的阅读所得进行回答，其余学生在聆听时也强化了记忆，可以对被提问者回答的不足进行补充，互相评价，互相分享自己的阅读成果。

2. 我会听

表达内容：根据教师播放的器乐音频，听辨是书中哪种乐器。由于音乐课需要聆听的特点，在前面的阅读中加入多媒体，对书本当中提及的乐器进行补充，比如乐器图片、音色聆听和演奏视频等。

通过上一板块的总体复述，学生脑海中已经展现了乐器的一系列知识，在这个环节进行阅读测试，能调动学生的积极性，检查学生对乐器的掌握程度。每个人的掌握程度不一样，在这个问题上还能一起探讨乐器的特点，学习他人的阅读方法，补充不足，共同进步。

3. 我会画

表达内容：画出书中你最喜欢的一种乐器，并说说它有什么特点。上一个板块是对乐器的听觉进行阅读测试，这个板块是针对乐器的视觉进行测试。有的学生认识乐器是通过音色来辨别，而有的学生则是通过乐器外形来辨别。设计不同的测试来满足用不同方式辨别乐器的群体，让他们看到自己的阅读成果，获得成就感，提高自信心，提高对音乐阅读的兴趣。

4. 我会写

表达内容：通过阅读这本书，你有什么收获还是感想呢？这个环节是对阅读的一个深入交流。结合学生对整本书的阅读，展开思考，拓展学生的思维能力，分享自己的独特见解和启示，丰富学生对整本书内容的深层次理解。

这些板块通过不同方面让学生展示自己的阅读成果，为学生感兴趣的内容展开交流提供了支撑，并在教师的引导下，内化书上的内容。经过整节课的交流、分享、探讨，引导学生对自己的阅读方法、阅读习惯进行反思和改进，形成属于自己的更高效的阅读方式。

针对这些板块，教师在课前发放一张学习卡，让学生在不同的板块相应的表格内写写画画，使阅读成果都体现在这张表上。发学习卡一方面是为了给学生提供阅读内容梳理和总结的思维导向，作为总结和交流的笔记，另一方面是为了方便收集，教师可以对学习上进行整理和反馈，总结出学生的阅读效果，为其他阅读提供参考。

学生在阅读当中一定会有自己对人物或者具体内容的共情和理解，在分享课中设计这些板块，可以帮助他们用不同的方式来进行表达，分享自己的阅读感悟。而且学生能深入了解阅读内容，在分享和交流中碰撞出思维的火花。每个教师对教材的理解不同，采用的方式也不一样，可以加入自己的方法，丰富整节课的内容，为培养学生良好的阅读习惯打下基础。

（四）阅读教学反思

在《各种各样的乐器》这本书的阅读教学中，教师深刻体会到了让学生通过观察、思考和体验来加深对乐器的理解和感知的重要性。《各种各样的乐器》通过生动形象的语言介绍了不同类型的乐器，不仅让学生了解了乐器的种类和特点，还激发了他们对音乐的兴趣与好奇心。在教学过程中，教师不仅要尽力引导学生深入思考每种乐器的独特之处，还要注重培养学生的语言表达能力和综合运用能力。

本次分享课学生表现出了浓厚的兴趣。在课程中，学生们的兴趣反馈异常积极。从课堂开始时的迷茫到结束时仍意犹未尽的讨论，可以明显感受到他们对于乐器的好奇与热爱。不少学生表示，通过阅读和学习，他们对很多不常见的乐器如双簧管、木琴等，产生了浓厚的兴趣。这些新颖的乐器知识极大地拓宽了他们的视野。此外，通过直观的视频和音频资料辅助，学生们对不同乐器发出的独特音色表现出了极大的兴趣，进一步激发了他们探索音乐世界的欲望。从阅读学习卡的反馈和小组讨论来看，大部分学生对课堂上介绍的乐器的种类、基本构造及演奏方式有了较为扎实的理解。学生对乐器知识的掌握度也较高，特别是通过"我会说"和"我会画"的环节，他们能够较好地记住每种乐器的特点。然而，也有少数学生在区分相似乐器（如小提琴与低音提琴、低音竖笛与高音竖笛）时存在一定困难。在未来的教学中，教师需要加强对这类细微差别的讲解和比较。

本次课程的四个板块设计得较为成功，通过不同类型的表达内容，不仅达到了活跃课堂气氛的目的，也促进了学生之间的交流与合作。学生们在参与中学会了倾听他人意见，共同解决问题，这种积极的互动模式有效提升了学习效果。但值得注意的是，部分内向的学生在大型互动中参与度不高，未来可以通过设置更多小组内部讨论或个别展示的机会，鼓励每个学生都积极参与。选用的阅读材料内容丰富、图文并茂，非常适合小学生的认知水平。书中用富有童趣的卡通插画来展示乐器，用生动形象的文字将乐器的不同特点甚至声音描绘出来，极大地增强了阅读的趣味性和知识性。学生们普遍反映，阅读材料易于理解，且信息量适中，既满足了好奇心，又没有造成阅读负担。同时在教学方法创新上，本次课程尝试将信息技术融入传统教学。即在阅读时按照分组，每一组分一本带点贴的绘本。点读贴里是各种乐器的曲目，学生可以边阅读边用点读笔点击点读贴的内容，结合书本聆听相关乐器的音乐。在集体授课时，教师利用多媒体展示各种乐器演奏的视频或音频片段，以及利用 AR 技术让学生在黑板上"虚拟"触摸和演奏乐器，这些创新手段极大地提高了学生的参与度和学习兴趣。

第五章　全学科整本书阅读的课内外阅读一体化

在学校的所有课程中，阅读是最重要的。能够阅读的人将能够学习任何其他课程。

——鲁迪亚德·吉卜林

课内阅读是学生在学校教育阶段的主要学习方式，课外阅读是学生学科知识学习的有益补充。在全学科整本书阅读中，教材阅读是课外阅读的基础和起点，课外阅读是教材阅读的延伸和拓展，课内外阅读一体化是全学科整本书阅读的有效方式，通过整合课内外阅读材料"引读"、提出课内外阅读问题"启思"、组织课内外阅读交流"促达"、提供课内外阅读反馈"互评"来促进课内外阅读一体化，提升学生的学科核心素养。

第一节　课内外一体化是全学科整本书阅读的基本要求

阅读是写作的基石。教师要以教材为圆心，以课堂为辐射源，以课内外阅读实践为依托，使个体阅读效益最大化。[①] 教材阅读和课外阅读都是学生获取知识和信息的重要途径，教材阅读为学生提供了系统知识，课外阅读则能够补充和丰富课内知识。学生在进行教材阅读和课外阅读的过程中，不仅能

[①] 温儒敏. 功夫在课外：致"整本书阅读上海论坛"的一封信[J]. 语文学习，2018（1）：26—27.

够积累知识、训练和提升阅读思维，而且能够在阅读中深入思考，形成更加多元、包容的价值观。教材阅读与课外阅读是相辅相成的，通过两者的结合，学生可以更加全面地认识和理解世界。

一、教材阅读是课外阅读的基础与起点

教材是课程方案和课程标准实施的主要载体，是教师开展教育教学活动的重要依据，是学生学习各类学科知识的重要基础。它系统地介绍了相应学科的基本概念、原理和理论。教师在备课过程中，需要将教材中的知识点、概念和方法转化为教学内容，设计出一份符合学生学情的教学方案，帮助学生更好地理解和掌握知识，为学生搭建起知识框架。

"阅读是促进学生发展的主渠道，培养学生阅读力是中小学教育的核心任务，阅读因此成为学校的灵魂和标志。"[①] 随着课程改革的逐步推进，培养学生阅读教材的能力是教育教学工作的核心环节，是最基本的学习方式，是汲取知识的主要手段，是探索与认识世界的重要途径。因此，培养学生浓厚的阅读兴趣，养成良好的阅读习惯，不断提升阅读总量并增强理解鉴赏能力，让学生"在阅读中成长，在成长中阅读"已成为大部分教师的共识。学生通过阅读教材，可以清晰地了解每个章节的学习任务和要求，从而更好地规划自己的学习进度和策略。同时可以逐步建立起完整的学科知识体系，为后续的全学科整本书阅读奠定基础。

（一）传授学科知识的基础

教材是学科知识系统化和规范化的载体。它经过精心编排，旨在为学生提供全面、循序渐进的知识体系。通过阅读教材，学生能够系统地学习各学科的基本概念、原理和理论，为后续的深入学习打下坚实的基础。教材阅读不仅帮助学生掌握知识点，还通过实例、图表、案例分析等多种形式，加深学生对学科的理解与记忆。因此，教材阅读是全学科整本书阅读的基础，确保了学生在广泛阅读之前应具备必要的学科背景知识。以数学学科为例，教材中对函数、几何图形等基本概念的讲解，是学生理解更加复杂的数学著作的基础。只有掌握了教材中的基础知识，学生才能在阅读整本书时更好地理

---

① 余文森. 论阅读、思考、表达的教学意义 [J]. 全球教育展望，2021（8）：25—43.

解作者的思路与观点，从而实现知识的深化与拓展。

（二）培养阅读能力的起点

阅读能力是学生终身学习的关键技能之一。教材作为规范性的阅读材料，其语言表述清晰、逻辑结构严谨，为学生提供了优质的阅读训练素材。此外，教材编排遵循由浅入深、循序渐进的原则，与学生的认知发展水平相契合。在阅读教材的过程中，学生能够学习到诸多的阅读方法和技巧。具体而言，通过阅读教材，学生能够学习如何提取关键信息、理解文本结构、分析论证逻辑等基本的阅读策略。这些技能不仅是理解教材内容所必需，也是进行更广泛阅读的基础。例如，在语文教材中，通过分析课文的段落结构，学生能够掌握如何找出中心句、概括段落大意，进而把握文章主旨。当面对整本书阅读时，无论是文学作品中复杂的情节脉络梳理，还是科普读物里抽象概念的理解，学生都能够凭借在教材阅读中训练的能力，从容应对。因此，教材阅读是培养和提高学生阅读能力的起点，为学生将来独立阅读更复杂、更多样的文本提供了方法。

（三）提供学科思维的导向

教材不仅仅是知识的载体，更是学科思维方式的展现。每门学科都有其独特的思维方式和解决问题的策略，教材通过内容的选择和组织，引导学生逐步掌握这些学科特有的思维方式。例如，数学教材通过逻辑推理和问题解决，培养学生的抽象思维和解决问题的能力；科学教材则通过实验探究、数据分析，引导学生形成实证精神和科学方法；文学教材则通过文本解读、情感体验，培养学生的同理心和人文素养。通过阅读教材，学生能够逐步建立起符合学科特点的思维方式，让学生在与文本的对话中，逐渐内化这些学科特有的思维方式。这对于他们深入理解学科内容、形成学科素养至关重要。也能够指导学生在未来学习和生活中面对复杂问题时，运用学科思维找到解决问题的方案。

（四）激发学生兴趣的开端

兴趣是驱动学习的最强动力，而教材阅读则是点燃这一动力的火花。优秀的教材设计往往注重内容的趣味性和实用性，通过生动的案例、贴近生活的实例、引人入胜的故事，激发学生的学习兴趣和好奇心。教材不仅仅是知识的传递者，更是情感的共鸣者，让学生在学习的过程中感受到学科的魅力，体验到知识带来的快乐和成就感。这种由内而外的兴趣激发，促使学生主动阅读相关整本书，驱使他们不断拓宽自己的知识边界，深入探索学科背后的奥秘。

整本书阅读作为一种阅读教育理念，引导学生阅读"整本书"，不仅有助于他们养成良好的读书习惯，而且对提升其阅读水平、培养其思维能力都有帮助。[①] 在全学科整本书阅读的推广与实践活动中，教材阅读无疑扮演着至关重要的基础性角色，特别是在小学这一奠定学习基础的黄金时期，教材不仅是知识的载体，更是培养学生阅读能力与素养的摇篮。教材精心编排的"主题单元式"内容，在小学阶段为学生们搭建起一座通往全学科整本书阅读的桥梁。

以统编版语文六年级下册第四单元为例，该单元以"理想和信念"为核心人文主题，不仅为学生们呈现了一个丰富多彩、充满英雄气节与革命精神的文学世界，更在全学科阅读的推广中发挥了重要的作用。通过《古诗三首》《十六年前的回忆》《为人民服务》和《董存瑞舍身炸碉堡》四篇课文的深入学习，学生们不仅能够领略古代诗人的豪情壮志，更能深刻体会到近现代革命先驱们为了理想和信念所付出的巨大牺牲。这种人文主题的熏陶，不仅为学生们的心灵注入了强大的精神力量，更为他们进行全学科整本书阅读提供了丰富的情感积淀和价值导向。

与此同时，本单元在语文要素训练方面同样下足了功夫。"关注外貌、神态、言行的描写，体会人物品质"以及"查阅相关资料，加深对课文的理解"，这些阅读训练要素不仅有助于学生更好地理解课文内容，更能够培养他们的阅读策略和批判性思维能力。

例如，在学习《十六年前的回忆》时，单元要素引导学生关注李大钊同志的外貌描写，如他"穿着那件灰布棉袍"，这样的描述让学生感受到李大钊同志的朴素与低调，与他身为共产党领袖的身份形成了鲜明对比，凸显了他不慕虚荣、心系人民的品质；神态描写方面，文中提到李大钊同志在局势紧

---

① 熊宁宁. 新课程标准背景下整本书阅读的教材呈现——"快乐读书吧"编排特点[J]. 语文建设，2023（14）：54—58.

张时"神情非常安定,非常沉着",这种在危难时刻的从容不迫,展现了他坚定的革命信念和对未来胜利的信心,深深感染了每一个学生;言行描写更是生动展现了李大钊同志的革命精神。面对敌人的审讯,他不乱说话也不慌张,即使遭受酷刑也保持沉默,这些言行不仅体现了他的英勇无畏,更彰显了他对革命事业的忠诚与执着。此外,为了更深入地理解课文,学生还需"查阅相关资料,加深对课文的理解"。通过查阅李大钊的生平事迹、当时的历史背景以及共产党的革命历程,学生能够更加全面地理解李大钊同志的牺牲精神和他所代表的那个时代的革命理想。这种结合课文内容与课外资料的阅读方式,不仅丰富了学生的知识面,也培养了历史意识和批判性思维能力。

《十六年前的回忆》这篇课文通过细腻的外貌、神态、言行描写,为学生提供了一个深入理解和体会人物品质的绝佳范例。同时,结合相关资料的查阅,学生在阅读过程中不仅提升了语文素养,也为全学科整本书阅读打下了坚实的基础。在教材的阅读与学习之后,学生可以尝试运用在教材中学到的阅读策略和技巧,如通过人物描写来把握人物性格、通过历史背景来理解故事情节等。同时,他们还可以将教材中的主题和要素与整本书阅读相结合,进行跨学科的阅读和思考。例如,在阅读关于革命历史的整本书时,学生可以结合本单元的主题和要素来深入理解书中的故事情节和人物形象;在阅读科学类整本书时,则可以运用在阅读中培养的逻辑思维和批判性思维能力来分析和解决问题。因此,在教材阅读中所积累的基础性的阅读经验和能力不仅有助于学生更好地理解课文内容,更能够为他们进行全学科整本书阅读奠定坚实的基础。

二、课外阅读是教材阅读的延伸和拓展

叶圣陶先生曾说:"现在有许多学生,除了教本以外,不再接触什么书,这是不对的。为养成阅读的习惯,非多读不可;同时为充实自己的生活,也非多读不可。"[①] 随着教育改革的深入,教师们愈发意识到课外阅读的重要性。那些热爱阅读的学生,不仅在知识面、思维活跃度以及写作能力上展现出显著的优势,更在智力发展与心理素质培养方面有突出表现。课外阅读作为一

---

① 叶圣陶. 叶圣陶集:第十六卷[M]. 南京:江苏教育出版社,2004:58.

种综合性的心智活动，融合了感知、思考、推理、想象等多种心理过程，并伴随着阅读需求、动机、兴趣及态度等意向因素的积极参与，对学生的全面发展具有不可估量的价值。但对于不少学生及家长而言，课外阅读是一项自由选择，可以是今天读也可以是明天读，处于一种"无动于衷"的状态，缺乏紧迫性，常表现为即兴或零散的阅读模式。部分教师过于聚焦于教材的深入解析，忽视了对学生课外阅读的指导，导致学生阅读课外书籍时缺乏明确的目标和科学的方法，其阅读效果自然大打折扣。

教材阅读虽为学生提供了系统、全面的学科知识，是学生学习的基础，但由于教材篇幅和课程时间的限制，某些知识点可能只做了简略的介绍或尚未得到充分的探讨。对于广泛阅读的学生来说，通过课外阅读可以接触到课堂之外的知识，这样不仅能深化他们对学科内容的理解，还能对所学知识点进行有效的补充和拓展，进而开阔视野，丰富知识储备。

就内容维度而言，教材阅读往往聚焦于某一学科或领域的基础知识，而课外阅读则能为学生提供更为广泛和深入的内容。通过阅读不同类型的书籍，学生可以接触到更丰富的知识信息，如历史背景、科学原理、文化习俗等，从而加深对教材内容的理解，形成更加完整和系统的知识体系。课外阅读往往跨越多个学科领域，如文学作品中的历史背景、科学幻想小说中的物理原理等，这种跨学科的阅读体验有助于培养学生的综合素养，促进知识间的相互渗透和融合，使学习更加立体和多元。

就能力培养而言，课外阅读要求学生独立阅读并理解复杂信息，这锻炼了他们的阅读理解能力。同时，面对多样化的文本，学生需要学会筛选、分析和评价信息，这有助于培养批判性思维，使他们能够更理性地看待问题。在教材阅读中，学生初步掌握了基本的阅读能力，如理解文意、提取信息等。课外阅读则为学生提供了一个实践和提升这些能力的广阔舞台。阅读不同类型、难度各异的课外书籍，要求学生不断调整阅读策略，提升阅读速度与理解深度。比如阅读一部情节复杂的长篇小说，学生需要学会梳理人物关系、把握情节发展脉络，这对于提高他们的逻辑思维和归纳总结能力有着极大的帮助。而且，在阅读过程中遇到的生僻字词、复杂句式，也促使学生学会自主查阅资料、分析理解，从而提升语言文字运用能力。这些能力的提升都是对教材阅读能力培养的进一步延伸和拓展。

就思维拓展而言，教材在编写过程中主要围绕既定的教学大纲和学科基本思维进行设计。而课外阅读能够打破这种相对固定的思维模式，为学生带来多元化的思维视角。不同的作者有着不同的文化背景、思维方式和创作风格，在作品中呈现的观点和思考问题的角度也各不相同。例如，阅读文学作品和科幻小说，能够激发学生的想象力和创造力。这些作品通过构建不同的世界观、情节和角色，鼓励学生跳出常规思维框架，探索未知领域，培养批判性思维和辩证思维能力。这种思维拓展是在教材阅读基础上的升华，让学生学会从多个角度看待问题，拓宽思维边界，为学习和生活提供更丰富的思考方式。

就情感体验而言，教材阅读虽然也能传递情感，但由于其教学的功能性，情感体验相对较为局限。课外阅读则能够让学生沉浸在丰富多样的情感世界中。通过阅读感人至深的文学作品，学生能够与书中的人物同呼吸、共命运，感受他们的喜怒哀乐，从而激发内心深处的情感共鸣。比如阅读《简·爱》，学生能够体会到主人公追求平等、自由和独立的坚强意志，这种情感体验不仅丰富了学生的内心世界，还能培养同理心和情感感知能力。此外，课外阅读中的优秀作品往往蕴含着深刻的人生哲理和价值观。例如，《老人与海》中的主人公圣地亚哥通过坚持不懈的努力最终战胜了困难，这种精神能够激励学生形成积极向上的人生态度，促进个人品德和人格的健康成长。与教材阅读相比，课外阅读在情感体验方面更加深入、细腻，让学生在情感的滋养中不断成长。

课外阅读在内容维度、能力培养、思维拓展和情感体验等方面都是教材阅读的延伸和拓展。通过课外阅读，学生可以接触到更为广泛和深入的知识信息，提升综合素养；同时，还能激发创新思维、锻炼逻辑思维能力；更重要的是，通过阅读优秀作品中的情感和哲理内容，能够培养学生的同理心和积极向上的人生态度。

第二节 课内外阅读一体化的实施策略

课内阅读和课外阅读都能够帮助学生扩大视野，了解不同领域的知识和文化。通过两者的结合，学生可以更加全面地认识世界和社会。课内外阅读一体化教学的前提是要加强课内阅读与课外阅读之间的关联性。教师要充分考虑与课内教学内容的相关性，整合阅读材料、设计阅读任务、组织阅读分享、结合实验分享、评价与反馈等，使两者在主题、知识点、文化背景等方面有所衔接，从而借助课内所学的知识进行理解和分析，加深对课内教学内容的理解和掌握。

一、引读：组织课内外阅读材料

在整合课内外阅读材料之前，明确整合目标是至关重要的第一步。整合课内外阅读材料不仅是为了完成教学任务，更是为了全面提升学生的阅读素养和综合能力。

（一）明确整合课内外阅读目标

通过整合课内外阅读材料，可以显著增加学生阅读的广度与深度。课内阅读材料通常围绕教材内容展开，虽然系统性强，但往往局限于特定的知识框架和范围。而课外阅读材料则能够为学生提供更加丰富多样的阅读体验，拓宽他们的知识视野，帮助他们接触到不同领域、不同文化背景的文本，从而在广度上得到拓展。同时，课外阅读材料往往更具深度，能够引导学生进行更为深入的思考和探究，培养思辨和分析能力。

（二）结合实际情况，选择多元化材料

教材是课程方案和课程标准的载体，教师应立足教材，拓展整合课外阅读资料。在教学过程中，教师应以教材内容为基础，引导学生深入理解课文内容，优先选择与课内阅读材料相呼应、互为补充的课外阅读材料，将课外阅读材料与课堂教学内容相结合，使学生能够在阅读中巩固和拓展所学知识。

教师应根据学生的实际情况和兴趣爱好，提供更多元化的阅读材料，满足不同学生的兴趣和需要，进而增强他们的阅读兴趣和动力。教师可以挑选一系列适合学生的阅读材料，涵盖小说、散文、科普文章等多种类型。这些材料不仅可以帮助学生扩大阅读范围，提高阅读兴趣和阅读能力，还能激发他们的好奇心和求知欲。此外，也可以适当推荐一些绘画、歌曲、舞蹈、影视剧等多元化内容，让学生接触到更多丰富多彩的课内外知识和信息，帮助他们建立起更加全面、完整、系统的知识体系。

比如在教学统编版小学语文五年级课文《我爱你，汉字》时，为学生讲解汉字的起源和历史演变，使学生对汉字有了全新的认识。同时，为加深学生对汉字文化的理解，鼓励学生思考在生活中遇到过哪些不认识的汉字或不懂的成语，并为学生制定了课后学习任务，例如与父母一起观看《神奇的汉字》《中国汉字听写大会》等综艺节目。这样的教学方式不仅让学生对我国汉字文化有了更全面的了解，还培养了探究能力和自主学习能力，使他们学到了更多的课外知识。

又比如教师在教学人教版小学一年级上册美术第1课《认识美术工具》时，不仅仅关注课内教学内容，还可以适当引入课外阅读材料，组织学生阅读选自施宣圆等主编、中州古籍出版社出版的《千古之谜——中国文化史500疑案（续）》中的相关材料，为学生提供了一个了解毛笔起源和历史背景的机会，了解到更多历史和文化的信息。这种教学不仅限于课内知识的复习和巩固，而是引导学生对课外材料进行思考和分析，鼓励他们提出自己的观点和看法。这种方式能够激发学生的思维活力，培养批判性思维和表达能力。

（三）结合教材特点，拓展课外阅读

著名语言学家吕叔湘先生曾经说过："我学习语文，三分得益于课内，七分得益于课外。"[①] 教材注重基础知识的巩固与核心能力的培养，课外阅读则是学生提升综合素养及拓宽知识视野的重要途径。因此，教师在选择课外阅读材料时，应紧密围绕教材内容，选取与之相关联或者能够深化教材知识点的读物。例如教师可以充分利用语文教材的特点，即既注重传承传统文化又

---

① 付璐. 小学第一学段课内外阅读一体化教学现状及策略研究［D］. 沈阳师范大学，2023.

重视与现代文学的融合，既保留了传统优秀篇目又增加了富有时代感的新课文，旨在让学生在阅读中既能领略到传统文化的韵味，又能感受到现代文化的活力。在教学过程中结合教材特点，推荐丰富的课外阅读资料，多样化的选文和教学活动可以培养学生的思维能力、创新能力和人文素养。语文课外阅读材料是丰富多样的，可以涵盖生活中的影视剧、歌曲等，也可以是古今中外各类文学作品、历史典故、科普知识等。建议教师结合语文教材编写特点和教学资源，推荐学生阅读文学类作品如曹文轩的《草房子》，其作品语言优美细腻，情感真挚动人，有助于提升学生的文学鉴赏能力。同时鼓励学生阅读如《三国演义》《水浒传》等经典名著节选或改编版，通过阅读这些经典，不仅能增进学生对中国历史文化的了解，还能在品味人物性格、感受故事魅力的过程中，进一步提升自身的人文素养与综合素质。

二、启思：提出课内外阅读问题

在课内外阅读学习过程中，教师提问引导的作用不言而喻。它不仅是理解文本，引发深入思考的关键步骤，也是培养学生自主学习能力及批判性思维的有效途径。

（一）提问引导：搭建理解文本的桥梁

教师的提问能够为学生搭建起理解文本的桥梁。阅读材料，尤其是课外阅读材料，往往包含复杂的内容、多样的观点和深层次的含义，学生可能在初次接触时感到困惑或难以把握重点。此时，教师通过精心设计的提问，可以帮助学生聚焦文本的核心内容，理清思路，逐步深入理解作者的意图、文本的结构以及背后的逻辑关系。以五年级下册语文教材《草船借箭》一课为例，其根据我国古典名著《三国演义》的情节改写，故事以"借"为主线，按照事情的发展顺序进行叙述，先写草船借箭的原因，接着写诸葛亮为草船借箭做的准备，重点讲述诸葛亮利用智慧和天气条件如期交箭，周瑜自叹不如。整篇文章将故事的起因、经过、结果叙述得清清楚楚，增强了故事的完整性和严密性。针对这个故事，教师可以设计一系列问题来引发学生的深入思考。例如：诸葛亮在故事中展现出了哪些智慧或性格特点？这些特点如何帮助他成功？《草船借箭》计划成功的关键因素有哪些？这些因素如何相互作用？学生可以从不同角度思考，深入理解故事本身。在基本了解故事内容后，教师可以将文学与历史文化相联系，再次提问学生：这个故事在《三国演义》中乃至中国文化中为何如此著名？它传达了哪些普遍的价值观？在教师的不断提问下，不仅能够激发学生的思考，还能锻炼学生的思维能力。此外，提问还能促使学生阅读《三国演义》整本书，在阅读过程中进行分析与比较等思维训练，潜移默化中培养了学生的综合素养。

（二）激发思考：从被动接受到主动探究

教师的提问能够激发学生的深入思考，促使他们从被动接受信息转向主动探究问题。阅读不仅仅是获取信息的过程，更是与文本对话、与作者思想碰撞的过程。通过提出开放性问题或具有挑战性的问题，教师可以引导学生跳出文本的表层含义，进行更深层次的思考。以五年级上册数学"循环小数"一课的拓展资料"数字黑洞"为例，该课堂的目的是让学生探索"数字黑洞"的过程并感受它的魅力，并尝试用数学语言描述"数字黑洞"。在课堂正式开始前，通过教师提问"你们在日常生活中是否遇到过数字重复出现，形成某种规律的情况？"引发学生对"数字黑洞"的好奇心和兴趣。然后教师让学生任意写三个不同的数字，把这三个数字全部用上，分别组成最大三位数和最小三位数，再用最大数减去最小数，得到一个新的三位数（如果差等于099，就把099看作三位数）；对于新得到的三位数，再按照上述方式组成最大三位数和最小三位数，然后再相减求差。一直重复上面的运算，最后会得到一个固定的数，最终会跌入这个数的"黑洞"之中，再也出不来。阅读"数字黑洞"相关材料后，教师会进行三位数数字黑洞演算，并提问"四位数有数字黑洞吗？你想怎么研究？"，鼓励学生提出自己的观点和想法。最后让学生选择一个喜欢的四位数，按照计算规则记录下计算过程和结果（见图5-1）。由此可见，教师适当地提出问题，不仅能激发学生学习兴趣，提高课堂参与度，还能引导学生积极思考，培养其批判性思维。

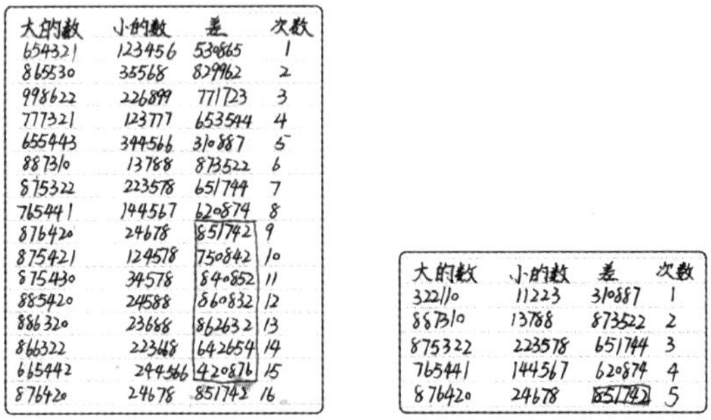

大的数	小的数	差	次数
654321	123456	530865	1
865530	35568	829962	2
998622	226899	771723	3
777321	123777	653544	4
655443	344566	310887	5
887310	13788	873522	6
875322	223578	651744	7
765441	144567	620874	8
876420	24678	851742	9
875421	124578	750842	10
875430	34578	840852	11
885420	24588	860832	12
886320	23688	862632	13
866322	223668	642654	14
665442	244566	420876	15
876420	24678	851742	16

大的数	小的数	差	次数
322110	11223	310887	1
887310	13788	873522	2
875322	223578	651744	3
765441	144567	620874	4
876420	24678	851742	5

图 5-1　学生作品

（三）培养能力：提升自主学习能力

教师的提问在培养学生自主学习能力方面也发挥着重要作用。自主学习能力的核心在于学生能够主动发现问题、分析问题并解决问题，而教师的提问正是这一过程的催化剂。通过提出引导性问题，教师可以帮助学生逐步掌握自主学习的技巧。例如，教师可以提问："你在阅读过程中遇到了哪些困难？你是如何解决的？""你认为还有哪些问题值得进一步探讨？"这些问题能够促使学生反思自己的学习过程，培养问题意识和探究精神。长此以往，学生将逐渐学会在没有教师直接指导的情况下，独立完成阅读任务并进行深入思考。

提问是智慧的火花，能点燃我们思维的火焰，让我们在思考中不断成长。为了让学生更好地理解文本内容，获取重要知识，教师要精心设计阅读任务。有趣且富有挑战性的阅读任务能够激发学生的求知欲和好奇心，增强学习动力。同时，教师应灵活运用多种提问策略，如递进式提问、假设性提问、反思式提问、比较式提问等。当然，及时且积极的反馈与指导也至关重要。当学生发现自己的阅读成果得到认可时，他们会更加积极地参与到阅读活动中来。在精心设计阅读任务时，教师要引导学生关注文本内容和文本中的情感元素，体验作者的情感世界，这样有助于培养学生的同理心、责任感和积极向上的情感态度，也可以有效地促进学生的阅读能力、思维能力的发展。

三、促达：组织课内外阅读交流

（一）课堂展示转型，互动与理解共进

在当今课堂教学中，展示交流是一种重要的学习方式。然而很多教师倾向于采用"作者"讲解的方式，是谁的方法，就让谁到台上来和大家展示介绍自己的思路，这往往导致大部分学生沦为被动的倾听者，主动参与和解读他人想法的意识就会逐渐淡薄，不利于培养学生的阅读和理解能力。为了有效提升学生的阅读意识和能力，教师不妨在上课交流的过程中放慢脚步，适当调整节奏，避免让"作者"独自阐述，而是先展示学生的方法，让全班同学共同观察、思考并尝试理解这个学生的方法，进而引导全班同学聚焦问题解决的思路，激发更多学生思维的深度参与，使他们在"阅读"他人解题思路和方法的过程中，能够从单一的"倾听者"转变为积极的"阅读者"和"思考者"，从而在互动与交流中不断提升自身的阅读理解能力。

（2）课内外阅读联动，拓展与进阶并行

教师应当定期在课堂上组织学生进行阅读分享活动，鼓励学生交流自己的阅读感悟和发现。课内，师生共同学习一篇；课外，教师顺带推荐一批阅读材料，一篇带多篇，一类带多类。真正从课堂延伸到课外，有效引导学生学会独立阅读，有层次、有梯度地提升阅读能力。[1] 这不仅能够增强学生的阅读兴趣，还能够增进学生之间的互动与合作。教师应在阅读活动中充当引导者，激励学生进行深入的思考，教会他们在阅读中发现问题、提出问题并解决问题。这样的教学模式旨在培养学生的批判性和创造性思维。

教授必读书目《西游记》时，教师在课前导读时巧妙地采用激趣导入的方式，引导学生回顾阅读方法并做好批注。而后设计一系列课内外阅读任务引导学生进行深入阅读。（见图5-2）课前阅读任务一：梳理脉络，品读悟空形象。学生在阅读《西游记》第一至八回后，精读第二回（龙宫得宝器 地府销姓名）、第三回（悟空闹天宫 佛祖降妖猴）和第八回（遭难五庄观 棒打白骨精），认真阅读关于孙悟空部分的描写，并用红笔做好批注。同时，找出文章当中描写孙悟空言行的语段，感受孙悟空的形象。利用树状图、思维导图等方式制作孙悟空的人物档案。课内阅读时，将学习目标落地到两个学习任务中：一是以品读孙悟空的人物形象作为抓手，推进《西游记》的阅读；二是创设"为孙悟空设计任务档案"的情境任务，以初步品读孙悟空的人物形

---

[1] 蒋军晶. 让学生学会阅读——群文阅读这样做［J］. 阅读，2016（95）：65.

象与抓取文中悟空的言行作为前置，让学生在推进课上交流自己是如何品析悟空的人物形象的，再出示两个经典的片段进行进一步的品析。以孙悟空的称呼作为切入口，抓住人物特点，品读《西游记》。课后拓展阅读时，设置了"链接影视作品，对比阅读"的任务三活动。学生需对比影视作品与原著的区别，鼓励学生不仅要有读后的思考和感悟，更要能够清晰、有条理地表达自己的想法，通过对比分析报告、口头演讲与小组讨论等形式，展现其深度阅读和批判思维能力。

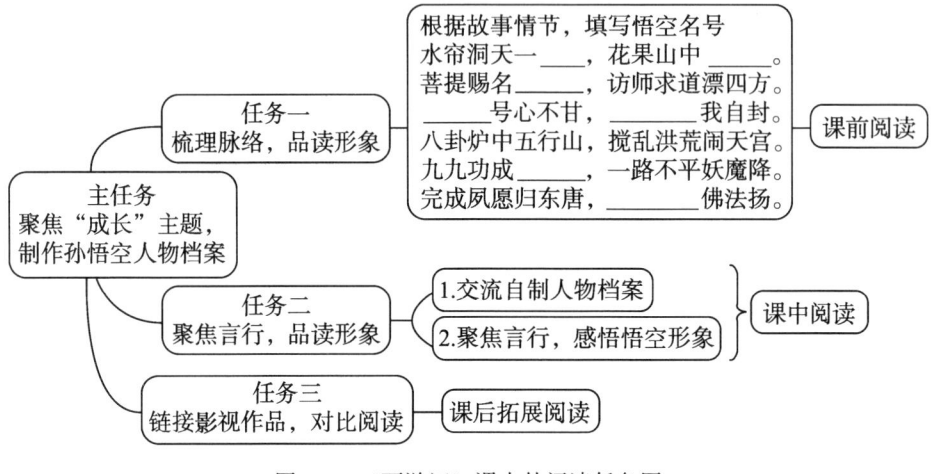

图 5-2　《西游记》课内外阅读任务图

（三）多彩阅读活动，兴趣与素养齐飞

为深化"高质量发展样本校"建设，持续推进学校"全学科整本书阅读"教改项目工作的落地，助力学生在阅读活动中不断成长，享受阅读的乐趣，激发阅读的积极性。教师精心设计并定期组织开展丰富多彩的学科类"读书"阅读活动，如读书会、吟诗诵词比赛、征文比赛、朗诵比赛、故事演讲比赛等，鼓励学生积极参与观察、操作、表演、验证书中知识等，以此激发参与热情。学生不仅局限于文字的阅读，更要通过观察、实践操作、角色扮演和书中知识的实验验证等多种方式，亲身体验并深化对知识的理解。阅读之后，学生们会进行知识点的梳理与总结，开展思辨讨论，提出疑问，甚至动手进行简单的实验验证。这个过程不仅能够加深学生对知识的理解，还能够培养学生的实践能力和动手能力。

例如整本书阅读竞赛活动要求学生深入阅读并理解整本书的内容，进而在竞赛中通过口头或者书面的形式表达自己的理解和感悟。这一过程中，学生需要运用准确、生动的语言来阐述自己的观点和感受，锻炼了语言表达能力。在整本书阅读竞赛活动会场上，学生们尽情地展示着自己的才华，自信的回答、流利的发言、富有创意的表演为活动增添了亮丽的色彩。（相关活动图见5—3）赛场上的精彩瞬间，源于赛场下日复一日、孜孜不倦的阅读与积累。此次活动不仅培养了学生阅读的兴趣，丰富了学生的阅读知识，更有助于拓宽学生的阅读视野，为学生的课外阅读世界打开了全新格局，也为课内外的阅读留下了浓墨重彩的一笔。

口头表达是日常交流中最常见的形式，除了口头和书面表达，非语言类的表演艺术——课本剧也是鼓励学生表达的重要方式。学生通过角色扮演和情境再现的方式，将课本中的文字转化为生动的表演，这种新颖的形式能够极大地激发学生的好奇心和参与热情，使他们更愿意主动表达自己的想法和感受。此外，在课本剧的排练和表演过程中，学生需要与他人合作，共同商讨角色定位、台词表达、动作设计等。这为学生提供了一个展示自我、表达创意的广阔平台。通过不断的练习和彩排，学生的表达能力会得到显著提升。而且课本剧不仅仅是语言的再现，更是情感的传递。学生在扮演不同角色的过程中，需要深入体会角色的内心世界，理解角色的情感变化，并通过表情、动作和语调来传达这些情感。课本剧的表演不仅丰富了学生的校园文化生活，还促进阅读课程走进学生内心，培养了学生的多元解读文本的能力。演员们身着风格迥异的服饰，化身为书中一个个鲜活的角色，登上舞台，来一场和书中主人公的大"狂欢"！有以身作则、勤奋好学的周恩来，有善良慈悲的唐僧，英勇正义的孙悟空，狡猾残忍的白骨精……每个角色都被学生以大胆创新的演绎方式赋予新的生命。他们通过惟妙惟肖的肢体动作加上亦庄亦谐的表演，引发了台下同学和老师的阵阵欢笑与掌声。学生深入挖掘课内外的知识，细致揣摩人物的性格特点和情感变化，自己准备道具、安排角色、表演故事，将文中的人物形象演绎得活灵活现。（相关活动图见5—4）课本剧的表演形式不仅发挥了学生们的想象力和创造力，更能让他们深刻体会文本所蕴含的人文精神和艺术魅力。

图 5-3　整本书竞赛活动　　图 5-4　课本剧表演

四、互评：提供课内外阅读反馈

德国教育家第斯多惠曾说："教学的艺术不在于传授本领，而在于激励、唤醒和鼓舞。"[1] 在充满活力的课堂中，学生总是热切盼望教师能对其课堂表现给予及时恰当的评价反馈，当教师对学生的阅读情况进行及时评价和反馈时，不仅能准确把握学生的阅读水平，还能有效促进学生思维提升。教师也可以根据学生的反馈灵活调整教学策略，激发更多富有价值的课堂互动与生成，使课内外阅读一体化更加符合学生的需求和特点。

首先，评价反馈是学习过程中的重要环节，也是推动教育质量提升、促进学生全面发展的关键因素。评价反馈不仅能够帮助学生了解自己的学习情况，还能为教师提供教学改进的依据。通过科学、有效的评价反馈，教师可以更好地把握学生的学习进度和问题，从而调整教学策略，提升教学效果。同时，评价反馈还能够激发学生的学习动力，帮助他们明确学习目标，促进全面发展。

其次，评价反馈的方式多种多样，教师应根据具体的教学情境和学生的学习需求来选择合适的反馈方式。不同的教学目标和学生特点需要不同的反馈方式。例如，对于阅读能力的评价，可以采用创新的测评形式，如学校组织的期末阅读素养测评游园闯关活动。这种活动以班级为单位，通过现场抽

---

[1] 〔德〕第斯多惠. 德国教师培养指南[M]. 袁一安，译. 北京：人民教育出版社，2005.

题并即时作答的方式，对学生的阅读能力进行专项评价。活动设置了"人物关""情节关"和"感受关"三关（见表 5-1），分别测评学生对人物、情节和阅读感受的掌握情况。这种闯关评价方式不仅形式新颖，能够激发学生的参与热情，还能针对学生的具体表现给出及时反馈，帮助他们了解自己的阅读水平和存在的问题。

表 5-1 阅读素养测评闯关评价表

项目	评价标准	等级
第一关：人物关	能根据提示猜人物，说人物	
第二关：情节关	能根据提示说情节，猜细节	
第三关：感受关	能根据提示说感受，聊体会	
总结		

最后，教师应注重反馈的及时性、准确性和有效性，以最大程度地促进学生的学习和发展。及时、准确的反馈能够帮助学生迅速调整学习策略，改进不足。例如，在阅读素养测评游园闯关活动中，学生通过即时作答和现场反馈，能够第一时间了解自己的表现和问题。同时，教师可以根据学生的闯关情况，提供个性化的指导和建议，帮助学生明确阅读专项学习的方向。这种以评促读的方式，不仅能够提升学生的阅读能力，还能培养他们的综合素质，为他们的全面发展奠定基础。

俗话说："读写不分家。"在阅读这片沃土上，学生们不仅汲取知识的养分，更以纸笔为舟，图画为帆，将阅读的收获转化为丰富多样的创作形式，如手抄报、思维导图、小日记、读后感……这些不仅是他们阅读效果的生动展现，也是教师对阅读效果进行评价和反馈的重要依据。教师结合学生的身心发展特点和规律，鼓励并引导学生通过写（如读后感、鉴赏文章）、演（如戏剧表演、朗诵）、画（如图文笔记、绘画）或交流等形式全方位、多角度展示阅读成果，让阅读体验变得直观而深刻，增强阅读的趣味性和深度。

下面让我们共同欣赏黄石中心小学各年级学生的精彩作品（见图 5-5）。他们以课堂的知识为墨，数学绘本的精彩为笔，生活经验为灵感，用特别的方式为我们呈现了数学的别样魅力！

图 5-5　学生作品

第三节　课内外阅读一体化的实践案例

随着教育改革的不断深化，课内外阅读一体化的教学模式已成为提升学生阅读能力、拓宽知识视野的重要手段。特别是在小学阶段，学生的阅读能力正处于快速发展的关键期，实施课内外阅读一体化教学显得尤为重要。借助课内外阅读一体化教学模式，学生能够在教师的悉心指导下，将课堂所学的阅读技巧与策略应用于课外的实际阅读中，从而有效提升阅读能力和知识水平。

下面将通过语文、数学、科学等其他学科的具体教学案例，来探讨课内外阅读一体化的实践策略，以期为学生阅读能力的提升和知识视野的拓宽提供有效途径。

一、语文学科课内外阅读一体化案例

语文学科以《西游记》为例。《西游记》是中国古代四大名著之一，具有极高的文学价值。《西游记》中的孙悟空等角色，具有勇敢、智慧、忠诚等优秀品质。这些品质对于培养学生的良好品德和道德观念具有重要意义。《猴王出世》作为古典名著《西游记》的开篇，凭借其富有传奇色彩的故事情节和鲜明的人物形象，为整部小说奠定了阅读基调，吸引了广大学生的阅读兴趣。本案例旨在通过引领学生深入阅读《猴王出世》，理解其深厚的文化内涵，并激发学生对于古典文学的兴趣。活动分为课内精读、课外延伸和课内外串联三个阶段，通过这一系列循序渐进的阶段，学生将全面深入地领略《猴王出世》的故事精髓，感受其独特的魅力，并提升阅读能力和文化素养。

（一）课内精读指导和小组合作相辅相成

在课前准备阶段，教师首要任务是明确本次阅读探索活动的目标框架和具体要求，并布置学生搜集或阅读与《猴王出世》相关的材料信息。在课堂上，教师组织一场信息分享会，鼓励学生展示各自搜集的素材和心得。通过这一互动，教师可以了解学生的阅读准备情况，为后续的教学活动的顺利开展打下良好基础。

教师可以用一种充满创意与活力的方式，引领学生探索《猴王出世》这一经典篇章，将传统阅读转化为一场生动的文学探险。课堂伊始，教师让学生自主阅读课文《猴王出世》，细致梳理从石猴的诞生到其发现水帘洞并成为猴王的完整情节脉络。接着，教师巧妙运用提问策略，激发学生对石猴性格特质的深入探讨。学生们围绕"石猴为何能脱颖而出？""猴群的行为反映了怎样的社会规则？"等问题展开充分讨论，让思维的火花在交流中不断碰撞。随后，教师借助多媒体设备，展示与《猴王出世》相关的图片、视频等素材，书中的壮丽场景与角色形象跃然眼前，学生们仿佛置身于那波涛汹涌的瀑布前，与石猴一同感受那份震撼与惊喜。这些视觉元素不仅加深了学生对故事情境的理解，更激发了他们无限的想象与共鸣。

在指导学生精读《猴王出世》选段的过程中，教师通过角色扮演等多元化学习模式，让学生们化身为课文中的角色，每一个动作、每一句台词都经过反复推敲与演绎，让石猴勇敢无畏、聪明机智的形象在学生心中愈发鲜活。最后，课堂进入了一个深刻对比与反思的阶段。教师巧妙地引导学生将视线从石猴这一中心角色上拓宽，转向其他猴子的行为表现，进行了一场别开生面的"猴群行为大观察"。通过对比其他猴子与石猴的行为差异，让《西游记》的整本书阅读种子在学生的心中生根发芽。

（二）课外拓展延伸深化内容的理解

课外延伸可以有效强化学生的阅读成效，激发他们的阅读兴趣。学生可以通过图书馆、网络平台等渠道，深入挖掘《西游记》的作者生平、创作背景、版本差异等资料，以此洞悉故事发生的时代背景和文化环境。学生应进一步探索《西游记》中与《猴王出世》紧密相关的其他章节，如石猴学艺、大闹天宫等篇章，从而更全面地了解美猴王的性格特点和成长历程。

为了确保学生的延伸阅读效果，教师可以启动一项特别的"阅读之旅"计划，如鼓励学生将个人阅读体验与感悟记录下来，撰写读后感或故事梗概。一方面倡导学生养成做读书笔记的习惯，记录下自己在阅读过程中的所思所感，包括人物形象分析、情节发展预测、语言特点赏析等多个维度。这不仅可以帮助学生加深对阅读内容的理解，还可以提高写作能力和语言表达能力。另一方面，鼓励学生基于自己的阅读体验，创作与《猴王出世》相关的作品，如读后感、故事续写、创意绘画等。这有助于学生将阅读体验转化为自己的创作成果，并提升自己的表达能力和创造力，实现阅读与创作的良性互动。

（三）多种活动实现课内外阅读的有效串联

在课内阅读《猴王出世》后，学生能够更好地理解孙悟空这一角色的起源和性格形成。在课外阅读《西游记》时，《猴王出世》这段背景知识则成为理解孙悟空后续行为与决策的关键钥匙。教师在教学实践中，要引导学生将《猴王出世》与《西游记》中孙悟空保护唐僧取经的整个过程联系起来，理解其从叛逆不羁到忠心耿耿、从自在逍遥到担当责任的心路历程。通过对比分析和关联思考，进一步深化对故事情节和人物形象的理解，提高阅读理解能力。

在阅读活动中，促进《西游记》整本书阅读与课内《猴王出世》的深度融合至关重要。教师可以在推进课时，利用课前对班级阅读过程中存在的问题进行调研与分析，通过问卷调查等形式收集学生们在阅读《西游记》过程中遇到的各种问题。有的学生对复杂的人物关系感到困惑，有的则对冗长的故事情节难以把握，还有的学生对书中的古代文化和诗词难以理解。这些问题，如同一道道障碍，阻碍着学生们深入阅读。课中，借助《阅读指导手册》进一步指导学生阅读《西游记》整本书的策略与方法。比如，对于人物关系的理解，可以引导学生根据手册中提供的人物关系图谱，进一步理清人物之间的复杂关系。对于故事情节的把握，采用"章节概括＋关键事件梳理"的方法，将冗长的故事化繁为简，并结合注释和解读，帮助学生跨越文化的鸿沟。最后，让学生展示自己的阶段性阅读成果，在教授学生阅读策略的同时，进一步推进整本书的阅读。

此外，在阅读分享课上，学生们以小组为单位将阅读成果转化为实际行动，以《西游记》主题手抄报展示、课本剧表演、创作衍生故事等形式来反馈本小组对于《西游记》这本书的理解和创编。学生们选取《西游记》中的经典场景进行再现，特别是与《猴王出世》紧密相关的部分，如石猴发现水帘洞、称王称圣等，进一步展示他们对《猴王出世》这个故事的理解和创编。学生们在创作过程中，不仅深入挖掘了原著中的人物性格和情节线索，还巧妙地融入了自己的想象和创意，使得衍生故事既保留了原著的韵味，又充满了新的活力和色彩。在整个《猴王出世》课内外阅读活动结束后，教师需要采用多元评价方式，如书面测试、口头汇报、读书笔记等，全面评估学生的阅读成效，并对学生在阅读过程中表现出的优秀品质和良好习惯给予正面反馈与鼓励。

通过这样的课内外阅读实践活动，学生不仅能够深入了解《猴王出世》的故事内容和人物形象，还能通过搜集和阅读相关资料，进一步拓宽阅读视野，提升自身的文化素养。同时，通过课中的讨论和交流，学生锻炼了思维和表达能力，增强了团队协作意识。课后延伸阅读则进一步巩固了阅读成果，激发了他们的阅读兴趣。整个课内外阅读活动过程中，学生充分感受到了阅读的乐趣和价值，为今后的学习和成长奠定了坚实的基础。

二、数学学科课内外阅读一体化案例

在当今教育改革的浪潮中，课内外阅读一体化已成为提升学生学习成效与综合素质的重要策略，这一理念同样适用于数学这一基础而关键的学科。数学阅读能力是学生在掌握阅读技能的基础上，在阅读过程中逐步形成和发展起来的，其效果与速度体现了学生独立获取数学知识、信息及提升阅读能力的水平。数学阅读带有数学学科特点，教师需要对阅读内容、方式及活动等方面展开创新研究，并传授一些适合数学的阅读方法，以培养学生的数学阅读思维。在当下的数学试题中，通过创设一定情境，强化数学阅读能力的考查。此外，结合数学绘本，开展数学阅读教学，是提升学生数学阅读能力的有效途径。数学阅读是学生从数学书面语言中独立解析并提取意义的心理过程，这一特殊性要求数学阅读教学活动更应该倡导以学生为主体，教师发挥引导作用，激发学生思维活力。教学应强调学生的自主阅读、独立思考、自主探究、合作交流及动态生成的能力。这些能力具有主动性、独立性、思维性、创造性、生成性等特点。

以"平行与垂直"一课为例，结合绘本《直线、平行线和垂线》，探讨如何在数学教学中实现课内外阅读一体化。

《直线、平行线和垂线》这本绘本以生动有趣的方式，将抽象的数学概念转化为形象的故事和画面。对于小学生来说，数学中的直线、平行与垂直概念较为抽象，单纯依靠教材上的文字和图形讲解，学生理解起来可能会有困难。而这本绘本就像一把神奇的钥匙，通过讲述在一个奇妙的图形王国里直线们的各种奇妙经历，自然地引出了平行与垂直的概念。之所以选择"平行与垂直"这个章节，是因为它是数学几何知识体系中的基础内容，对于学生后续学习图形的性质、图形的变换等知识起着关键的铺垫作用。而且，这部分知识在生活中有着广泛的应用，比如建筑中的门窗、街道上的斑马线等，让学生学好这部分内容，能够更好地理解生活中的数学现象。

（一）课前：借助绘本，自主预习

阅读教材是一种能力，也是学生自学能力的一种体现。在课前，教师应布置学生预习教材，引导学生关注教材中的探索提示。比如教材中会有这样的引导："仔细观察下面的两组直线，你发现了它们有什么不同的位置关系？"学生通过自主探索，初步领悟平行线和垂线的定义。在阅读教材的过程中，引导学生阅读教材中的总结性文字和提示，不仅有利于学生准确理解知识，还能规范数学用语，提升数学表达能力。

随后，推荐学生阅读绘本《直线、平行线、垂线》。在这个绘本里，有两条直线，一条叫直直，一条叫歪歪。直直总是笔直地站着，歪歪则喜欢随意地倾斜。有一天，它们在图形王国里相遇了，当它们朝着不同方向一直走，却怎么也碰不到彼此时，绘本里的小精灵告诉它们，这就是平行的关系。而当它们不小心撞在一起，形成四个直角时，小精灵又说这就是垂直。学生们被这个有趣的故事深深吸引，饶有兴趣地追溯着数学家们不断完善平行与垂直概念的历程。

最后，在学生自主阅读后，教师应适时向学生呈现预习单上的任务，如"找同一平面内两条直线的位置关系"，让学生感悟两条直线的位置关系是相对的。同时，还要让学生尝试自主梳理"两条直线相交、平行和垂直的特征"，以及三者之间的内在联系，从而优化并巩固知识体系。

（二）课中：内外衔接，拓展思维

课中深入解读，拓展思维空间。课中阶段是课内外阅读一体化的核心环节，也是教师发挥主导作用的重要环节。在这个阶段，教师需要结合教材内容进行课内外知识的衔接、补充与拓展，引导学生深入探索《平行与垂直》的奥秘。

首先，教师可以借助绘本《直线、平行线、垂线》作为切入点，引导学生观察封面，并提问学生书名和封面图片中有什么内容，从而自然引出绘本的主要内容。基于课前的预习，学生的分享欲将被有效激发。通过展示同一平面内的几组线的位置，让学生初步感知平行、相交和垂直。通过互动与讲解，教师可以帮助学生明晰平行、相交与垂直的含义。例如，询问学生绘本中是如何描述平行线和垂线的，再根据教材内容，借助直观的图片和示意图，简明扼要地解释平行线和垂线的定义与概念。

其次，教师可以组织学生进行小组讨论或合作学习活动，鼓励他们积极发表自己对数学概念的理解，共同探讨同一平面内两条直线位置关系的分类。例如，教师提出问题："在我们的教室里，哪些地方能找到平行和垂直的例子呢？"有学生说："黑板的上下两条边是平行的。"还有学生补充道："黑板的相邻两条边是垂直的。"通过小组讨论或合作学习等活动，学生可以互相交流、互相启发、共同进步。小组活动不但提升了学生的参与度，而且激发了他们的竞争意识，使学习氛围更加活跃。

最后，为了深化学生对平行线和垂线的理解，教师可以带领学生走出课堂，参观学校或周围的建筑物，寻找并观察平行线和垂线的实例。可以观察操场的跑道，发现跑道的两条白线是平行的；还观察了篮球架，篮球架的立柱和篮板的边框是垂直的。回到教室后，教师引导学生利用绘图软件练习绘制平行线和垂线，并鼓励他们互相分享和评价作品。整节课以棋盘格游戏作为收尾。在游戏中，学生们要判断棋盘上哪些线条是平行的，哪些是垂直的，让学生在游戏中巩固了新知。

（三）课后：串联阅读，实践拓展

在选择课内外阅读材料时，教师要充分考虑学生的年龄特点和已有知识经验，确保材料既具有趣味性，又能够满足教学的需要；在阅读过程中，要注重阅读方法的指导，教给学生一些阅读方法，如提取关键信息、批注、联结、思辨等，以有效提升学生的阅读效率和质量；要合理安排课堂阅读时间，避免阅读时间过长影响教学进度，或阅读时间过短达不到预期的效果。

通过课内外串联阅读一体化的教学方式，学生对数学学习的兴趣大大增强，不再觉得数学枯燥乏味；绘本的巧妙融入，让抽象的数学概念变得更加直观、形象，学生对概念的理解更加深刻，能够更好地理解平行与垂直的概念，学习成效显著提升；在阅读和交流的过程中，学生的阅读能力、表达能力、思维能力等综合素养得到了有效的锻炼和提升。

学生完成绘本阅读以及学习完《平行与垂直》这一课后，教师结合生活实际问题创编了一道生活中的问题——怎样挂画又快又正？激励学生运用所学平行和垂直的知识，自制一个实用的挂画器，和家人合作，一起把美丽的图画挂起来，装饰自己的家。再开展家庭小讲堂，说一说其中的数学原理。

表 5-2　《平行与垂直》课外拓展知识练习

挂画器
制作材料：
制作过程：
制作原理：

通过以上的教学实践，可以看到课内外阅读一体化教学模式在《平行与垂直》的教学过程中取得了显著的效果。本节课致力于培养学生的数学阅读能力，旨在要求学生明确阅读意义，应用阅读策略，读懂文化背景，获取数学信息，理解数学内涵，应用数学知识，解决实际问题，以期实现掌握阅读方法到提升阅读技能的转变，并将阅读技能迁移至日常数学阅读中，逐步养成良好的数学阅读习惯，积累数学阅读经验，发展数学学科素养。这样的教学能够激发学生的兴趣和主动性，促进他们对数学知识的理解与掌握。

三、综合学科课内外阅读一体化案例

（一）科学学科课内外阅读一体化案例

以小学科学四年级下册第一单元"种子的传播"一课的教学为例，这节课如同一扇窗，引领学生们窥探植物繁殖的奥秘，探索种子传播的奇妙旅程。为了将课堂内外的阅读资源巧妙融合，教师精心选择了一本富有生命力的绘本——《一粒种子的旅行》，作为本节课的课外阅读伴侣。

1. 课前启智：绘本《一粒种子的旅行》引领探索之旅

教师根据教材的需要选择合适的课外阅读书籍，为了确保书籍内容涵盖各种种子传播的方式和过程，最终选择安妮·默勒的《一粒种子的旅行》作为课外阅读材料。这本绘本以细腻的笔触和丰富的想象力，描绘了一粒种子从离开母体到找到新家的全过程。它不仅是一本科学普及读物，更是一个充满故事性的探险旅程。为确保教学效果，教师需要明确教学目标，即通过学习种子的传播，让学生掌握种子的基本传播方式，激发他们对植物繁殖的好奇心和探索欲。基于这一目标，制定和设计详细的教学方案，涵盖教学内容、教学方法、教学时间等多个维度。为了让学生直观地了解种子的传播，教师需要准备相关的教学资源，如各种植物种子、凤仙花果实等实物材料，供学

生近距离观察和实践。同时，准备多媒体教学设备，用于展示种子传播的高清图片、相关视频与详细解说等资料，增强学生的视觉感受。

2. 课内深化：教材与经典交织的知识旅程

在课内教学时，教师首先通过展示绘本封面和提问的方式，引导学生们进入种子的传播世界。接着，教师结合教材内容，详细介绍了种子的基本知识和传播方式。在观察与实践环节，教师让学生们亲手触摸和观察课前收集的各种种子，以及凤仙花果实的弹射传播过程。学生们通过动手实践，直观感受了种子的形态特点和传播方式，加深了对知识的理解。随后，教师引导学生们阅读绘本《一粒种子的旅行》，让他们在阅读中进一步了解不同植物种子的传播方式和过程。随后，教师设置阅读任务，如找出绘本中描述的种子传播方式、描述种子旅行的新家等，帮助学生更高效地理解阅读材料。学生在阅读中，不仅了解了不同植物种子的传播方式和过程，还会被绘本中的故事情节深深吸引。他们仿佛化身为那一粒粒种子，随着风、水、动物等"旅行者"，经历着一次次的冒险和挑战。随后教师设置阅读任务，如找出绘本中描述的种子传播方式、描述种子旅行的新家等，帮助学生更高效地理解阅读材料。在阅读后，教师组织学生进行讨论与交流，分享自己在观察和阅读中的收获和感受。学生积极发言，提出了许多有趣的问题和见解，如"为什么有些种子要靠风来传播？""动物在种子传播中起到了什么作用？"等。通过讨论与交流，学生不仅加深了对种子传播的理解，还拓展了知识面，锻炼了思维能力。

在课中实施阶段结束时，教师对学生的表现进行了总结与反思，不仅肯定了他们在观察和阅读中的努力和进步，也指出了存在的问题和不足，为后续教学提供了改进方向。

3. 课后拓展：多元路径延续种子传播探索

课后，教师可布置一系列富有创意和实践性的家庭作业和拓展活动。家庭作业方面，可以让学生继续观察不同植物种子的传播方式，并撰写观察日记或制作种子传播方式的小报。拓展活动方面，教师可以组织学生进行种子传播方式的模拟实验、种子画创作，利用纸板、彩笔等材料，制作简易的"风车""水流"等模型，模拟种子通过风、水等媒介进行传播的过程。学生在实验中动手动脑，既巩固了所学知识，又培养了实践能力和创新精神。教师还可以推荐其他关于植物和种子的科普读物，如《植物的秘密生活》等，鼓励学生走出家门，走进自然，用眼睛去观察、用心灵去感受种子的传播魅力。在成果展示环节，学生们纷纷展示自己的学习成果和作品。他们制作的种子传播方式小报、种子画等作品既美观又富有创意，充分展示了他们的想象力和创造力。同时，学生还会分享自己在课外阅读中的收获和感受，表达对生命和自然的敬畏和热爱。

最后，教师对整个教学过程进行全面的反思与总结。在课内外阅读一体化的教学实践中，选择合适的课外阅读材料至关重要。同时，教师还需要注重引导学生正确阅读和观察，加强与学生的互动和交流，以提高教学效果和学生的学习效率。

通过这次《种子的传播》课内外阅读一体化的教学实践，学生不仅深入了解了种子的传播方式和过程，还拓展了知识面，提高了科学素养和思维能力。同时，这种教学方式也极大地激发了学生的自主学习和探究精神，让他们在探索中不断成长和进步。未来，教师将继续探索更多的课内外阅读一体化教学模式和方法，为学生提供更加丰富、有趣和富有挑战性的学习体验。

（二）英语学科课内外阅读一体化案例

在小学英语教学中，如何激发学生的阅读兴趣，提升他们的语言综合运用能力，一直是教育工作者不断探索的课题。本案例以闽教版小学英语六年级上册 Unit 5 Housework 为例，旨在探寻如何基于单元主题，巧妙融合绘本与教材阅读语篇，开展课内外阅读一体化教学，不仅丰富学习内容，更能有效发展学生的语言能力，加深学生对主题意义的理解。

1. 前期考量：为何选择 Unit 5 Housework 与 Good Helper

Unit 5 Housework 这个单元主题贴近学生生活实际，家务劳动是每个学生在家庭中都有所接触的场景，学生能够产生共鸣，有着一定的生活认知基础，便于展开教学与互动。选择此单元，有利于激发学生运用英语去描述和交流熟悉的生活事物，从而提升语言表达的积极性与准确性。

而绘本 Good Helper 以生动有趣的故事、色彩丰富的画面，呈现了一个积极参与家务劳动的孩子形象。其主题与教材单元高度契合，能为学生提供更丰富的语言输入与情境体验，进一步拓展学生对家务劳动相关英语表达的认知边界，对教材起到良好的补充与深化作用。

2. 课内立足教材，聚焦主题展开课文教读

教材是发展学生核心素养、落实立德树人根本任务的重要载体。深入挖掘教材主题意义，用好教材，对选取、整合和拓展学习内容起到关键作用。

上课铃响，教师带着微笑走进教室，手中拿着一沓照片。"同学们，今天我们要开启一段特别的学习之旅，和家务劳动有关哦！"说着，教师展示出家务劳动的相关照片，照片里有打扫房间、擦窗户、洗碗等场景。学生们看到熟悉的画面，纷纷兴奋地说出对应的英语词汇，如"clean the room""wash the dishes"……教室里充满了活力。

词汇复习完毕，教师组织了一场头脑风暴活动，鼓励学生说出更多与家务劳动相关的短语。学生们思维活跃，小手如林，例如"clean the window""clean the table"等短语不断涌现。在热烈的讨论中，学生们的思维被充分激活，为接下来的阅读语篇做好了铺垫。

教师顺势提问："You do so much housework at home. How about our friends Kate, Ben and Sally?"由此带领学生走进教材阅读语篇。教师通过一系列由浅入深的问题，帮助学生梳理和理解语篇内容，就像带着学生在知识的迷宫中找到正确的路径。在这个过程中，学生们聚焦主题，初步探究了主题意义，同时为补充绘本的学习埋下了伏笔。

3. 课外补充绘本，深化主题展开组文阅读

绘本与教材融合的方法主要包括主题衔接和内容结合。通过探究教材语篇的主题意义，本课采用将绘本嵌入教材语篇的融合方式，以帮助学生内化所学语言，迁移并运用所学知识，从而深化对语篇主题的理解。

（1）关联主题，引入补充绘本

学习教材语篇后，教师说道："同学们，我们知道了 Kate，Ben 和 Sally 是家务劳动好帮手。现在呀，还有一个小朋友 Emma，她也是个了不起的小帮手，让我们一起走进她的故事。"学生们的好奇心瞬间被点燃。

教师引导学生观察绘本 *Good Helper* 的封面，提出问题："Why is Emma a good helper? How can she help with chores?"学生们分组热烈讨论起来，

有的小组猜测"Maybe she helps her parents cook dinner."有的则说:"Maybe she helps her parents set the table."将教材内容与绘本主题相结合,鼓励学生将所学的语篇知识应用到绘本学习中,使内容紧密衔接、主题巧妙融合。

(2)理解绘本,内化和丰富语言

在绘本学习过程中,教师先提出"Why is Emma a good helper?"这个问题,让学生观看视频,初次了解绘本内容。继而学生前后四人为一小组,教师把提前写有绘本文字信息的卡片分发给各小组,小组成员每人抽取两张进行阅读,而后完成图文匹配任务。随后学生通过听绘本录音,进行核对,并构建出完整的绘本。

在师生共建绘本的过程中,教师引导学生整合运用教材语篇语言和内容。教师提出问题:"What does Emma help her family do?"学生再次阅读绘本,加深对绘本的记忆和理解。学习过程始终围绕问题"Why is Emma a good helper?"展开,学生们在探索中不断内化和丰富语言知识。

(3)深挖绘本,丰富情感体验

绘本具有丰富的情感内容,但很多时候无法通过图片文字表达出来,这就需要教师引导学生在不断感知、探究绘本语言与图片的同时,深入挖掘绘本中的情感因素。在本课教学中,教师抓住绘本丰富的图画信息,借助对话留白,引导学生想象在家务劳动过程中 Emma 与父母对话的场景。学生们纷纷发挥想象,有的说:"Emma 会对妈妈说:'Mom, I can help you wash the vegetables.'"有的说:"爸爸可能会夸 Emma:'You are so helpful, my dear.'"

随后,教师引导学生对单元主题意义进行探究和思考。教师提出了如下问题:"What do you think of Emma and Emma's family?"学生们积极发言,对主人公 Emma 给予了高度评价:"She always does the things she can do. She is a good helper. I should help my mom do more housework."在学生评价的过程中,教师借助板书引导学生回忆教材语篇中 Kate,Ben 和 Sally 的人物特点,丰富对人物的评价,渗透主动承担家务劳动的责任意识。

3. 课内外整合语篇,升华主题展开群文阅读

教材语篇学习为绘本拓展学习提供支持,嵌入的补充绘本又是对教材语

篇主题意义的深化。学习教材语篇和绘本内容之后，教师应引导学生基于主题意义探究，将教材内容和绘本内容有效融合，将语篇情境迁移到自己的生活情境，在促进综合语言运用能力发展的同时升华主题。

学习完教材语篇和绘本内容后，教师进行总结："Kate, Ben, Sally, and Emma always help their family with lots of housework, and they are really good helpers."并延续情境提问："Are you a good helper? Why or why not?"这个问题就像一把钥匙，打开了学生们自我反思的大门。学生们开始思考自己做家务的实际情况，有的学生不好意思地说："I'm not a good helper. I don't often help my parents with housework."有的学生则自豪地说："I am a good helper. I often clean my room and help my mom wash the dishes."教师针对学生的不同表达进行差异化追问："What do you often help your mother do? When do you do housework?"学生联系自身实际并运用所学内容进行真实交流，课堂变成了生活的小舞台。

本节课在阅读完教材和绘本语篇后，教师总结与提炼出两个语篇的主题，即主人公 Nancy 和 Emma 都是家务劳动小帮手，并通过问题"Are you a good helper?"联系学生生活进行主题情境迁移，使语篇主题情境真实化。

在整个课内外阅读活动结束后，教师可以通过书面测试、口头汇报、读书笔记等多种形式对学生的阅读效果进行评价，并对学生在阅读过程中表现出的优秀品质和良好习惯给予肯定和表扬。通过这样的课内外阅读实践活动，学生不仅可以深入理解课文内容，还能通过阅读相关绘本，学习更多的英文词汇，并用英语表达自己在家做家务的实际情况，大幅度地提高了学生的英语口语能力。在整个课内外阅读活动过程中，学生能充分感受到阅读的魅力和价值，逐渐养成热爱阅读、善于思考、积极表达的良好学习习惯，为今后的学习奠定了坚定的基础。

（三）体育学科课内外阅读一体化案例

教师以五年级上册《篮球：运球（急停急起、体前变向）》为例，探索课内外阅读一体化的实践。在第 10 课的具体教学实践中，教师有意识地将《姚明的故事》一书融入课堂教学，旨在通过分享姚明的篮球生涯和显著成就，不仅激发学生对篮球运动的兴趣与热情，还增强了课堂的互动性。这一做法期望能够使学生在了解姚明如何克服挑战、不断精进技艺的过程中，深刻体会到运球技巧，特别是急停急起与体前变向在篮球比赛中的战略价值与实战应用，进而促进学生对篮球运球技术的深入理解和有效掌握。

1. 课内观看视频和动作技能教学相辅相成

教师先是以图像和文字展示姚明的个人简介与风采来吸引学生的注意力。紧接着，播放了几段精选的姚明打篮球视频，特别聚焦于他在运球时的精湛技巧与灵动身姿，将学生带入篮球运动的激情氛围中。随着视频的结束，教师适时提出了之前在阅读《姚明的故事》前布置的几个问题，引导学生进行分享。学生们积极响应，纷纷从梦想与坚持、天赋与努力、个人魅力与榜样力量等多个角度，分享了自己的阅读感悟。

随后，教师引导学生将注意力转向本节课的核心内容——篮球运球动作的学习，特别是急停急起与体前变向两项技巧。教师引导学生从姚明的运球动作中捕捉到一些关键信息，鼓励他们通过小组合作的方式进行深入探究。学生们热烈讨论后，纷纷举手发言，有的指出姚明运球流畅自然，总能巧妙避开对手的防守；有的则强调姚明的身体协调性好，运球动作灵活多变。

结合姚明的个人经历，教师为大家讲解："同学们，我们在阅读《姚明的故事》这本书的过程中，能看出姚明曾经也是一个普通的小学生。他经历了与众不同的童年时光，因为身高比同龄孩子高，所以家长早早安排其参加篮球训练。但个子高的孩子也不一定就会开心，小姚明曾因此而感到自卑。因为外形不合群，性格比较内向，还经常受欺负。在他打篮球的时候，虽然天赋是一方面，但坚持训练和刻苦练习的精神，才是他打好篮球的关键。"

接着，结合行进间低手投篮的课程内容，教师带动学生们通过课件动作演示和实践的方式，让学生学习急停急起的运球姿势和动作变化技巧，然后再练习体前变向运球的姿势和跨步动作特点。通过以右手拍球运球的动作讲解，启发学生学会如何正确运球。在学习过程中，教师还会播放姚明在赛场上运球的动作视频，让学生进行模仿学习，为学生树立体育榜样。

在实践训练过程中，教师先让学生各自运用以上两个学过的动作进行运球，然后为学生们进行两两分组，在操场上一对一练习运球和拦球。在练习过程中，教师时刻关注学生的运球动作是否正确，发现错误及时纠正。同时向学生强调三个动作要领：重心转移快、拍球位置正确；手脚协调一致；防守队员弱防守。在学生练习技能过程中，教师也会播放关于姚明的故事解说，增强学生学习动力。

2. 组织课外"读书报告会"增强动作技能的学习

为更好地切合国家篮球体育精神，教师特别为学生推荐体育书目《姚明的故事》，让学生在阅读的过程中，深刻了解国家篮球风云人物姚明，思考篮球运动的意义，并能对篮球这项运动产生兴趣，主动积极地学习篮球运动技能。引导学生利用课余时间阅读相关的课外阅读材料，如体育人物传记、运动科学书籍、体育新闻报道等。同时组织体育阅读分享会或读书报告会，鼓励学生分享自己的阅读心得和体会，促进知识的交流共享。

3. 课内外结合多种活动实现课内外阅读有效串联

在课时教学结束后，根据学生们在课堂上的学习表现和练习成果，教师布置了一项富有启发性的阅读小任务，即鼓励他们将课上练习篮球运球技巧的亲身体验与阅读《姚明的故事》所获得的深刻感悟相结合，深入思考篮球运动所蕴含的多重意义。具体要求学生在下节课"篮球：行进间低手投篮"的学习过程中，结合自己的亲身实践，发表对姚明作为榜样的独到见解。为了确保任务的有效执行，教师制定了详细的跟踪检查计划，如定期查阅学生们的阅读笔记和心得体会，了解他们的阅读进度和思考深度。

为了将课内所学的体育理论知识与课外阅读内容紧密结合，教师进一步拓展了学习路径。例如，在学习篮球技术时，教师推荐了一系列篮球战术书籍，如《篮球战术精粹》《NBA战术解析》等，了解不同战术的优缺点和应用场景。此外，还积极组织课外体育活动和竞赛，如校运会、班级联赛等，让学生在实践中检验和巩固所学知识。同时，通过比赛中的观察和体验，进一步激发学生的阅读兴趣和学习动力，形成课内外阅读学习的良性循环。

可见，体育的课内外阅读一体化是一种有效的教学模式。它能够促进学生全面发展，提升他们的体育素养和文化素养。在未来的教学实践中，教师应该继续推广和完善这一模式，为培养更多具有高素质、全面发展的优秀人才贡献力量。

第六章　全学科整本书阅读的家校共读

父母给孩子最好的遗产是教育的精神和阅读的习惯。

——安德鲁·卡内基

家庭，是每个孩子生命的摇篮，更是每个孩子成长的殿堂！有了家长的支持，孩子的阅读路上便有了坚强的后盾。通过家校共读，家长的阅读热情被唤醒，孩子的成长表现被看见。在这里，亲子共读不是任务，不是烦恼，而是一种自然、幸福的生活方式；在这里，亲子共读还是一座桥梁，连接着家庭、学校及社会，让全学科整本书阅读的种子在每一个家庭中生根发芽，让阅读的力量在每一个孩子的成长道路上得到最充分的展现。

第一节　家校共读的价值与意义

一、家庭是全学科整本书阅读的重要力量

自新教育实验提出"共读、共写、共同生活"理念以来，家校共读已成为家校合作共育的重要途径。[①] 全学科整本书阅读的促进自然也离不开家长的支持与参与，家长不仅是阅读的环境营造者、资源提供者，更是孩子的阅读

[①] 朱永新. 家校合作激活教育磁场——新教育实验"家校合作共育"的理论与实践[J]. 教育研究，2017（11）：75—80.

习惯养成者和价值观塑造者。具体而言，家庭作为孩子成长的摇篮，能够以更自然、温馨的方式，将阅读潜移默化地变成孩子的生活方式，使书籍成为孩子认识世界、探索知识、发展素养的宝贵工具。[①]

（一）家长是阅读的重要陪伴者

在孩子成长的漫漫长路中，阅读犹如一盏明灯，照亮了他们认识世界、铸造灵魂的旅程。而家长是这阅读之旅中举足轻重的陪伴者。这不仅关系到孩子知识储备的多寡，更关联着"立天地心，做'红泉'读书人"这一深刻办学理念的落地生根，助力孩子成长为有格局、有担当、有素养的新时代栋梁。

1. 家长是阅读环境的营造者

家庭环境是孩子成长的沃土，阅读环境更是孩子热爱阅读的"引力场"。[②]家中随处可见的书架，摆满琳琅满目的读物，从童话绘本到科普百科，从古典名著到现代文学，各类书籍触手可及，孩子闲暇时随手翻阅，便悄然种下阅读的种子。

想象一下，每晚睡前，温馨的台灯下，家长放下手机，拿起纸质书籍静心阅读，孩子也会模仿，依偎在旁，沉浸于书中的奇幻故事。此时无声胜有声，身教胜于言教。家长用心打造阅读屋，铺上坐垫、摆好台灯，这样专属的小天地给予孩子安全感与归属感，阅读变成悦读，惬意而浪漫，营造出沉浸式的阅读氛围。

2. 家长是阅读资源的提供者

阅读资源是孩子探索知识海洋的"船桨"，家长则肩负起提供阅读资源的重任。针对孩子不同成长阶段的需求，精准筛选书籍是关键。低龄时，色彩鲜艳、图案夸张的绘本激发孩子想象力，像《大卫不可以》，充满童趣的故事蕴含着规则教育；学龄期，冒险小说、历史典故拓展知识面，比如《汤姆·索亚历险记》培养孩子坚毅的品质；经典文学、哲理书籍引导深度思考，如《聊斋志异》让孩子体悟社会生活百态。

---

① 唐红松. 家校共育的思考与实践［J］. 教学与管理，2017（28）：31—32.
② 何孟姐，郑云清. 家庭阅读环境对学生阅读成绩及兴趣的影响研究——基于福建省 18667 名中小学生阅读状况调查［J］. 福建教育学院学报，2024（9）：15—19.

除购置实体书，数字资源也不能忽视。有声读物方便孩子在睡前、出行时听故事，线上图书馆、阅读APP拓宽资源获取渠道。家长还可带孩子逛书店或图书馆，参加书市跳蚤活动，参加书展，琳琅满目的书籍呈现在眼前，现场翻阅挑选，感受纸张油墨气息。诸如此类，都会极大地激发孩子的阅读欲望，让孩子与书"亲密接触"。家长提供的多种线上线下资源成为孩子阅读旅程最坚实最充实的后盾。

3. 家长是孩子阅读习惯的养成者

阅读习惯的养成非一日之功，孩子的课外阅读习惯培养必然离不开家长持之以恒的支持与引导。[①] 家长可以制定固定阅读时间，如晨读诗词，开启朝气一天；午间亲子共读，品文字之美；晚间亲子悦读，悟心得体会；睡前听故事伴眠……雷打不动的阅读仪式，让孩子的生物钟与阅读的习惯紧密勾连，逐渐形成阅读惯性。

当孩子阅读遇到困境，如生僻字词、晦涩情节等，家长可以耐心帮其搜集资料、探讨情节走向，不打击，多鼓励，善提问，引导孩子大胆想象。孩子读完一本书，可以组织家庭读书分享会，分享心得、角色扮演等，把阅读从单向输入化为互动输出，强化阅读体验。日积月累，孩子的阅读习惯一定会内化于心、外化于行。

4. 家长是孩子价值观的塑造者

书中蕴含万千世界、天地乾坤，也是孩子"三观"萌芽的"诱导基"，家长陪伴阅读时的价值引导尤为重要。[②] 面对书中复杂的情节、多元的观点，家长应与孩子平等交流，引导孩子能辨是非、善思考，让孩子理解什么是真、善、美。如经典名著里，《假如给我三天光明》中海伦·凯勒面对困难时勇敢乐观的精神，《论语》中"仁义礼智信"的处世哲学等，引导孩子养成良好的品德修养。

孩子的阅读之旅像一场马拉松，家长全程、全心陪伴至关重要。作为阅

---

① 刘慧琴，邓佳维，沈薇薇. 家长在家庭阅读教育中的可为、难为与应为[J]. 贵州工程应用技术学院学报，2023（6）：109—114.

② 初曦. 家长陪伴儿童阅读的现实追求与有效方式[J]. 教育科学论坛，2024（31）：78—80.

读的环境营造者、资源提供者、习惯养成者和价值观塑造者,家长要用真心与真情,并与学校"立天地心,做'红泉'读书人"办学理念呼应契合,家校携手,让阅读这股清泉在孩子成长过程中持续流淌,滋养孩子一生的学识、品格与情怀,帮助他们跨越山海,奔赴星辰,成长为有底蕴、有担当、有格局的个体,怀揣书香,拥抱世界,书写精彩人生。

(二)家庭是阅读的重要场所

家庭,作为社会的基本单元,不仅是个人成长的摇篮,更是文化传承与知识启蒙的重要阵地。[①] 在当今信息爆炸的时代,尽管获取知识的途径日益多样化,但家庭作为阅读的重要场所,其地位依然不可替代。家庭环境的营造、亲子阅读的力量、家庭成员间的相互影响等对个体阅读习惯的培养、阅读兴趣的激发以及阅读能力的塑造具有深远的影响。

1. 家庭环境的营造:阅读的温床与心灵的港湾

家庭环境是影响孩子阅读习惯的首要因素,一个充满书香的家庭往往能自然地激发孩子的阅读兴趣。[②] 且每个家庭都有自己独特的文化氛围、生活方式以及经济状况等,能为阅读提供个性化的土壤。父母可以根据孩子的年龄、性格特点和兴趣爱好来挑选适合的书籍;家庭中的阅读空间也可以根据实际情况进行打造,比如在客厅的一角摆放一个小书架,放上孩子喜欢的书,再配上一个舒适的坐垫,让孩子可以随时坐下来阅读。这样的个性化阅读环境,是孩子在其他场所难以完全获得的,不仅能够让孩子感受到阅读的乐趣,根据自己的节奏去探索书中的世界,还能潜移默化地告诉他们,阅读是生活的一部分,是一种值得享受和追求的精神活动。

此外,家长自身的阅读习惯也是构建良好家庭阅读环境的关键。当父母经常手捧书籍,沉浸在阅读的世界中时,孩子自然会模仿这一行为,视阅读为日常习惯。父母的示范作用,往往比任何说教都来得更为直接和有效。

2. 亲子阅读的力量:情感的纽带与知识的桥梁

亲子阅读是家庭阅读中最具价值的活动之一。它不仅仅是知识的传递,

---

① 崔学鸿. 家庭教育是一切教育的基础[J]. 人民教育,2022(Z2):80—83.
② 丁锐,吕立杰,唐丽芳. 小学生阅读环境、投入与习惯的调查研究[J]. 基础教育,2016(4):71—81.

更是情感的交流与深化。① 在亲子共读的过程中，父母通过讲述故事、解释生词、分享心得，不仅帮助孩子理解文本内容，还能增进亲子间的情感联系，建立更加紧密的信任关系。对于低年级的学生而言，父母的声音、表情和肢体语言，都能帮助孩子更好地理解故事内容，培养他们的想象力和表达能力。对于中高年级的学生而言，亲子阅读则是孩子认识世界、理解社会规则、培养价值观的窗口。通过共读，家长可以引导孩子思考，激发他们对知识的好奇心和探索欲。

如今，我校倡导的家校社网大阅读中的项目式亲子阅读、亲子研学阅读以及亲子共读读书会等形式，更是丰富了亲子阅读的内涵与模式。在项目式亲子阅读中，家长与孩子围绕特定的阅读项目展开合作，比如共同制作一本关于自然科学的阅读手抄报，这能让孩子在实践中深化对书籍内容的理解；亲子研学阅读则将阅读与实地考察相结合，例如参观历史博物馆后阅读相关历史书籍，使孩子能更好地将书中知识与实际体验相联系；亲子共读读书会则为不同家庭提供了交流分享的平台，孩子们可以听到更多小伙伴对同一本书的不同见解，拓宽思维视野。

3. 家庭成员的影响：共同成长的阅读社群

在一个家庭中，每个成员的阅读习惯都会对其他成员产生影响。孩子会从父母那里学习如何选择书籍、如何有效阅读，而父母也可能因孩子的推荐而接触到新的作品，拓宽自己的阅读视野。这种相互影响和学习，构建了一个动态的、持续成长的阅读社群。

特别是在多子女家庭中，兄弟姐妹之间的阅读分享尤为显著。② 年龄稍大的孩子可能会成为弟弟妹妹的"小老师"，通过分享自己喜欢的书籍，激发弟弟妹妹的阅读兴趣。这种自然的"教学相长"，不仅促进了家庭成员间的情感交流，也提高了整个家庭的阅读水平。此外，家庭还可以通过参与社区图书馆的活动、加入阅读俱乐部等方式，拓宽阅读渠道，丰富阅读体验。这些活动不仅能增进家庭成员间的互动，还能让孩子在更广阔的平台上接触不同的文化与思想，促进全面发展。

---

① 赵倩，徐婕. 亲子阅读与培养良好亲子关系研究 [J]. 学理论，2014（14）：48—49.
② 王孟媛. 浅谈家庭阅读对孩子的影响 [J]. 科技创新与应用，2012（32）：308.

总而言之，家庭作为阅读的重要场所，其影响力深远而持久。它不仅是个体阅读习惯形成的关键环境，更是文化传承与创新的重要基石。在快速变化的数字时代，家庭阅读更应被赋予新的内涵与价值，成为连接过去与未来、个体与社会的桥梁。让我们珍惜并利用好这一宝贵资源，共同营造一个充满书香、富有活力的家庭阅读环境，为孩子的成长和社会的进步贡献力量。

二、家校共读是促进全学科整本书阅读的有效方式

家校共读，恰似春风化雨，润泽全学科整本书阅读的沃土。它营造书香氛围，让校园与家园合力，激发学生阅读兴趣；助力理解深化，教师专业讲解，家长生活分享，共促知识领悟；培养阅读习惯，使阅读融入生活，伴随学生成长。家校共读，恰似知识探索的灯塔，智慧成长的养分，为全学科整本书阅读提供有力支撑。

（一）家校共读营造浓厚阅读氛围

家校共读宛如一场温暖的书香之约，为我校的全学科整本书阅读注入蓬勃生机。在学校，教师精心挑选各类学科经典书籍，引导学生开启阅读之旅；家庭中，家长放下手机，与孩子围坐灯下，共读一本好书。从语文的诗词歌赋到数学的思维探索，从历史的厚重长河到科学的奇妙世界，书籍的墨香在校园与家园间交织蔓延。孩子们在这样的氛围里，仿若置身于知识的海洋，自由遨游，对全学科整本书阅读的热爱便在潜移默化中生根发芽，逐渐长成参天大树，为学科核心素养的提升筑牢根基。

（二）家校共读助力阅读理解深化

家校共读搭建起一座沟通的桥梁，让全学科整本书阅读不再是学生独自面对的难题。课堂上，教师以专业的视角剖析书籍，带领学生领略书中智慧的精髓；家庭中，家长凭借生活经验与孩子探讨书中情节，碰撞出思维的火花。当孩子在阅读寓言书籍时，教师讲解传统风趣故事背后的道理哲思，家长则分享与之相关的生活事件，让孩子更深刻地理解寓言的生活启示；阅读科学著作，教师阐释复杂的科学原理，家长则带孩子走进生活场景，观察自然现象，印证书中的知识。家校携手，使学生对全学科整本书的理解由浅入深，从字面到内涵，从知识到智慧，从学习到生活，全方位提升阅读效果，

让学科知识在学生心中落地生根。

（三）家校共读培养阅读习惯延续

家校共读是一场持久的阅读接力赛，为我校全学科整本书阅读的持续发展注入动力。学校制定长期阅读计划，定期开展读书分享会、知识竞赛等活动，激发学生阅读热情；家庭中，家长以身作则，将阅读融入日常，成为一种生活方式。从晨曦微露的晨读时光到夜幕降临的睡前故事，从假期的阅读打卡到日常的书籍交流，家校紧密配合，让学生在日积月累中养成阅读习惯。这种习惯如同涓涓细流，汇聚成学生核心素养提升的磅礴力量，让他们在成长的道路上，始终与书籍相伴，不断汲取知识养分，向着更广阔的未来迈进。

总之，在家校共育体系中，家校共读这一方式意义非凡。对家长和教师而言，它能帮助家长和教师好好交流，一起使劲儿，给教学帮大忙，让教育环境更和谐；对孩子而言，它能让孩子喜欢上读书，养成良好读书习惯，说话更顺溜，思维更敏捷，还有助于孩子健全人格的形成与正确价值观的塑造；对学校发展而言，家校共读能让学校更有"质感"，吸引更优质资源，向"新课标下高质量发展"迈进！

第二节 家校共读的路径与策略

家庭是全学科整本书阅读的坚实基石，家长更是孩子阅读兴趣的首任启蒙者和终身护航者。[1] 那么，我校全学科整本书阅读吸引家长参与和推进家校共读的秘籍有哪些呢？

一、阅读氛围溢书香，聚心力

在我校，书香氛围如春风化雨滋润着每一个师生的心田。为了营造浓厚的家校阅读氛围，我们首先建立了一支由省市级学科带头人、市区级名师领

---

[1] 刘珍."双减"背景下家长参与小学生阅读习惯养成：意义、问题、策略[J]. 教育理论与实践，2023（32）：50—54.

衔的全学科阅读教科研团队。这些阅读先锋教师以身作则，用自身的阅读热情感染着身边的家长和学生，成为家校共读的引领者。在他们的带动下，越来越多的家长和学生加入了阅读的行列，共同享受着阅读的乐趣。此外，我校尤为重视教师队伍的专业素养提升，鼓励名优教师申报阅读研究课题。2018年8月至2022年9月，我校教师申报立项的关于语文学科阅读研究的省市区级课题超过15个。2023年5月，学校各学科名优教师申报立项的关于语文学科、数学学科、综合学科及家校社共读的全学科整本书阅读研究的省级实验课题有4个。这些科研课题的落地与实践不仅提升了教师的专业素养，更为家校共读奠定了坚实的基础。

其次，我校充分利用校园电子屏、宣传栏等媒介，滚动展播全校整本书阅读的"最美读书照片""书香先生""书香家庭""红泉阅读之星"等，营造了浓厚的书香氛围。每当颁奖典礼的钟声响起，整个校园便沉浸在一片庄严而温馨的氛围之中，获奖的学生们手捧奖章与证书，脸上洋溢着自豪与喜悦的笑容。而那些被授予"书香家庭"荣誉的家庭，更是成为众人瞩目的焦点。他们用自己的行动诠释了家校共育的真谛，以阅读为桥梁，搭建起了一条连接孩子与世界的宽广大道。这些展示不仅让学生和家长感受到了阅读的魅力，更激发了他们参与阅读活动的热情。

再者，我校以"读全书·育全人"为灯塔，照亮了家校共读的航道。在这个理念的引领下，一场场"全民读书月"与"黄小读书节"的浪潮席卷而来，通过丰富多彩的活动形式，让学生和家长在参与中体验阅读的乐趣。同时，我们还邀请家长亲临课堂，与学生一起上阅读课。通过沉浸式的阅读体验，让家长更加深入地了解阅读的重要性，并学会如何指导孩子进行有效阅读。校园里，书籍的芬芳与学生的笑声交织在一起，构成了一曲动人心弦的交响乐。家长们亦被这份热情深深感染。他们手捧书卷，与孩子并肩坐在教室的角落，共同沉浸在知识的海洋中。那份默契与幸福，成为校园里最美的风景。

最后，我校的图书馆和班级图书角也成了家校共读的重要阵地。我们不断丰富藏书，特别增设了亲子共读专区，为家长和学生提供了优质的阅读资源。在这里，家长和学生可以一起挑选适合自己的书籍，共同沉浸在知识的海洋中。

通过以上举措，我校的阅读氛围日益浓厚，家校共读的理念也更加深入人心。我们相信，只有家校携手共同营造浓厚的阅读氛围，才能让学生在阅读中不断成长、不断进步。

二、阅读宣传沁书香，觅共识

为了深入寻求家校在阅读理念与方法上的共识，我校采取了双管齐下的策略，充分利用线上线下两种渠道，全方位、多层次地推广全学科整本书阅读的重要性与实践策略。

线上，我校教师精心策划，通过学校公众号这一权威且覆盖广泛的信息发布平台，以及家校互动平台这一便捷的交流渠道，多角度地向家长普及全学科整本书阅读的前沿理念、深远目的以及切实可行的实践策略。我们通过发布系列文章，介绍不同年龄段孩子适合的阅读书目，分享教师与学生在阅读过程中的成功案例，以及家校共读的策略，共同营造一个充满书香的家庭与学校环境。这些举措能够让家长对家校共读的重要性有更深刻的认识，激发他们参与其中的热情。

线下，我校充分利用家长会这一宝贵的面对面交流机会，在活动前期进行精心准备，家长会时重点向家长深入介绍家校共读的目的、具体方法以及可能面临的挑战。我校教师们能够耐心解答家长在阅读过程中的疑惑，分享实用的阅读指导技巧，帮助家长理解如何在家中与孩子一起享受阅读的乐趣，提升阅读质量。对于部分暂时未能充分认识到阅读重要性的家长，教师们也保持高度的耐心与理解，通过一次次精心策划的阅读活动，如阅读分享会、亲子阅读日等，持续与家长保持良性的沟通与互动。

通过这一系列线上线下相结合的宣传与推广，学校化身为传递温暖与智慧的使者，耐心倾听家长的想法，用实际成效说话，帮助他们逐步认识到阅读对孩子成长的长远影响，进一步促进家校在阅读理念与方法上的深度融合，共同为孩子们构建一个更加温馨舒适、丰富多彩、充满书香的阅读环境。每一个成功案例都像一颗璀璨的星辰，照亮了家长前行的道路，让他们更加坚信：陪伴孩子阅读，就是给予他们最宝贵的礼物。

印象最深的就是家长对"家校共读"理念的认识和思想转变。李明明，一个忙碌的家长，最初对"家校共读"持怀疑态度。他的儿子小帅对书本阅读兴趣不大。2022年12月，学校启动"亲子共读月"，李明明在教师的鼓励下尝试与小帅共读《小熊维尼历险记》。在这一过程中，小帅的好奇心被激发，李明明也被故事吸引，两人开始讨论书中的主题，小帅的语言表达和理解力有了显著提升。

学校教师的支持让家校联系更紧密，李明明和小帅的父子关系也因此变得更加亲密。在家长读书交流会上，李明明家长主动分享亲子阅读的重要性，认为它不仅丰富了孩子的内心世界，也加深了父子情感。此后，李明明家长成为学校阅读活动的积极支持者，不仅自己积极参与，还鼓励其他家长加入，共同推动学校的阅读活动开展。这种转变不仅让小帅的学习态度有了积极变化，也让家长李明明在繁忙工作中找到了与孩子沟通的新方式，亲子共读成为他们家庭生活中不可或缺的一部分。

三、阅读体验淌书香，沉书海

"纸上得来终觉浅，绝知此事要躬行。"为持续推动家校共读，让家长和学生体验阅读的乐趣，学校每年都会围绕一个全学科整本书阅读主题，开展丰富多彩的系列亲子阅读活动，比如一年两次的黄石中心片区的读书月活动（4月和12月）、定期召开亲子阅读茶话会、家长阅读沙龙等，为家长和学生提供共同阅读的舞台。同时，我校还邀请了专业的阅读教育专家来校授课或开设讲座，并积极动员家长来校聆听学习，切实提升家长在阅读方面的指导技巧，收获更专业、更具针对性的亲子阅读指导方法。

值得一提的是，我校还组织了多学科、多类型的亲子阅读指导课，邀请家长亲临课堂，和学生们一起上阅读课。通过沉浸式的阅读体验，为家长提供直观、可实操的阅读指导方法，包括如何选择适合孩子年龄段的阅读材料、如何引导孩子进行有效阅读以及如何与孩子共同分享阅读收获等。参加完亲子阅读指导课后，家长总会向我们表示：亲子阅读指导课令人受益匪浅！他们受益的不单单是科学的阅读指导方法，还更懂得如何去尊重与理解孩子的阅读需求，从而学会如何高质量陪伴孩子阅读。可以说，亲子阅读指导课不仅有助于促进孩子的阅读兴趣和习惯的形成，还能增进亲子之间的情感交流，为孩子的全面发展创造有利条件。

在这个过程中，亲子阅读茶话会、家长阅读沙龙等活动也应运而生。它像一座桥梁，引导着家庭亲子共读从个体走向群体，形成了一股不可忽视的阅读力量，为家长提供交流心得、分享经验的平台。而家校双向沟通机制的建立，也让这份力量更加凝聚与强大，家长能主动寻求帮助，并与学校共同分析阅读过程中的问题与挑战，携手寻求解决策略，形成了家校共育的强大合力。

轩轩原本对阅读不感兴趣，更喜欢电视和电子游戏。为了改变这一状况，轩轩妈妈带他参加学校的亲子阅读活动。她精心挑选适合轩轩的绘本，并在每周六午后与他共读。起初，轩轩不情愿，但妈妈主动向学校阅读指导师取经学习，后来通过生动讲述和互动引导，逐渐吸引了他的注意力。随着时间的推移，轩轩的阅读兴趣增加，开始主动要求阅读，并自己拿起书本。轩轩妈妈还为他准备了小书架，鼓励随时阅读。2024年4月，他们参加了学校举办的一次亲子阅读指导课，通过课上讨论和设计跳绳玩法，轩轩在快乐中学习了知识和技能，亲子关系也因此变得更加亲密。现在，轩轩已养成良好的阅读习惯，每天作业后都会阅读，并与妈妈分享收获。轩轩妈妈对轩轩的进步和他们之间增强的情感联系感到欣慰。

四、阅读反馈飘书香，悦进阶

为保证家校共读的可持续性和深入性、家长参与的积极性与热情度以及家校之间信息的及时传递与共享，我校还为家长共读建立了相关的反馈与奖励机制。

首先，我校建立了全面而细致的反馈机制，确保家长能够实时掌握学生的阅读状况。教师会定期通过家校联系册、线上平台等，向家长提供详尽的阅读反馈，反馈中不仅涵盖了学生的阅读进度，如每周阅读书籍的数量、种类及完成度，还详细记录了学生在阅读过程中取得的显著成果，如阅读理解能力的提升、词汇量的增加、写作能力的进步等。更重要的是，我们还为每个学生量身定制了个性化阅读建议。教师需要根据每个学生的兴趣、需要与发展水平，向家长提出相关建议，并与家长共同商讨学生的个性化阅读提升方案。

此外，为了更直观地展现学生的阅读成长轨迹，我们引入了"阅读提升手册"这一创新工具作为评价量规。手册中详细记录了学生在不同阅读阶段的表现，包括阅读兴趣的变化、阅读技巧的提升、阅读习惯的养成等，为家长提供了科学、系统的指导。同时，我们鼓励家长积极反馈意见与建议，无论是关于阅读材料的选择、共读时间的安排，还是对学生阅读习惯的引导，我们都会认真倾听，不断优化共读活动，以满足学生与家长多样化的需求。这种双向反馈与互动，极大地推动了家校共读的深入发展，共同为学生的全面成长奠定了坚实的基础。

其次，我校注重活动过程实录与案例的分享与反馈，以生动、具体的事例激发家长的共鸣与参与热情。各个科任教师会定期通过学校公众号、家校互动平台等渠道，发布活动报道、精选图片、音视频资料等，向家长们展示以往阅读活动中学生们的精彩瞬间与显著变化。这些案例不仅涵盖了学习成果的显著提升，如语文成绩的飞跃、英语阅读理解能力的增强；也包括了生活习惯的改善，如作息时间的规律化、注意力的集中等。通过这些可观可感的真实事例，家长们能够深刻认识到阅读对孩子成长的深远影响，从而更加积极地参与到家校共读中来。

再者，为进一步吸引与激励家长参与家校共读，我校设立了"书香家庭"等荣誉奖项。学校充分认可并表彰那些在家校共读中表现突出、对孩子阅读教育贡献显著的家长，这些家长不仅积极参与共读活动，还能够在日常生活中以身作则，引导孩子养成良好的阅读习惯。同时，通过表彰大会、荣誉证书以及线上宣传等多种形式，能够进一步激发家长参与家校共读的热情，使他们深刻认识到自己在孩子阅读教育中不可或缺的作用。同时，优秀家长的示范效应悄然带动整个家长群体形成积极向上的氛围，促使更多家长关注并投入孩子的阅读教育，共同为孩子的全面发展创造更加浓厚的书香环境。

五、阅读自觉泛书香，达自然

虽然我校地处城镇中心地带，但是学生家长群体的文化程度呈现出参差不齐的特点，不少家长依然重物质轻精神、重分数轻素养、重学习轻发展，对我校倡导的全学科整本书阅读存在不同程度的理解误区与行动偏差，这无疑给我们的教育工作带来了不小的挑战。[①] 针对这一现状，我校积极采取各种行动，提高家长的自觉性，努力推动家长自觉参与到家校共读的行列中来。

首先，我校通过深入开展课题研究、问卷调查以及家访交流等多种方式，全面而深入地了解家长的文化背景、阅读观念、在阅读认知上的误区等，从而为制定更加精准有效的家校共读策略提供坚实依据，并为后续的家校共读工作指明方向。

其次，我校教师充分发挥模范带头作用，以身作则，通过自身的阅读示范和积极引领，激发学生和家长的阅读热情。为此，我校创办了"红泉书院·教师读书会""红泉书院·家校读书会""红泉书院·亲子读书会"等丰富多彩的读书活动，不仅为教师提供了一个交流心得、共享智慧的平台，更通过教师的言传身教，引领全校师生积极参与到阅读的行列中来，形成了浓厚的阅读氛围。

为了真实推进全学科整本书阅读，学校教师们八仙过海，各显神通，或十八般武艺样样俱全，或一马当先勇以示范，或苦口婆心循循善诱。为了给二年7班家长做书香阅读的示范引领，更为了给二年7班学生以书香阅读的榜样影响，陈军英老师自掏腰包为本班学生购买好书，并想方设法去社会上向藏书丰厚的私人借适合本班学生同步阅读的好书，用优质好书款待优等生、厚待中等生、优待学困生，希望自己、班级学生和家长都能坚持阅读、以读为乐、以读为荣，成为真正的"阅读之星"，成为"最好的我自己"！

最后，我校还通过打造班级特色文化、整合图书资源以及提供专业阅读导航等多种方式，为家校共读提供了全方位的支持和保障。我们设立了班级图书角，为学生提供了便捷的阅读环境；举办了"跳蚤书市"等趣味横生的活动，让学生在交易中体验到阅读的乐趣，同时丰富了他们的阅读资源。此外，我们还邀请了专业阅读推广人士来校讲座，为家长和学生提供科学的阅读指导和建议。

---

① 刘珍. "双减"背景下家长参与小学生阅读习惯养成：意义、问题、策略［J］. 教育理论与实践，2023（32）：50—54.

2023年8月30日新学年第一场家长会,陈军英老师就跟全体家长郑重宣讲班级文化的核心要义,全心打造"读思达"班级文化站。如班级精神:立天地心　做"红泉"读书人;班级主张:"真·正"教育——真正成人成才;班级目标:成人"开心进步全面发展"、成才"乐读善思悦达";班级项目:全学科整本书阅读;班级宣言:黄石情·中国心·世界光;班级座右铭:做最好的自己;班级口号:每天进步一点点;等等。

在这些有力措施的推动下,越来越多的家长开始重新审视阅读的价值,逐渐转变了原有的观念,愿意投入更多的时间和精力陪伴孩子一起阅读。家校阅读的自觉性逐渐在广大家长心中生根发芽,为学生营造了一个更加良好的书香环境,为他们的全面发展奠定了坚实的基础。

第三节　家校共读的案例与实践

阅读,作为启迪智慧、滋养心灵的重要途径,其意义远远超越了文字的堆砌,而是成为连接家校情感的纽带,促进了亲子间、师生间乃至家校社之间深刻的情感交流与智慧共享。[1] 我校通过"请进来"——校园亲子共读活动与"走出去"——家校社共读活动,让阅读成为一座家校沟通的桥梁,让教育的力量在家校之间流淌,共同绘制出一幅幅温馨而富有成效的阅读画卷。

一、"请进来"——校园亲子共读活动

"请进来"的校园亲子共读活动,是一次对传统教育模式的勇敢跨越。它热情地张开双臂,诚挚邀请家长们踏入校园课堂,与孩子一同沉浸在阅读的美妙世界。这样的活动,不仅如同一座桥梁,拉近了亲子间心灵的距离,让爱的暖流在共读的时光中缓缓流淌,更让家长们得以近距离地观察学校的教学环境,深入理解教师的教学理念与方法,从而在家庭教育的实践中更加精准地把握方向,有的放矢地引导孩子成长。家校之间因此建立起了一座坚实

---

[1] 李正伟. 以阅读奠基学生美好未来 [J]. 人民教育,2023 (19):71—72.

的信任之桥，形成了良性互动的教育生态。通过共读一本书、角色扮演、亲子阅读分享会等形式，孩子与家长们在享受阅读乐趣的同时，也学会了表达与倾听，增进了亲子关系。

案例一：校园亲子共读活动——以《等一下》绘本为例

黄石中心小学第一分校　郑重　陈军英

（一）案例背景

常说父母是孩子的第一任老师，这在亲子阅读中表现得尤为显著，从孩子稚嫩的小手翻起书海的浪花，我就深潜其中扮演起陪读的角色。这个过程我亦师亦父，与孩子共乘一叶扁舟，遨游在知识的海洋中。那如何乘风破浪，到达理想阅读的彼岸呢？我以绘本《等一下》课堂教学为帆，扬帆起航，带领学生和家长们共同乘风破浪。

许多学生在日常生活中容易陷入"等一下"的思维模式，对时间缺乏明确的感知和珍惜。绘本《等一下》以生动有趣的故事形式，引导学生们认识到时间的宝贵，学会合理规划时间，培养良好的时间管理习惯。这本书不仅能够帮助学生们树立正确的时间观念，还能够激发他们对生活的热爱和对时间的珍惜，为他们未来的学习和生活打下坚实的基础。

（二）实施过程

1. 趣读——入情境，激趣读

当课堂亲子绘本阅读之旅正式开启，在激趣环节，我通过儿童耳熟能详的《小猪佩奇》动画片创设课堂情境，一下子便吸引了学生对本节课主人公小猪亨瑞的盎然兴趣。在导入环节，通过唤起童心，极大地激发了学生阅读绘本的兴趣。紧接着，我趁热打铁，通过"我们现在一起搭乘猪爷爷的船来到了猜谜岛"，并设置两个字谜"一寸大小的太阳"和"竹下一寸土"来引导二年级的学生展开对汉字的猜测与联想。这样不但点燃了学生的学习激情，而且融识字于趣中，学生们跃跃欲试、争先恐后地举手，课堂的气氛紧张而又活跃。

2. 乐思——授方法，快乐思

通过创设的课堂情境让学生一起来到"阅览海"，我先让学生看图文，家长陪读。通过这个子任务的驱动,课堂沉浸在一片安静而又祥和的亲子共读氛围中。为了验证这一课堂活动任务的效果,我以问题为导向,设计了问答环节,先家长问,学生答,同时在屏幕上显示出几个参考的问题,诸如:猪妈妈叫小猪亨瑞做事情,它总会说什么?谁约亨瑞一起去上学,亨瑞是怎么做的?小猪亨瑞做了一个什么梦?等等。在这个环节之后,我以此为契机,用"阅读小妙招"这一方法百宝箱概括出看图文、讲故事、提问题、观细节等阅读策略,并开展问题抢答环节,通过师问生答、生问生答等,让学生的思维产生了激烈的碰撞,阅读兴趣愈发浓厚。

常说绘本中人物的表情就会说话。于是,我设计了"表情湾"这一站,选取了绘本中几个反映人物心理变化的典型表情,让学生思考:这些表情在绘本的哪个位置?从这些表情的变化,你发现了什么?从而使学生们的目光更精准地聚焦到主人公的表情变化中,在观察中学生发现了主人公的心理轨迹,拉近了与书中人物的距离,与绘本展开了跨越时空的对话。

3. 畅达——创佳机,畅快达

在接下来的"启示港"环节,我把握住让学生踊跃表达的契机,抛出任务——让学生说说读完这本绘本得到了什么启发。学生们在之前的阅读基础上更是有感而发,他们畅所欲言,滔滔不绝地表达自己的见解,绘本阅读的效果逐层攀升。最后,我通过"朗诵滩"这一设计,通过朗诵《明日歌》,有感情地诵"达",让学生深入把握和领会绘本中珍惜时间这一主题,也为本节课画上圆满的句号。

课后自由读环节,我将本课的"达"延伸到阅读的任务中,让"云阅读"继续在课后发生,通过谈收获等阅读策略,引领学生继续看《小超人成长记》。《小超人成长记》作为一本富有启发性的绘本,不仅能激发学生们的想象力与阅读兴趣,更成为他们课后锻炼自信表达能力的宝贵资源。通过阅读这本充满正能量的故事书,学生们仿佛与小超人一同踏上了成长的旅程,学会了面对困难时的勇敢与坚持。课后,学生们纷纷拿起这本绘本,或独自品味,或与同伴分享。他们模仿小超人的言行,尝试用自己的语言复述故事情节,甚至在小组讨论中积极发言,表达自己的看法和感受。这样的活动不仅加深了他们对故事内容的理解,更重要的是,在一次次的表达与交流中,他们的自信心得到了显著提升。这一本本绘本仿佛一位位无声的教师,引导着学生们在阅读的乐趣中不断成长,让他们的声音更加响亮,表达更加自信。课后绘本阅读就这样悄悄地成了锻炼学生自信表达能力的有效途径,为他们的全面发展奠定了坚实的基础。

(三)案例的总结与反思

绘本阅读课对增强家长亲子共读的意识、营造浓厚的阅读氛围、推动亲子共读大有裨益,不仅能发挥亲子共读阅读策略的辐射作用,也可以带动学生家庭共同开展阅读实践。在亲子绘本阅读中,学生的行为表现和语言表达反映了学生对绘本的理解和思考程度。教师可及时地从中捕捉有效信息,采取积极的阅读策略,适时适度地调节绘本阅读的进程和目标等,让阅读进入深层次的高阶思维。

案例二:校园亲子共读活动——以《跳绳并不难》体育绘本为例

黄石中心小学　陈丽娟　陈军英

(一)案例背景

在如今教育不断变革的背景下,全学科整本书阅读课显得尤为关键。小学低年级的学生正处于身心迅速成长的阶段,对周围的新鲜事物总是充满了好奇。《跳绳并不难》是体育教育和阅读培养方面的佳作。它色彩丰富,对跳绳技巧的介绍详尽易懂,巧妙地将阅读与体育融为一体,正好符合学生们的兴趣。绘本生动地展现了跳绳的乐趣与技巧,能有效引导学生们积极参与体育活动,还能激励他们勇于挑战自我。此外,家长与孩子一起阅读这本绘本,能更深入地了解孩子,为孩子的成长加油助力。

(二)实施过程

1. 激发兴趣:点燃阅读热情

(1)活力热身,营造氛围

我以一段欢快的热身操拉开了这堂课的序幕。热身操将音乐和动作完美融合,瞬间点燃了现场的气氛,学生和家长们都被带入了欢乐的氛围中,为接下来的活动创造了一个轻松愉快的起点。

(2)绘本导入,引发好奇

当学生们初次见到《跳绳并不难》这本绘本时，那五彩斑斓的画面就像有魔力一样，立刻吸引了他们的注意力，使他们对跳绳的故事充满了好奇和期待。随后的绘本回顾与家庭经验分享环节，大家围坐一起，畅所欲言，仿佛是一场温馨的聚会。在这个过程中，阅读不再只是单纯地看文字，更像是一种情感的交流与传递。由此，我们的全学科阅读之旅就开始了。

2. 启发思考：开启智慧之门

我设计了一系列与体育锻炼、跳绳技巧相关的问题，这些问题就像一颗颗小石子，激起了学生们思维的涟漪。学生们积极思考，踊跃分享自己的想法和经验。在交流中，他们对跳绳运动的理解逐渐加深，表达能力也得到了锻炼，学会了尊重他人的想法。这就是思考的力量，学生们的思维能力也在这一过程中逐渐培养起来。

3. 实践表达：展现成果之花

（1）跳绳实践，挑战自我

学生们刚开始跳绳时，动作还有些生疏，但他们非常勇敢，毫不畏惧。随着时间的推移，他们掌握了绘本中介绍的五种跳绳方法，眼神中透露出坚定与自信。接着，他们开始挑战创意跳绳，充分发挥想象力和创造力，让跳绳变得更加有趣、更具挑战性。在这个过程中，家长的鼓励如同温暖的阳光，给予学生们无尽的力量。学生们在挑战中体验到了运动的乐趣和满满的成就感。

（2）亲子共读，学习技巧

亲子共同探索跳绳技巧的过程，就像是一次奇妙的探险之旅。在家长的陪伴下，学生们认真学习绘本中的跳绳技巧，并懂得了坚持和努力的重要性。这个过程不仅让学生们学会了阅读和跳绳，还加深了亲子之间的感情。全学科阅读的目标也在这个过程中得以实现。

（3）亲子跳操，增进情感

亲子互动跳放松操时，欢快的音乐响起，学生们尽情释放压力，家长们也仿佛回到了童年时光。在这个过程中，亲子关系得到了进一步升华。我们的这堂课也圆满结束。

（三）案例的总结与反思

在这次以《跳绳并不难》绘本为载体的全学科整本书阅读课中，我采用了"读思达"教学法。在"读"的环节，通过热身和阅读绘本，成功营造了氛围，激发了学生们的好奇心；在"思"的环节，以精心设计的问题引导学生们积极思考；在"达"的环节，学生们在跳绳实践和亲子共读中，将绘本中的知识转化为实际行动，能力得到了提升，亲子感情也更加深厚。不过，这堂课也存在一些不足之处。例如，我发现部分学生对跳绳的理解还不够深入，今后需要加强对这部分学生的指导。此外，在亲子互动环节，时间管理和交流效果还有改进的空间。不仅如此，家校沟通也需要持续加强，从而为学生们创造更好的阅读和学习环境，促进他们的全面发展。

二、"走出去"——家校社共读活动

"走出去"的家校社共读活动，是将阅读的场所延伸至更广阔的社会空间，通过博物馆、图书馆、书店、社区文化中心等平台，组织家庭、学校与社会各界的共同参与。在这类活动中，家长、教师与学生携手并肩，共同踏上了一场探索丰富阅读资源的奇妙旅程。他们不局限于传统的书本阅读，更将阅读的形式与内容推向了更为广阔的领域，如家庭项目式阅读，让每一个小家都成为探索知识的实验室，亲子在共同完成任务的过程中，享受着阅读带来的乐趣与成就；亲子研学活动，则让学生们在游历中阅读，在阅读中感悟，将书本知识与现实生活紧密相连；而校外亲子读书会，更是为家庭提供了一个温馨的交流空间，让阅读成为连接亲情的桥梁。家校社的紧密合作，如同一股强大的合力，为学生们精心打造了一个全方位、立体化的阅读生态。[1] 在这个生态中，阅读不再只是一种获取知识的手段，更成为一种生活方式，一种渗透于日常生活每一个角落的精神追求。它如同空气般无处不在，滋养着学生们的心田，让他们在阅读中成长，在阅读中绽放。

（一）家庭项目式阅读

家庭项目式阅读，指向让家长与孩子们围绕主题或问题进行阅读与探索，使孩子与家长在通过阅读共同完成任务的过程中，深刻感受到阅读的"有趣"

---

[1] 欧阳修俊，梁宇健. 义务教育生态优化的困境与化境[J]. 中国教育学刊，2023(11)：26—31.

与"有用"。家庭项目式阅读的意义，在于它不仅仅是一种知识的传递，更是一种情感的联结与文化的传承。它让家长与孩子在共同学习的过程中，建立起更加紧密的情感纽带，让爱与智慧在亲子间流淌，如同一缕温馨而智慧的光芒，穿过日常的喧嚣，照亮了亲子间心灵沟通的桥梁。

案例一：家庭项目式阅读——诗词里的莆田

黄石中心小学　陈军英

2024年暑假，烈日炎炎，乡音袅袅。莆田市教师进修学院联合莆田市博物馆，成功举行了"诗词里的莆田"家庭项目式阅读活动。（见图6-1）

在莆田市校园阅读研究中心家庭教育阅读组组长徐金花老师的组织带领下，陈军英老师和家庭教育组其他7位老师，携手全市三百多组家庭，在莆阳诗词及莆仙方言这个神奇又神圣的文化摇篮里吸取精华，伸展文化自信的根脉。

大家拜师取经、读书思考、查史考证、行走探访、切磋碰撞等，较深刻地触摸到莆仙文化三"宝"的内核。

一是莆仙方言。莆仙方言保留了数量丰富、不同时代层次的古汉语元素，是中国古汉语的活化石，是兴化地域传统文化的重要组成部分，是弥足珍贵的非物质文化遗产。

二是雅言吟诵。莆仙方言文读是闽中一枝独秀的"雅言"。雅言吟诵是指用莆仙方言文读的形式、采用抑扬的声调来吟咏诗文的方式，是一种介于"诵读"与"歌唱"之间的艺术样式，是旧时士林学子最重要的基础课、基本功（见图6-2），如今却面临字音表达混乱甚至即将销声匿迹的窘境。

三是莆阳诗词。莆阳诗词是莆仙文化瑰宝里的璀璨明珠。秉持着传承的理念，"诗词里的莆田"活动梳理收录了古今16位著名诗人吟咏莆田的20首著名诗篇。旨在通过亲子阅读，引领广大少年儿童拓宽文化视野和审美教育，深切体悟莆阳大地上千年来孕育的诗和远方，生发爱家乡、赞家乡、美家乡的朴素情感。

研究与保护莆仙话文读乃是传承莆仙非遗文化的重要课题，家庭教育组的教师们知行合一，于是，莆仙方言诗词赏析课和吟诵课就应运而生了。

图 6-1　"诗词里的莆田"活动　　图 6-2　莆仙方言拼音中的声调表

2024 年 7 月，陈军英老师带着我市三百多名学生和家长们进行绮丽独特的《途次莆田》线上线下方言吟诵课学习。（见图 6-3）

学生们在陈老师的引导下，经历了"明目标—合作学—跟师学—学中悟—勇展示—活实践"课堂学习六步骤，从莆仙拼音声调、方言文读、节奏押韵三方面掌握基本方法，习得基础要领，语言密码初步游历了"朗诵—吟诵—吟唱"三环节，为后续有意义地学习莆仙方言提供金钥匙。

尤其是陈老师的《途次莆田》莆仙方言全拼音标注版和莆仙实地情景方言吟诵诗（见图 6-4、6-5），那种充满乡音乡情的抒发与表达，必将无痕地感染、触发学生们去拥抱家乡的诗和远方。

云课堂邀约：相聚云端，诵读声声，乡音袅袅

1. 同学：对照学习小目标，先自己独立尝试方言吟诵，再跟家人合作学习。视频学习 15 分钟后，可以稍稍休息再继续学。

2. 家长：低年级、中年级家长最好亲子共读，各年级家长可以与孩子共同完成《途次莆田》吟诵作品，并对学得好及取得进步的孩子进行记录和鼓励。家长应尊重孩子，记得不逼孩子学习！

还应记得给您家坚持学习的宝贝，在睡前和晨起各一次 8 秒钟的拥抱哦！

邀请人：陈军英老师

2024 年 7 月 27 日

图 6-3　《途次莆田》线上莆仙方言吟诵课

图 6-4、6-5 《途次莆田》莆田方言吟诵课课件

2024 年 8 月 22 日，荔城区黄石中心小学的家校阅读课题组教师、学生和家长共同带来的《途次莆田》集体朗诵及其他的综合性表演，以绚丽多彩的演绎形式和引人入胜的视听体验，生动诠释了"诗词里的莆田"这一活动的意义。（见图 6-6）

此次"诗词里的莆田"家庭项目式阅读活动，从莆田市城区各小学 300 多个家庭辐射到荔城区黄石

图 6-6 《途次莆田》汇演活动现场

中心小学大教研片几千个家庭，这是一场心灵的交融，一次文化的接力。在诗词的韵律中，我们看见莆田文化的璀璨；在亲子共读的温馨里，我们体验了阅读的价值。这场活动不仅强化了全学科整本书阅读的重要性，更彰显了亲子阅读在每一位教师心目中的意义。让我们携手将这股阅读的清流注入每个家庭，让全学科整本书阅读的种子在学生的心田里生根发芽，悄然绽放。

（二）亲子研学共读

"走出去——亲子研学共读"活动指向依托历史古迹、自然景区、传统节庆等多元内容与场景，积极引领家长与孩子走出室内，踏入户外，开启阅读与研学之旅，共同探索知识的奥秘，感受文化的魅力。此类活动不仅让学生们在阅读中增长了知识，拓宽了视野，更在研学的过程中培养了观察力、思考力与创造力。同时，这一活动也加强了亲子间的沟通与互动，让家长与孩子共同享受着阅读的乐趣，共同书写着成长的篇章。

案例二：亲子研学活动——致敬母亲湖

黄石中心小学一年6班林圣昀爸爸林毅锋　　指导教师：陈丽娟

在这秋意盎然的季节里，一年级6班的林圣昀同学一家和余钰玮同学一家，共8人，于2023年10月6日下午驱车前往东圳水库，开展"亲子共读母亲湖"活动。

1. 观景吟诗：天光云影共徘徊

大家行进在水库坝顶上，极目远眺，夕阳懒洋洋地斜照在湖上，湖面上金光闪闪，好像一顶闪闪发亮的皇冠，而湖中心的小岛就是镶嵌在这顶皇冠上的明珠。余霞散成绮，澄江静如练。四周郁郁葱葱，连绵起伏的山峰像妈妈的手把整个库区揽在怀里。湖面上不时有白鹭飞过，蓝天、白云、碧水、青山相互映衬，这真是"落霞与白鹭齐飞，秋水共长天一色"。大人见此美景，纷纷拿起手机拍照留念。（见图6-7）

图6-7　东圳水库景观

林圣昀小朋友也诗兴大起，不禁吟诗一首——《望圳湖》："湖光秋日两相和，湖面微风镜已磨。遥望东圳山水翠，金色盘里一青螺。"

余钰玮小朋友也吟了一句："美哉，我东圳水库；壮哉，我莆田人民！"同时也用画笔画了一幅画（见图6-8）。

2. 追昔悟道：为有源头活水来

大家跟随工作人员进入东圳水库的精神教育基地——东圳精神厅，观看了一些电教片，

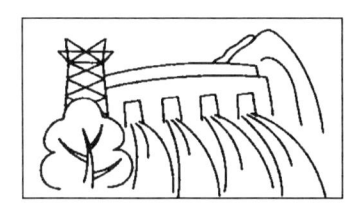

图6-8　余钰玮小朋友的画

通过建库纪录片，重温了当年热火朝天的劳动场景。展厅内还仿建了一处草房工棚，展示了当时民工所使用的锄头、铁锹、燃油灯、手电筒等劳动工具和装备。墙上挂满了当年民工们扛着肩挑、战胜艰难险阻的现场图像，并且

展示建库工具、生活用品等实物。尽管那些黑白照片已经有些模糊,但仍然给人一种厚重而深沉的感觉。

20世纪60年代初期,郭沫若先生来莆参观时,曾赋诗盛赞东圳水库:"北濑飞泉今化龙,木兰横跨起长虹。九华凿破壶公劈,天马羁衔凤际通。名继四陂成伟业,泽流半岛颂丰功。萩芦南水东连海,万顷田园灌溉中!"东圳移民的往事,也令人感动不已。据说当年为了水库建设,许多人背井离乡,才渐渐有了今天越发美丽甘甜的母亲湖!做人要饮水思源,这大概就是东圳水库给人带来的终身教育和震撼吧!(见图6-9)

图6-9 研学活动过程照片

一座水库,一个母亲湖!饮水思源、不忘养恩的同时,让我们铭记要更加保护环境,共同保护莆田的母亲湖!

3. 深情诵读:一枝一叶总关情

面对此景,两位宝妈也深情朗诵了林志和同志创作的《东圳水库交响曲》——

和大山拥抱
跟流水结亲
山谷回荡着
山峡回响着
绿水青山就是金山银山
绿水青山就是金山银山
号子响起的日日夜夜
是军民协作曲 是万众一心歌
是肩挑手推山河移响雷
开启 开启 一个新世界
十指相扣

揽一溪山水

众志成城

铸不朽丰碑

高峡出平湖

当惊世界殊

血肉筑就的堤坝

再也不怕狂风暴雨

再也不怕洪水肆虐

固若金汤 安心放心

两山呵护的宝

枕着一缕缕阳光

摇啊摇 摇啊摇

摇出一朵朵幸福小花

掬一捧水 照进心底

艰苦奋斗的峥嵘岁月

又一幕幕倒带过来

原鲁山大声疾呼

水涨一寸 坝高一尺

我们誓与大坝共存亡

是啊

那一汪碧水

凝注了

无数人的心血和汗水

无数人的智慧和力量

可歌可泣 天地共鉴

东圳水库

一个响亮的名字

一个英雄的水库

历史记住你

人民歌唱你

上幼儿园小班的余钰玥小姑娘也现场朗诵了林圣昀爸爸即兴创作的《莆田妈妈，美丽年年》——

  我有一个妈妈，叫莆田，
  长得美又甜。
  清清木兰溪，
  是妈妈温柔的臂膀；
  巍巍壶公山，
  是妈妈挺直的脊梁。
  红红的荔枝，
  黄黄的枇杷，
  褐色的龙眼，
  那是妈妈亮亮的衣裳。
  威风车鼓咚咚锵，
  莆仙戏曲音袅袅，
  那是妈妈甜甜的呢喃。
  九鲤灯舞焰灿灿，
  元宵游灯喜洋洋，
  那是妈妈美美的舞蹈。
  我的妈妈——莆田，
  祝您生日快乐！美丽年年！

林余两家亲子共读大自然，共赏水库美景，共悟东圳精神。致敬母亲湖！致敬伟大的莆田人民！

4. 游后习作：游罢挥毫意未休

秋意渐浓，莆田的山水间弥漫着收获的气息。亲子阅读不再局限于书本，而是走进自然与历史的怀抱，于内心深处感受莆田自然风光与人文精神的脉搏跳动。

游东圳水库，览莆阳胜景

黄石中心小学第一分校六年（5）班林以涛　指导教师：郑重

在莆田，东圳水库无人不知，无人不晓。以前，我站在山上领略过她的风采，远远望去，山水丛林交相辉映，恍如一幅水墨画。

恰逢今年双节同庆，我又慕名而来。刚到时，首先映入眼帘的是一座长长的堤坝。据资料记载，水库拦河大坝长367米，高58.6米，顶宽8米，像一座巨大的屏障横亘于天马和地龙两山之间，拦住了自仙游九鲤湖奔流而下的溪水，形成了一个面积为10平方千米、库容量达4.35亿立方米的人工湖。此时，我走在堤坝上，颇有一番感慨，这样大的工程需要汇集多么强大的力量才能完成啊！

极目远眺，微波荡漾的水面在阳光的照射下闪闪发光，像一块碧绿的翡翠，镶嵌在莆阳大地上，真不愧是莆田新二十四景之一呢！诗人郭沫若曾这样赞叹："北濑飞泉今化龙，木兰横跨起长虹。九华凿破壶公劈，天马羁衔风际通。名继四陂成伟业，泽流半岛颂丰功。荻芦南水东连海，万顷田园灌溉中。"

在水库的侧边，立着一座群雕，上面的人物栩栩如生，有的正挑着石头，有的正在测量角度，有的正忙着凿地，连一个女同志也起劲地运送石头。大家的眼神坚毅，有着必胜的决心！这座群雕以真实的人物为原型，再现建库的艰辛过程，重现当年参建工人们热火朝天、奋勇争先的劳动场景，体现了团结协作、艰苦奋斗、无私奉献的东圳精神。

夕阳携晚风拂来，抚摸着我的脸，让人神清气爽。远处的青山忽隐忽现，层峦叠翠，景色宜人。此时，我的耳畔响起了习爷爷说过的这句话："绿水青山就是金山银山。"是啊！美好的世界就是用双手和智慧创造出来的。

在秋意渐浓的时节，此次的"行走莆田"主题阅读实践活动为我们展现了全学科整本书阅读中"亲子阅读"的独特魅力。通过实地探访东圳水库，体验了阅读与实践相结合的学习方式，让学生们在真实的环境中感受阅读的乐趣，培养他们对家乡文化的热爱和保护环境的意识，激发学生的表达欲望和创作热情，真正将生活阅读融入学生们的心灵，切实将阅读、思考和表达贯穿于学生们的成长之中。

（三）校外亲子读书会

我校充分利用社会资源与家长资源，创新性开展校外亲子读书会活动，即充分利用课余时间，在校外书房这一充满文化氛围的场地中，由校内、校外教师共同主持，邀请爱好阅读的家长与孩子共同参与，通过丰富的阅读材料与多样化的阅读形式，提升孩子的阅读兴趣与阅读能力。校外亲子读书会打破了传统教育模式的界限，将家庭、学校与社会的教育资源有效整合，让家长、孩子与教师能够在这里相遇、相识、相知。一方面，通过共同参与阅读活动，家长与教师能够建立起更加紧密的联系与友谊，更深入地了解孩子的阅读习惯与需求，共同为孩子的阅读成长提供有力的支持。另一方面，通过定期参与校外亲子读书会，孩子们也能在家长的陪伴下，逐渐养成良好的阅读习惯，同时增进亲子之间的情感交流。

案例一："阅阅悦美斋"亲子读书会——以《孤独的小螃蟹》为例

黄石中心小学　　祁志娟

"如果没有朋友，就会很孤独，就像吃不好饭、睡不好觉一样。"

"如果小螃蟹和小青蟹再次相遇，他们会再次成为好邻居，一起晒太阳，一起快乐地生活。"

"通过这节课的学习，我明白了我们要乐观、勇敢面对生活中的孤独、开心、难受、担心等情绪。"

……

这是在阅阅书房（校外读书机构）《孤独的小螃蟹》读书会现场，孩子们发自肺腑的心声震撼了我。很难想象这是来自一年级的小朋友读后的感受，在这短短的一个半小时的时间里，孩子们的阅读兴趣被林爱燕老师激发了，思维火花被林老师点燃了，又是教师又是家长的我被这堂课深深感染了，不禁感慨：做好一个阅读的引领者，是多么了不起呀！而且成为一个成功的引领者，多么令人敬佩！阅读的力量是一片云推动了另一片云，从而让阅读的天空更加多姿多彩。

林爱燕老师（阅阅书房老师）深耕阅读教学十几年，对于全学科阅读颇有经验，第一次来黄石中心小学做阅读讲座时，她对全学科阅读教学的理念及做法就深入我心。今天，又有幸以多重的身份近距离学习，我受益匪浅。

《孤独的小螃蟹》是二年级上册共读的书目，作者金波，讲述了小螃蟹和小青蟹是邻居，每天都在一起晒太阳。突然有一天，小青蟹走了，小螃蟹陷入了孤独之中。它在孤独中做了很多事情：帮助小纸鸟成为一只快乐飞翔的鸟儿，用可乐罐做成鼓为伙伴们带来快乐，给狮子王剪头发，用大钳子救下小乌龟。小螃蟹的善良让它收获了很多朋友，最终战胜了孤独！

读书会前，林老师布置学生们提前阅读。林老师为了这堂课也是做好了各种预习、预设、预案，才有了这节不同于传统课堂阅读教学的读书会。把课堂搬到教室外的书房里，阅读环境的布置已经拉满分了，再加上林老师用通俗易懂的语言，富有亲和力的教法，层层递进，各个环节处理到位，真正发挥了学生的主体地位。林教师引导学生独立思考，鼓励学生大胆积极发言，让学生从读中悟、从交流中去感受小螃蟹的心情变化。张弛有度的课堂节奏，有效启迪学生的心灵。

当学生们读到《树的眼泪》这一章节时，很显然有些迷惑不解。"哪位小朋友知道树的眼泪是什么？"在林老师的一声提问下，全场安静了下来。对于一年级的小朋友来说，很难把树的眼泪和一颗琥珀画上等号。一颗琥珀是千年时空的浓缩，一颗琥珀是集天文、地理、物理、化学、科学为一体的结晶，学生们怎么能一下子理解透彻？林老师不急着为学生解答，而是放慢速度，请学生们再读读文中关键的语句："它是一颗名贵的琥珀，里面有一只小蚂蚁。其实，它是树的一滴眼泪，它是一滴几千年前的眼泪。"学生们读完之后，还是一脸懵，都认为树的眼泪和我们人类的眼泪一样。

遇到问题，就解决问题，而不是放弃问题。这时，林老师问学生们：当我们遇到困难的时候该怎么办？在教师的暗示下，学生们自然就想起了坐在身旁的家长，家长的作用就是在孩子需要的时候及时地伸出援手。一名家长代表及时地科普了一下"琥珀"的形成过程，学生们豁然开朗。如果条件允许，家长也可以给孩子查阅琥珀形成的相关资料、视频等，这样可以加深孩子们的理解。这让我深深地感到教法要结合实际，就地取材，灵活机动，教学有法，教无定法，贵在得法。林老师在阅读指导中构成了自我的特色，塑造了自我的风格，教出了自我的风采。

学生们的阅读思维不断摩擦，课堂的求知欲越来越强，有人提问，有人解答，自然而然地讨论、交流、分享，课上学生们就像海绵一样不断地吸收、纳新，通过自己的理解整合，才有了开头那段精彩的输出，学生们的感悟已经超出了故事本身。童话也是源于生活，学生们在故事里都能找到自己的身影，因此关于爱、思念、离别的故事还在课堂上蔓延。

《孤独的小螃蟹》这节课教给学生们要有一颗勇敢和善良的心，努力去寻找属于自己的快乐和价值，不断地探索着周围的世界。在生活中，我们也会有感到孤独的时候，但我们不能被孤独打败，珍惜身边的朋友，用心去感受生活中的快乐。林教师的评价语、鼓励语让人耳目一新，加上各种各样的思维导图，整节课显得格外生动有趣，这也是我们需要去学习和改正的地方。教师本应是一位雕塑大师，用自我的思想和感情将一块坯材雕塑成一件艺术品。

接下来的全学科阅读之路该怎么走，我一下豁然开朗。林老师以鲜活的案例和丰富的知识内涵、精湛的理论阐述，给了我深刻的启发和理论引领。我在享受着阅读带来的美好体验时，也明白了我需不断完善自我，多多吸取别人的经验，完成自我成长。

阅读是需要行动力和坚持力的，只要在读中有所收获，有所感悟，阅读的力量就看得见了。

案例二："葵阅园"亲子读书会——合作完成《途次莆田》画作

黄石中心小学二年（7）班　陈妍　指导教师：陈军英

如果说阅读是灵魂的深度旅行，那么绘画便是情感的色彩表达。

——题记

清晨，我睁开了惺忪的睡眼，新的一天一如既往地从阅读开始。

阅读，是一场无边界的旅行。每每翻开一本书，都像是推开了一扇通往未知世界的大门。我可以在《慢性子裁缝和急性子顾客》书中领会做事不能过于急躁也不能过于拖沓；我可以在《小鹿斑比》书中见证小鹿斑比成长的艰辛与美丽；我可以在《城堡镇的蓝猫》书中学习蓝猫为完成使命坚持不懈和勇于挑战的精神；还可以在《胡桃木小姐》的冒险经历中学会遇到困难要保持勇敢和乐观的心态，学会珍惜亲人和朋友……

在接到妈妈打来要和"葵阅园读书会"的陈扬茗、李安琪两个同学合作完成《途次莆田》画作电话的瞬间，我激动不已，带着激昂澎湃的心情前往莆田市图书馆。

我们本次的主力军是扬茗同学，他在认真学习郭沫若诗歌《途次莆田》的基础上，初步完成了画稿。他向我们介绍了本次设计的思路和画稿中的各项元素。画中的荔枝树结满了丰硕的荔枝，以及田野中金黄的稻田是对应"荔城无处不荔枝，金覆平畴碧覆堤"这两句诗。荔枝树和稻田相互映衬，形成了一幅生机勃勃的风光图。画中梅妃故里显著的红塔、夹漈草堂遗迹对应"梅妃生里传犹在，夹漈研田有子遗"这两句诗。安琪同学和我对初稿非常认同，都不约而同地夸赞扬茗同学。他听了害羞得面红耳赤。

接着，我们就分工进行勾边和填色。安琪同学小心翼翼地拿起勾线笔描绘着，生怕勾错这张来之不易的画稿。我也拿起彩色笔聚精会神地填着色，把心中涌动的情感化作了画纸上的斑斓色彩。在图书馆这样学习氛围浓厚的环境下，我们三个人全神贯注地沉浸在绘画的世界中……笔尖轻触画纸，每一笔都凝聚着我们的认真与专注，周围的书海与偶尔翻动书页的细微声响，似乎都成为我们画作时最和谐的背景音乐。我们彼此间虽无过多的言语交流，但那份对画作的共同热爱与追求，让这份安静的时光显得尤为珍贵。

非常感谢陈老师，让我们读书会的同学们拥有更多机会合作学习，不但收获了知识也增进了友情。啊，这一天在阅读和绘画中结束，是那样自然和愉快！

在这场意义深远的活动中，教师们如同文化的守护者，将智慧的火炬代代相传。教师们是知识的传递者，更是全学科整本书阅读理念的坚定倡导者和实践者。在书页的翻动中，他们带领学生窥见全学科阅读领域的精彩世界，带领家长深度体验亲子阅读的美好时光。通过这样的亲子共读，孩子学会了阅读、思考和表达，家长懂得了陪伴、共情和交流。教师、学生和家长的视野都被打开，心灵被触动，在书页间悄然留下了成长的足迹。

第四节　家校共读的收获与感悟

在全学科整本书阅读的书香浸润下，我们不仅点亮了学生的心田，也撬开了教师文化的心源，还唤醒了家长沉睡的心灵。通过系列活动，我们见证了阅读对教师、学生、家长的正面导向力量。它如同一股清泉，滋养着教师、学生、家长的精神世界，激发着教育的创新活力！

一、家校社网大阅读，撬开教师文化的心源

在这些活动中，教师们不仅作为引导者，更是学习者，与学生和家长一同在书海中探索、成长。教师们通过阅读更新教育理念，提升专业素养，同时通过家校合作帮助学生家长在家庭中培养阅读的氛围，让书籍成为家庭文化的一部分，让阅读真正成为看得见的一股力量！下面，让我们来听一听我校教师在参与家校共读活动后的心声与感悟。

涓涓细流"阅"成江河
黄石中心小学第一分校　郑重

在黄石中心小学这片充满书香与梦想的土地上，家校共读活动如同一股清新的春风，悄然吹进了每一位师生的心田。作为一名教师，我有幸参与了这一场关于阅读、关于成长、关于爱的深刻实践，其中的感悟与收获，如同涓涓细流，汇聚成心中一片温暖的海洋。

家校共读，不仅仅是一项简单的阅读活动，它是一座桥梁，连接着家庭与学校，让教育的力量在彼此间流淌、融合。在这个过程中，我深刻体会到了"共读"二字的深远意义。它不仅仅意味着孩子与家长、教师共同阅读一本书，更是心灵的共鸣、情感的交织，是知识与智慧的传承，是价值观与人生观的相互影响。这样的共读，让教育不再局限于校园的围墙之内，而是延伸到了每一个家庭，让爱与智慧的光芒照亮孩子的成长之路。

在共读的时光里,我看到了孩子们眼中的光芒。那是一种对未知世界的好奇,对美好事物的向往,也是对知识渴望的火花。每当他们兴奋地与我分享书中的趣事,或是提出那些天马行空的问题时,我都能感受到他们内心世界的丰富与广阔。这些时刻让我更加坚信,阅读是打开孩子心灵窗户的钥匙,而家校共读则是那把钥匙上最闪耀的光点。

与此同时,家校共读也让我重新审视了作为教师的角色。在传统的教学模式下,教师往往是知识的传授者,而在共读活动中,我更多地成为引导者、倾听者和共同学习者。我与孩子们一起探索书中的奥秘,一起讨论人物的性格与命运,甚至一起创作属于我们自己的故事。这样的转变,让我与孩子们的距离更近了,也让我更加深刻地理解了"教学相长"的真谛。原来,最好的教育不是单向的灌输,而是双向的互动,是师生共同成长的过程。

家校共读还让我深刻体会到了家庭对孩子成长的重要性。每一次看到家长们放下手机,与孩子并肩而坐,共同沉浸在书的世界中,我都被这份温馨与美好所感动。这样的场景,不仅增进了亲子关系,也让家长更加了解孩子的内心世界,为孩子的成长提供了更加坚实的支持与陪伴。而家长们的参与和反馈,也为我提供了宝贵的教育资源和灵感,让我在教学上更加注重因材施教,关注每一个孩子的个体差异。

更重要的是,家校共读让我意识到了教育的深远意义。教育不仅仅是传授知识,更重要的是培养人,培养有温度、有情感、有责任感的人。通过阅读,孩子们学会了同情与理解,学会了坚持与勇气,也学会了爱与被爱。这些品质将伴随他们一生,成为他们面对未来挑战的最坚实的后盾。

回顾这段家校共读的旅程,我深感责任重大,同时也满怀希望。责任在于,作为教师,我们有义务引领孩子们走进阅读的殿堂,让他们在阅读中发现自我,认识世界;希望则在于,看到孩子们因阅读而变得更加聪明、更加善良、更加坚韧,我深知,这不仅仅是他们的成长,也是教育的成功,是社会进步的希望。

总之,黄石中心小学的家校共读活动,不仅是一场阅读的盛宴,更是一次心灵的洗礼。它让我更加坚信,教育的力量在于爱,在于引导,在于陪伴。在未来的日子里,我将继续与孩子们、家长们一起,手捧书本,心怀梦想,共同走在阅读的路上，让爱与智慧的光芒照亮每一个孩子的成长之路。

紧紧牵手"阅"见欢喜

黄石中心小学　许明英

近两年，学校全学科整本书阅读活动正积极地开展着。今年的 4 月份，我在班级中和家长、学生们一起共读了《中国古代寓言》这本书，它给我带来了诸多深刻的感悟与启示。

活动初始，当我向家长们布置与《中国古代寓言》相关的阅读任务时，遭遇了重重困难。家长们大多忙于生计，奔波于工作与家庭琐事之间，对于额外增加的阅读任务表现出了极大的抵触情绪，认为这无疑是给他们本就繁忙的生活增添负担。

于是，我在导读课上巧设环节。当我以充满趣味的方式，讲述《掩耳盗铃》《亡羊补牢》等寓言片段，像描述掩耳盗铃者的愚笨模样，亡羊补牢者的幡然醒悟，学生们的目光瞬间被吸引。接着，我给学生安排特殊任务，让他们回家给家长讲述并邀家长猜结局，以视频记录。起初，家长们或许只是敷衍地听着，但很快，他们就被寓言故事的趣味性牢牢吸引。原本因忙碌而疲惫的脸上，渐渐浮现出专注的神情。他们发现，这些寓言不仅能让孩子在欢笑中收获知识与智慧，还为亲子交流开辟了新的天地，成为亲子间情感升温的桥梁。我将这些珍贵的视频在班级里播放分享，学生们看到自己和小伙伴的身影，兴奋得小脸通红，眼睛里闪烁着光芒，教室里满是他们欢快的笑声和热烈的讨论声。在阅读分享课上，家长角色发生巨大转变，从最初仅帮忙准备道具，到与孩子共同创意构思。角色扮演时，学生在家长的帮助下，将《揠苗助长》中的角色演绎得活灵活现；创意展示环节，学生们的画作与手工作品精彩纷呈，这背后离不开家长与学生的默契配合。

在这次共读中，我发现尽管部分基础薄弱或家庭特殊的学生面临挑战，但通过共读与线上互动，他们也开始重视阅读。这次共读活动，在有限的教育资源条件下，成功地激发了学生们对于阅读的浓厚兴趣，有效地锻炼了他们的思考能力与表达能力，更为重要的是，实现了家长从最初的被动配合到如今主动积极融入的根本性转变。

深深影响"阅"出成长

黄石中心小学第一分校　黄雨薇

作为一名小学教师，我始终致力于探索家校共育的新路径。阅读，作为连接家庭与学校的桥梁，不仅滋养了学生们的精神世界，更成为我们共同成长的源泉。而《正面管教》这本书，以其独特的视角和方法，为我在家校阅读合作中提供了新的启示和动力。

《正面管教》强调以鼓励代替惩罚，以理解代替责备，这一理念深深影响了我对家校阅读合作的看法。在过去，我或许更多地关注于学生们的阅读成果，而忽视了阅读过程中的情感体验。但《正面管教》让我明白，每个学生都是独一无二的，他们有着自己的节奏和兴趣。因此，在家校阅读合作中，我开始更加注重个体差异，鼓励学生们根据自己的兴趣选择书籍，同时引导家长们以更加开放和包容的心态陪伴孩子阅读。

结合《正面管教》中的方法，我尝试将"积极暂停"和"鼓励式语言"融入到家校阅读合作中。当学生们在阅读中遇到困难或失去兴趣时，我不再急于批评或指责，而是引导他们进行"积极暂停"，让他们有机会调整情绪，重新找回阅读的乐趣。同时，我也鼓励家长们在与孩子共读时，多使用鼓励式语言，如："你读得很棒，继续加油！""这本书真有意思，我也想听听你的看法。"这样的语言不仅增强了学生们的自信心，也让他们在阅读中感受到了更多的关爱和支持。

家校阅读合作中，我还借鉴了《正面管教》中的"家庭会议"模式，定期组织家长和学生共同参与阅读分享会。在分享会上，学生们可以畅所欲言，分享自己的阅读体验和感悟；家长们则可以相互交流育儿心得，共同探讨如何更好地陪伴孩子阅读。这种互动不仅加深了家庭与学校之间的联系，也让阅读成为一种家庭文化，一种生活方式。

在实践中，我深刻地体会到《正面管教》中的方法不仅适用于家庭教育，同样也可以在家校阅读合作中发挥重要作用。它让我学会了更加耐心和细致地倾听学生们的声音，更加理解和尊重他们的个体差异；同时让我更加珍惜与家长们每一次的沟通和交流，共同为孩子们的成长助力。

家校阅读合作是一场漫长的旅程，它需要我们用心去感受、去体验、去实践。《正面管教》这本书就像一盏明灯，照亮了我前行的道路。在未来的日子里，我将继续秉承这一理念，深化家校阅读合作，让阅读成为学生们生活中不可或缺的一部分。我相信，只要我们用心去做，就一定能够培养出更多热爱阅读、善于思考、富有创造力的学生，让他们在阅读中收获知识、智慧和快乐。

二、亲子共读体验课，敲醒家长沉睡的心灵

当我们沉浸在学生们的笑声和成长的喜悦中时，我们是否曾想过，阅读不仅仅是学生们学习的一部分，它更是连接我们与学生心灵深处的桥梁。接下来，我们将通过一系列真实、生动的亲子共读体验课后的家长"肺腑之言""金玉良言"，一起记录全学科整本书阅读的家校奇妙世界。让我们轻轻敲醒家长们沉睡的心灵，一起发现阅读的力量，让那些文字和故事，成为家校共同成长路上的明灯。

孩子提了，那就允了吧
黄石中心小学陈扬茗妈妈　廖世娟

在与孩子亲子共读的几年里，我与孩子度过了许多快乐的时光。小小的人儿依偎在我怀中，我们大手、小手一起捧着各种书，津津有味地读，随书中内容时而惊讶不已，时而捧腹大笑，时而百感交集……

幼儿阶段的他接触了很多绘本，我猜想阅读的小种子大概是这时在他心里悄悄种下。他在一年级时开始接触拼音读物，我偶尔和他一起共读绘本。渐渐地，他会自己独立看完整本书，看书的速度也加快了不少。孩子"勤快"了，当妈妈的我"懈怠"了。我开始给他绘本、拼音读物以及插图较少、以文字为主的图书。这时的我更多的是以一个旁观者目睹着他的变化，我不再是他的"共读者"了。

直到有一天，孩子问："妈妈，你现在怎么都不给我讲绘本了？"他说，虽然他会认字，会自己读了，但依然希望我偶尔能给他讲一讲绘本。上周与孩子一起参加了共读绘本活动，听了"小绘本，大能量——亲子共读绘本的

意义与策略"的讲座。老师所提到二年级家庭阅读的"心"读法，让我感触颇深。我已然成了口头禅为"去看书吧"的家长，不再和孩子"手牵手到故事王国旅行，共同分享一段充满温暖语言的快乐时光"。我开始反思：给孩子以书海，让其一人尽情遨游其中，我做对了吗？当下的他似乎更希望我能偶尔与他共读，一起徜徉其中。我是不是应该接受邀请，再次共读，恢复睡前悦读时光？

孩子提了，那就允了吧。毕竟孩子的童年只有一次，而陪伴是我能给予他的最美礼物。

噢，孩子长大了，父母依然没长大
黄石中心小学陈妍妈妈　翁建萍

本次两节绘本阅读课的学习，真是令我收获满满。在此之前，我和孩子一起阅读绘本一般是拿起绘本直接讲，虽然也会提问，也会让孩子描述绘本的整体故事，也会演绎部分精彩片段，但都过于应付任务，难免有些填鸭式的讲授。听了两节绘本阅读指导课后，我明白了阅读绘本应该是享受亲子共同成长的好时光。它不仅是启发、教育孩子的好机会，还是处理孩子情绪的好素材。

虽然绘本也读了上百本，但我很少拿到绘本先观察、再推测、最后演绎，也很少用到"五指梳理法"，包括给出让孩子专注解决绘本故事中的某些问题……

孩子读二年级，绘本已经满足不了她的阅读需求，现在的她已经会自己看有情节的故事书、具有科学原理的科学书以及有关宇宙星球的天文书等。孩子每天都在阅读，阅读的方式也很多，但老师推荐的主题阅读法、策略阅读法也值得尝试。书中的关于科学、生命、自然、情怀、追求、自我、价值等内容不仅仅是学习的必需，更是塑造品质修养的宝贵源泉。通过本次的学习，我明白要把孩子阅读养成日常生活和学习的有机组成部分，不能当作任务或作业，否则就失去了阅读的价值。

很多时候我们总是借口忙而不阅读，却要求孩子能自觉阅读，可是孩子已经会用书中学到的知识来反驳我们了。噢，孩子长大了，父母依然没长大。

在孩子学习成长的道路上，父母一定要养成阅读的习惯，也要了解孩子阅读的内容，这样不但能和孩子共同成长，也能跟孩子更好地沟通。

亡羊补牢，为时未晚
黄石中心小学黄雨芊妈妈　肖彬彬

回想孩子的阅读历程，起初她不认识字，只喜欢看那一幅幅色彩鲜艳、生动有趣的绘本，那时的我会陪着孩子把绘本中的文字念给她听，也会通过讲故事的方式演绎绘本内容，着实乐趣颇多。随着她逐渐成长，在接收新知识和认知的同时，生活中的我们也慢慢发生了改变。

孩子开始会拼读、认读，认识的字越来越多，直到可以自我阅读。而我与她共读的时间在逐渐减少，共读绘本的时间可以说几乎没有了。因为当我发现她可以独立阅读的那一刻，我心想，既然她已经能够自己阅读了，那我就可以放手了！

在老师的引导下，我和孩子一起共读绘本。其间，我悄然发现一起共读能使孩子从中获得更多快乐！

听完"小绘本，大能量——亲子共同绘本的意义与策略"的讲座，我有了新的认知。共同阅读绘本可增加与孩子的友爱互动，从图画中触动想象力，激发探究能力，提高阅读与写作能力，还可以从中找到一些平常回答不出来的问题的答案。虽然之前也知道这些，但不够深刻。幸好，亡羊补牢，为时未晚！我应该重新拾起与孩子共同阅读绘本的时光。趁着孩子还有意愿和我一起遨游书籍的国度，更应该珍惜陪伴孩子的时光，和她一同进步。

亲子阅读的关键在于我们的坚持
黄石中心小学邹梓潼妈妈　郑美双

孩子从最初的需要陪伴阅读到现在能自己独立阅读，是一个很大的进步。陪伴孩子阅读的这段时间，通过亲子互动式阅读，我惊讶地发现，孩子的阅读习惯随着时间的推移有了明显的转变。她在阅读的过程中总是很认真，还会问很多的问题。有时候她问的问题把我们大人都难住了，还经常说出一些耳目一新的词句，有模有样的，颇有一定的语言组织和逻辑推理层次。阅读，这个认知世界、吸取知识的重要方式，现在已经逐渐融进了孩子的兴趣世界里。

阅读是学习的基础，也是学习的关键。亲子阅读是家庭教育的有效方式，也是培养亲子关系的重要途径，家长可以很好地和孩子沟通、交流，拉近与孩子的心灵距离，从而提高他们的阅读兴趣和热情。同时，这也是一段享受亲情、分享快乐的美好时光。

亲子阅读的关键在于我们的坚持。平时感觉在这方面花费的精力甚少，我偷懒的同时，孩子也偷懒了。这堂亲子共读绘本的课，让我深刻认识到了亲子阅读的实际意义和作用。今后，我会更加重视亲子阅读，坚持找时间和孩子一起阅读，把阅读当作一种乐趣，用我自己的坚持来激励孩子。

不应该过于严格地限制孩子阅读书籍的种类

黄石中心小学黄钰蓾妈妈　高凤霞

一直以来，我深知亲子阅读是一件有益的事，但执行力始终不强或者做了一阵子就半途而废了。幼儿园时，孩子喜欢看以插图为主、色彩鲜艳的绘本故事书。随着识字量增多，孩子对《脑筋急转弯》《猜谜语》等书籍产生了浓厚的兴趣，但我都以"对学习没帮助"这一个万能理由制止了，导致孩子近来的阅读兴趣下降，阅读时间更是大幅缩短。通过这次参与学校组织的亲子共读体验课，聆听了两位老师课上生动有趣的讲解以及课后一场精彩的讲座"小绘本，大能量——亲子共读绘本的意义与策略"，我从中受益匪浅，学会了如何陪伴和引导孩子阅读。同时，不应该过于严格地限制孩子阅读书籍的种类，要循序渐进培养孩子的阅读兴趣，养成良好的阅读习惯，提高阅读能力，并通过言传身教来影响孩子，让书香伴随孩子健康快乐地成长。

爱的花期自洽

黄石中心小学黄梓涵妈妈　朱美芬

最近，我和家里的小宝一起阅读了经典绘本故事——《安的种子》，它以深刻的寓意启迪着我如何以一颗平和的心面对育儿之路。书中三个小和尚的故事，恰似现实生活中父母与孩子间微妙的互动，提醒我们要以耐心和爱心去呵护孩子成长。

在我看来，每一个孩子都是那颗珍贵的莲花种子。尤其是身处焦虑中的父母，不妨向安学习，读懂花期，静待花开。

十余年的育儿经历中，我曾走过不少弯路，踩过不少坑。但有一件事是我认为自己做得最正确的选择，那就是在我女儿幼儿园三年的时间里，每天雷打不动的睡前亲子阅读陪伴。这个习惯的坚持让孩子在识字以后非常自然地过渡到自主阅读，从而爱上阅读。当然在孩子中低年级成绩不突出的时候，我也曾怀疑和焦虑过，这么多年的坚持并没有在成绩上看到成效。直到有一天，大概是孩子五年级的时候，我和孩子一起做阅读理解，惊喜地发现我们家孩子的阅读速度已经远远超过了我，并且她能快速、准确地在文中找到选择题答案。我想这与孩子平时广泛的阅读分不开。在她幼年时期，我便在她心中播下阅读的种子，相信待到花期成熟，一定会绽放光彩。

每朵花都有其独特的花语，每个孩子也有属于自己的成长轨迹。在爱的滋养下，爱的花期自洽。静候每一朵花的绽放，才是为人父母最美的期待。

三、生活日记小故事，装点孩子神秘的心田

朱永新说："童年的秘密远远没有被发现，童书的价值远远没有被认识。"[①] 在学生们的成长历程中，阅读不仅是一种获取知识的手段，更是构建世界观、人生观和价值观的根基。通过童书的阅读、跨学科整本书的阅读和生活之书的阅读，学生们能够接触到形形色色的故事和知识，领悟到多样而丰富的生命力和深邃而灵动的情感与智慧，进而增强他们的阅读力、思考力和表达力，激发他们的原动力、创造力和生命力。让我们一同走进黄石中心小学学子的生活日记小故事，倾听他们在阅读世界中的纯真童言。

2024 年 5 月 13 日　星期一　晴
阅读与烟花

黄石中心小学二年（7）班　陈扬茗　指导教师：陈军英

在一次家校共读的夜晚，我和妈妈正在共读《七色花》这本书。就在我读得入迷时，只听得一声噼里啪啦的声响，我知道，那是烟花绽放的声音。

---

① 朱永新. 朱永新谈读书［M］. 商务印书馆，2022：1.

这么大声响，肯定是那种五颜六色的烟花。

我想看一下烟花，但还没读完《七色花》，于是我加快读书步伐。就在我又读得入迷时，烟花声突然又直震我耳朵，而且更大声了。于是我也读得更大声了，想要压过烟花绽放的声响。

我读完了，连忙拉着妈妈的手直奔阳台看烟花。可是，烟花声停了，夜空中没有烟花。我站在阳台上很失落，心里空空的。不知过了多久，突然，烟花又接二连三地升上天空，发出欢快的声音。我内心无比激动地欣赏着眼前的烟花。

只见那烟花五颜六色，形态各异。有的升到半空中，变成了一条龙沉入东海；有的升到高空，绽放成一朵朵"大牡丹"，紧接着一片片花瓣又变成一朵朵更小的"小牡丹"；还有的金光闪闪，看上去像奥特曼在战斗……

我喜欢烟花，也喜欢看烟花。因为很多烟花齐放，就可以点亮整个夜空，让世界亮如白昼。

我喜欢看烟花，更喜欢和妈妈一起阅读。因为和妈妈一起阅读，就像这烟花，虽然会有一些外界的干扰和挑战，但只要我们坚持下去，就能在知识的夜空中绽放出属于自己的璀璨光芒，让我们的世界因阅读而变得更美丽！

2024 年 9 月 28 日　星期日　晴

中秋游园会

黄石中心小学三年（4）班　祁妙　指导教师：许明英

"平分秋色一轮满，长伴云衢千里明。"又是一年中秋佳节。今天，我们一家人来到了莆田北大村荔林水乡公园，参加"月满中秋，古韵国风"游园活动。这不仅是对传统文化的探寻，更是一次家庭亲子共读的别样延伸。

穿上汉服的我们，迫不及待地来到了中秋游园会，精彩的中秋之旅开启了。第一关"猜灯谜"。一个个五颜六色的灯笼迎风飘扬，中秋的氛围瞬间拉满。我选了一个黄色的灯笼，上面写着："有时圆，有时弯，有时像小船，有时像香蕉。"我一眼就看出来谜底是"月亮"！就在昨晚，我和妈妈刚共读完以中秋为主题的系列谜语。于是，我飞快地跑到兑奖处说出了答案。他们给了我一个印章作为奖励。收获印章的瞬间，喜悦如潮水般涌来，这不仅是对智慧的奖赏，更是对阅读成果的肯定，让我对接下来的活动充满期待。

寻找彩蛋的过程真是充满了惊喜。我沿着花丛、草丛、树木寻找彩蛋，而彩蛋像一个个调皮的小娃娃躲得可真隐蔽。我和弟弟找呀找，好一会儿才找到了一个，我高兴地跳起来。最厉害的要数爸爸，他在树上找到了两个彩蛋，我们一家人立马欢呼起来。这快乐又不失温馨的场景，恰似一家人共读书籍那般，围坐一堂，分享阅读心得的温馨画面。

游园会第三关是"后羿射日"。我左手握着弓，右手拿着箭，既紧张又兴奋。我前两箭都没有命中目标，现在只剩最后一支箭了，要是没射中，那就得不到印章了。我静下心来深呼吸，调整好角度，瞄准目标，只听嗖的一声，射中靶心，我欢呼雀跃起来。老师给我盖了章后，我如离弦之箭般飞奔下一个项目。

飞花令、玉兔垂钓、壶中日月、套圈圈……这些项目也十分有趣。"妙语过中秋，诗句飞花令"现场既紧张又妙趣横生，笑声此起彼伏，传遍了整个场地。最终，我"过五关斩六将"，集满了6个印章，赢得了三次博饼的机会。

我非常喜欢这次活动，不仅让我们体验了一把古人过节的雅趣，也丰富了我们少年儿童的文化生活，更增强了我们的民族自豪和文化自信。最重要的是，它还让我发现家庭阅读可以让我们的生活充满诗意和温暖，无论是传统节日的庆祝，还是日常的阅读学习，只要有家人的陪伴，都能成为我们日常的美好时光。

一则则日记，一段段经历，无一不呈现儿童眼中的世界、儿童心中的阅读。在这里，我们目睹了全学科整本书阅读的亲子实践，也见证了阅读力量在黄石中心小学学子的心中生根发芽，滋养成长。通过这样的阅读体验，不仅丰富了学生们的知识储备，还培养了学生们的阅读力、思考力、表达力，更激发了学生们无穷的想象力和创造力，如润物无声般培养他们的实践精神和终身学习的热情，为学生们的未来打开无限的可能！

第七章　全学科整本书阅读的支持体系

> 一所学校只要有书，有能为我们经常敞开世界之窗的书，那么，这就足以称得上是学校了。
>
> ——苏霍姆林斯基

黄石中心小学地处城乡接合部，如何让学生有书读、读好书成为学校关心的重要议题。学校始终把阅读作为一件大事来抓，并开启了全学科整本书阅读的壮丽之旅。从学校的领航规划，教师的智慧指引，到家校同行的紧密协作，再到社会各界的积极共筑，一个全方位、多层次的阅读支持体系跃然纸上。

第一节　学校领航，全科启航新征程

黄石中心小学历史悠久，盛唐时期便是名儒汇聚之地，历经多朝变迁与易名，1952年正式定名为黄石中心小学，历经百年，底蕴深厚。但因地处城乡交界，周边环境变化致生源结构改变，学业重视与阅读意识不足成难题。2023年全国教育工作会议中，教育部党组书记怀进鹏在部署本年度工作时着重指出："要把开展读书活动作为一件大事来抓，引导学生爱读书、读好书、善读书。"① 学校借政策东风，申报莆田市"新课标下高质量发展"样本校教改项目，依托"读思达"教学法推进"全学科整本书阅读"改革，构建全方位保障体系，确保改革稳步前行，展现出领航者的风范。

一、创新驱动阅读，共创书香校园

项目启动后，学校成立专项领导小组，构建多维联动推进体系。陈国献校长主持召开"新课标下高质量发展"样本校改革专题会议，明确将阅读工程纳入学校高质量发展核心战略，并建立一套包含"顶层设计、课程开发、资源保障、评价反馈"四位一体的运行机制，确保项目落地见效。

（一）规划引领，构建阅读育人新范式

学校秉持"读全书，育全人"的核心理念，制定并实施《荔城区黄石中心小学全学科整本书阅读三年行动计划》，规划"基础建构—内涵深化—生态辐射"三级进阶发展模式，逐步形成科学系统的阅读育人体系。

1. 基础建构（2023—2024学年）

以制度建设和资源整合为核心，构建覆盖全学科的阅读管理框架。完善阅读评价体系，丰富书库资源，确保学生年均阅读整本书20本以上。同步开展教师全员培训，提升整本书教学能力，建立学科阅读素养观测标准，为后续发展奠定数据化、规范化基础。

2. 内涵深化（2024—2025学年）

深化教学模式创新，构建"三维联动"实施路径，推动阅读与学科深度融合。课程层面，开发"基础必修＋学科拓展＋主题探究"三级课程体系，打造特色校本课程；教学层面，推行"导读·研读·创读"螺旋进阶模式，培养跨学科阅读能力；评价层面，建立"过程性档案＋能力诊断＋成果展示"复合评估机制。通过教学改革与评价创新，实现学生年均阅读量突破30本，深度阅读达标率达70%，逐步形成校本特色的阅读育人模式。

3. 生态辐射（2025—2026学年）

---

① 中华人民共和国教育部. 2023年全国教育工作会议召开［EB/OL］.（2023—01—12）［2024—12—08］. http://www.moe.gov.cn/jyb_xwfb/gzdt_gzdt/moe_1485/202301/t20230112_1039188.html.

聚焦成果转化与社会影响，推广成熟教学模式，完善阅读教学体系。拓展家校社协同机制，营造浓厚阅读氛围，推动"书香校园"建设向区域辐射，打造市级特色阅读教育标杆，引领黄石镇形成"全民阅读、文化育人"的可持续发展环境，使阅读成为普及的生活方式，惠及更多民众。

通过以上规划与实施，学校将构建充满活力、富有成效的阅读育人体系，为学生的全面发展奠定坚实基础。

（二）机制创新，构建协同联动保障体系

为确保全学科整本书阅读工程的系统推进，学校构建了一个涵盖"管理闭环、资源支撑、质量追踪"三位一体的保障体系，形成了纵向贯通、横向联动的立体化实施网络。

在纵向管理体系上，学校构建了"校长决策—副校长统筹—教导处执行—学科组研发—班级实践"五级架构。校长层面将阅读工程纳入学校三年发展规划，统筹专项经费支持；副校长层面通过跨部门联席会议实施精细化管理，确保任务高效推进；教导处负责制定操作手册，为学科组提供实践指引；学科组结合学科特色，研发融合课例，搭建整本书阅读课例库；班级层面实施"每日三读＋每周课程＋每月展评"标准流程，让阅读融入课堂、渗透日常。这一体系实现了顶层设计与基层实践的无缝衔接。

在横向协同机制上，学校设立课程研发、资源建设、质量监测三大中心，构建多维支撑体系。课程研发中心在教导处的指导下，构建多元化课程体系，编写基础阅读教学指南，设计学科融合项目和拓展活动，提升学生阅读兴趣与素养。资源建设中心打造涵盖纸质书、电子书、有声书的全方位阅读资源体系，并通过学科阅读角、年级漂流站、校园书吧三级布局，营造智慧阅读生态。质量监测中心建立科学评价机制，从过程、成果到增值三个维度，全面跟踪评估学生阅读素养提升情况，为教学改进提供数据支持。

二、构建阅读文化，打造书香校园

校园文化是学校办学特色的重要表征，是学校重要的教育资源。精心设计、创建良好校园环境是培养"全面和谐发展的人"的前提,[①] 学校秉承"读全书,育全人"的办学理念,着力构建既体现黄石地方特色,又具有浓厚育人氛围和鲜明办学特色的"红泉书院·校园文化"体系。

(一)创设阅读环境,营造全学科阅读氛围

为营造全学科阅读氛围,我校致力于创设理想的阅读环境,让学生沉浸在浓郁的书香之中。从硬件设施的精心打造,到阅读资源的不断丰富,再到阅读氛围的全面营造,每一个环节都彰显着学校对阅读教育的重视与投入,致力于让阅读成为学生生活中不可或缺的一部分。

1. 升级设施,打造便捷阅读空间

我校倾力升级阅读设施,为学生创造良好的阅读条件。重新设计的图书馆宽敞明亮,新式书架与阅览桌椅相互映衬,和谐美观,能够容纳整个班的学生一同沉浸在阅读的世界里,共享读书的乐趣。同时,精心布置的阅览室、分布在校园各处的图书角以及温馨的班级读书吧,让阅读的触手延伸到校园的每一个角落,使阅读成为学生们触手可及的快乐源泉。

2. 丰富藏书,激发学生阅读热情

为满足学生对多元阅读材料的需求,我校不断投入资金,以丰富和更新图书馆藏书。近年来,我们引入了1000余本新出版的儿童文学作品、科普读物以及历史地理类佳作,如《哈利·波特》系列和《地球密码》等,这些热门书籍极大地点燃了学生们的阅读热情。此外,《黄石中心小学全学科阅读手册》中的推荐书目和统编版教材配套书目也一应俱全。我们更是鼓励学生自主购书,确保全年级同步阅读,为全学科整本书阅读奠定坚实基础。

3. 购置专书,助力教师专业提升

学校深知教师在阅读教育中的引领作用,高度重视教师的专业发展。因此,学校为每位教师购置了《高效6+1课堂》《核心素养导向的课堂教学》《大概念教学》《追求理解的教学设计》《培养真正的阅读者——整本书阅读之理论基础》等专业书籍,供教师共读,以提升其教学水平和阅读指导能力。

4. 多维展示,营造浓郁阅读氛围

[①] 黄炜,陈芳其. 苏霍姆林斯基论校园环境建设[J]. 外国教育研究,2003(6):35—37.

学校在校园的每一个角落都播撒下阅读的种子，通过多种方式营造浓厚的阅读氛围。学校电子屏滚动播放着学生的读书宣言，宣传栏中陈列着孔子、朱熹、林光朝等名人的故事。师生共同打造的"书香文化长廊"展示着学生们全科阅读的优秀成果，而"黄小之声"广播站则每周分享学生的阅读感悟。红泉社团的教学成果展示板更是成为校园内一道亮丽的风景，它精心陈列着各个阅读社团在全学科阅读教学中的智慧结晶。这一系列举措共同营造出了浓厚的全学科阅读氛围，让学生在书香中快乐成长。

（二）成立创编中心，打造全学科阅读新引擎

苏霍姆林斯基说过："无限相信书籍的教育力量，是我的教育信仰的真谛之一。"[1] 为全面推进全学科整本书阅读，我校成立了校园文化创编中心，致力于打造书香校园建设发展的新引擎，为师生营造更加丰富深厚的阅读环境。

1. 校报展示，激发学生阅读热情

校报《红泉书院·校园文化报》每月都会精选学生优秀阅读笔记、读后感及全学科整本书阅读创意作品进行展示。第一期出版后，立刻在学生中引起了热烈反响，大家争相传阅。其中，数学乐园手抄报、《十万个为什么》科技连环画、《西游记》人物风云榜等成为热门话题。看到学生们兴奋地讨论着自己的作品，我们内心充满了喜悦和自豪。这不仅是对学生阅读成果的肯定，更是激励他们继续深入阅读、探索知识的动力。

2. 校刊助力，推动教师专业成长

校刊《红泉书院·课改前沿》重点刊登全学科整本书阅读教学的优秀案例、研究成果和创新教学方法，有效促进了教师的专业成长和经验交流。当看到教师们认真研读这份刊物，并在课堂上实践新方法时，我们深切体会到了这项工作的价值和意义。它不仅是教学经验的总结与传播，更是推动教师专业发展、提升教学质量的有力工具。

3. 平台创新，拓宽家校沟通渠道

学校推出公众号阅读平台，为阅读推广带来新活力。一位家长表示，她每天期待平台更新，因为不仅能看到孩子的作品、教师的教学心得，还能及

---

[1] 〔苏〕苏霍姆林斯基. 帕夫雷什中学 [M]. 赵玮，王义高，蔡兴文，等，译. 北京：教育科学出版社，1983：6.

时了解学校的阅读活动。该平台不仅是展示阅读成果的窗口，更是连接学校与家庭的桥梁，让家长更深入了解学校的阅读教育，积极参与孩子的阅读成长，与学校共同助力孩子发展。

创编中心像一颗种子，将阅读的根系延伸到学校的每个角落。它不仅丰富了校园文化内涵，更重要的是，它让阅读真正成为师生共同的追求。看着学生在阅读中成长，教师在教学中进步，我坚信，在阅读力量的滋养下，我们定能培育出一批又一批文化素养深厚、全面发展的时代新人。

（三）开展阅读活动，构建全员阅读新生态

"改变一所学校，从阅读开始。"让阅读成为学校的空气，成为学校的景观；让阅读成为全员的学习形态，成为全员的生活方式。我们开展了一系列丰富多彩的阅读活动，营造出全员参与、积极向上的阅读氛围，借助阅读的力量推动学校不断发展进步。

1. 教师共读，激发专业成长活力

我们打造了"红泉书院·读书会"，为教师提供了一个交流学习的平台。每次线上共读，教师的热情远超预期。每天晚上，群里总是热闹非凡，大家争相分享读书心得，讨论得热火朝天。《核心素养导向的课堂教学》《追求理解的教学设计》等专著很快成为教师们茶余饭后的热门话题。为检验阅读成效，我们还组织了多次"教师共读"游园活动。看到平日严肃的教师在抢答环节兴奋不已，甚至手舞足蹈，真是让人忍俊不禁。这一幕幕场景生动地证实了读书会极大地激发了教师的学习热情，为他们的专业成长注入了新的活力。

2. 家长参与，共筑家校阅读桥梁

"红泉书院·家长读书会"一经推出，就受到了家长的热烈欢迎。有位家长坦言，她每天都期待着在群里和其他家长交流读书心得。当我们举办《正面管教》和《非暴力沟通》两场家校共读分享会时，现场更是座无虚席，讨论热烈且持久，大家都意犹未尽。通过这些活动，学校成功搭建家校沟通桥梁，促使家长更深入参与阅读教育，推动家校共育的良好局面。

3. 学生活动，搭建阅读展示舞台

对于学生，我们精心策划了丰富多彩的活动。每年 4 月，我们响应莆田市多彩读书月活动，举办了一系列精彩纷呈的比赛：从"说爱书"到"绘爱书"，再到"三语讲莆田故事"及"课本剧表演"，为学生们搭建了展示才艺的舞台。10月的"经典诵读"活动中，学生们用稚嫩又充满感情的声音朗诵古诗词，那动人的场景令人久久难以忘怀。12月的全民读书月更是热闹非凡。家校共读、班级"漂书"、跳蚤书市、整本书阅读PK赛等活动，让学生们沉浸在阅读的欢乐海洋中，整个校园洋溢着浓郁的书香氛围。

目睹这些活动如火如荼地开展，我们深深地感受到，阅读已经悄然融入了学校的每一个角落，成为全体师生不可或缺的一种生活方式。我们正在用阅读构建一个充满活力的新型教育生态，而这个生态将为学校的发展注入源源不断的动力。

三、优化课程设置，点燃阅读激情

黄石中心小学以"全学科整本书阅读"为核心，将阅读融入日常课程体系，通过优化作息安排与课程设置，构建起一套完善的阅读体系，推动学校、家庭和社会形成协同育人的良好局面，为学生的全面发展奠定坚实基础。

（一）优化时空布局，搭建全天候阅读体系

黄石中心小学通过精细化的作息安排，成功打造全天候浸润式阅读体系，点燃学生的阅读激情。清晨，20分钟的"晨读时光"，以经典诗词、古文对韵唤醒校园，用诗性的语言滋养学生的心灵，为一天的学习生活注入了深厚的文化底蕴；午间，20分钟的"书香静享"，教师与学生共读一本书，以身作则，传递着阅读的无限魅力；而到了晚间，"亲子阅读"则成为连接校园与家庭的桥梁，通过"亲子共读"打卡、记录读书笔记、进行故事复述等方式，将书香从校园延伸到家庭，成功构建起"校—家—社"三位一体的立体阅读生态。

（二）创新课程形式，打破学科阅读壁垒

在课程创新方面，学校积极探索、大胆实践，每周专门开设"校本课程+阅读"课。语文教师以教材中的"快乐书吧"为切入点，充分借助"书香博士"智慧平台的海量资源，通过播放精彩的书籍介绍视频、展示书中有趣的插图、分享生动的阅读片段等多样化的方式，为学生进行全方位的阅读推介。在分享活动中，教师组织学生开展小组讨论、角色扮演、故事续写等互动环节，引导学生深入思考，加深对书籍内容的理解，有效打破了课内外阅读之间的界限。

在课后服务时段，安排各学科教师轮值领读。数学教师凭借自身专业优势，解析科普读物中的逻辑思维；美术教师发挥审美特长，品鉴绘本中的美学元素；科学教师则结合专业知识，导读探索纪实类书籍……充分展现了不同学科阅读的多元价值，成功打破了"阅读仅仅属于语文学科"的传统认知局限，让学生能够从多个学科视角领略阅读的独特魅力。

（三）推行周末阅读，解锁阅读成果蜕变

为了培养学生良好的阅读习惯，学校推出"周末阅读挑战计划"。最初每日1小时的自主阅读任务，从需要"家长监督"，逐渐转变为"学生主动要求延长时间"。据统计，85%的家长反馈孩子的阅读主动性有了显著提升。同时，学校建立"阅读成长档案"，收录学生的读书笔记、创意书签以及家庭共读影像，并定期举办班级"阅读成果展"，让阅读成果变得可视化、可分享，进一步激发了学生的阅读兴趣和积极性。

随着一系列课程优化举措的稳步实施，校园阅读氛围悄然蜕变：走廊、图书馆、树荫下随处可见沉浸阅读的学生，阅读已成为校园"无声的流行语"。数据显示，学生年均阅读量提升40%，跨学科主题阅读报告质量显著提高，多篇作品获市级征文奖项。此外，家庭藏书量稳步增长，镇图书馆儿童借阅率同比增长65%，形成了"书香校园"向"书香社区"辐射的良性循环。

四、规范阅读机制，健全评估体系

在书香校园建设整体部署下，黄石中心小学从健全组织机制着手，将全学科整本书阅读行动纳入校区重点工作。制定《黄石中心小学全学科整本书阅读专项实施方案》和《黄石中心小学全学科整本书阅读工作考评制度》，清晰明确了阅读行动的目标任务，规划出完善的保障措施，推进阅读工作的开展朝着制度化与常态化稳步迈进。

（一）制度引领，让阅读真实深刻发生

我校制定了全学科整本书阅读巡课制度，明确在晨诵、午读、"校本课程

+阅读"课和课后服务等固定时间段,任课教师全力保障阅读活动的正常开展,而当天的带班领导和相关行政人员要按时巡课,以监督阅读工作的落实情况。

我校还设计了一个"阶梯式"的处理措施:针对首次未遵循要求开展阅读活动的教师,予以温和的口头提醒与告诫;若出现第二次违规情况,则会给予严肃的通报批评;一旦累计到第三次,将影响年度考核。这个措施一出台,教师们都格外谨慎,生怕疏忽大意进而影响阅读教学工作的正常推进与质量保障。渐渐地,这种谨慎负责的态度逐渐内化为习惯,阅读也自然而然地成为每位教师心中的"必修课"。

此外,我校还制定了全学科整本书阅读工作考评制度,把全科阅读工作纳入常规教学工作范畴进行考评。在教师层面,我们重视教师在阅读活动中的参与和指导,将其共读活动参与度和指导学生参加阅读比赛所取得的成果纳入年终考核。同时,教师指导学生完成的各类阅读手册也被列为期末常规检查材料,通过评定相应等级并纳入量化考核,以此激励教师主动投身阅读活动,借助阅读力量促进自身专业发展。在《全学科整本书阅读专项实施方案》的指引下,我校的阅读工作顺利开展并逐步走向常态化,这一成果令全体师生倍感欣喜与自豪。

(二)多元评估,让阅读重构学习方式

在我们推进全学科整本书阅读的进程中,评价体系的构建既令人兴奋又充满挑战。我清晰地记得,当我们决定革新学生学业质量评价方式时,团队中充满了热烈的讨论声,每个人都充满热情和期待。经过一番深思熟虑,我们找到的突破口是"教—学—评"一体化策略。依据《义务教育语文课程标准(2022年版)》针对整本书阅读任务群与学业质量评价所提出的明确要求,结合其他各学科特点,经过反复的实践和调整,我们终于打造出了一套完整的考核评价机制。这个机制巧妙地融合了"计划追踪—过程督导—表扬优秀—结果评价"四个关键环节,形成了一个融合过程性评价、终结性评价和表现性评价为一体的有机整体,为阅读教学注入了新的活力。

1. 加强督导,注重过程性评价

在全学科整本书阅读教学中,应针对不同类型的阅读课设置专门的评价量规，以便学生能评估自己的学习成果，反思不足，从而实现以学习为中心的课堂。以《中国民间故事》导读课中的"说说神奇的情节"环节所使用的评价量规（见表7-1）为例，该量规有效评估了整个阅读过程。通过"自评"，学生可以自我反思，发现改进之处；而"他评"则促进了学生间的交流，锻炼了思维能力。此外，星级评价的方式更能激励学生积极参与。对教师来说，依据这些评价结果，可以调整教学策略，并据此设计后续教学方案。

表7-1 阅读评价量规

我能做到	星级	自评	他评
1. 能找到神奇的情节	★★★★★	（　　）颗星	（　　）颗星
2. 能梳理清神奇的故事情节	★★★★★	（　　）颗星	（　　）颗星
3. 能说清情节的神奇之处	★★★★★	（　　）颗星	（　　）颗星

为了配合全学科整本书阅读教学的推进，学校组织各学科团队基于课程标准和教学需求，编写了1—6年级全套《黄石中心小学全学科阅读手册》。这套手册全面规划了各个年级各个学科的阅读目标，明确了阅读方法，并建立了完备的阅读评价体系。在这一评价体系中，过程性评价占据重要位置。通过对学生阅读过程中的表现，如阅读进度、阅读策略的运用、阅读思考的深度等进行持续跟踪和评估，能够精准地把握学生在阅读过程中的点滴进步与存在的问题。它不但为全学科阅读课程体系的建立提供了有力支持，也为学生探索学科知识开辟了新的可能。

为了激发学生阅读整本书的兴趣，确保学生在阅读过程中始终保持高度的专注和热情，我校还引入"书香博士"智慧平台阅读软件，开展了以"教—学—评—赛—展"为核心的常态化阅读活动。教师借助平台丰富的资源，精心设计生动有趣的课程；学生通过自主阅读，不断提升理解能力。平台的即时评估功能帮助学生及时把握自身阅读水平，定期举办的"阅读马拉松"等线上竞赛的火热程度更是超出了我们的预期。此外，"每月一书"推荐和"阅读之星"评选等特色活动，进一步点燃了学生的阅读热情。在整个阅读活动中，过程性评价贯穿始终。从教师的课程设计到学生的自主阅读、从平台的即时反馈到各类竞赛与评选活动，每一个环节都注重对学生阅读过程的全面评价。通过这种方式，我们能够更好地了解学生的阅读进展和需求，及时给予指导和鼓励，不仅促进了教师专业成长，还有效实现了全员阅读、全程阅读、全科阅读的目标。

2. 聚焦实践，注重表现性评价

表现性评价强调在真实或模拟的情境中，对学生的表现和成果进行综合评定，从知识运用、技能掌握以及情感态度等多维度评估学生的素养。它打破了纸笔测试的局限，将关注点置于实践行为、作品创作和问题解决能力上，对于衡量学生的发展状况、激发学习动力起着至关重要的作用。在阅读旅程中，我们始终注重"表扬优秀"，通过表现性评价来激发学生的阅读热情。因此，我们精心策划了丰富多彩的活动。

每年4月的莆田市书香校园读书月，针对学生举办了分学段的系列阅读比赛，例如一至三年级的"绘爱书"比赛、四至六年级的"说爱书"比赛、课本剧比赛以及"三语讲莆田故事"比赛；针对教师开展了全学科主题共读和整本书阅读领读活动。10月的经典诵读活动，组织全中心片的师生围绕同一主题，在同一年段诵读相同内容并同台展示。12月的全民读书月活动内容丰富，涵盖了书籍封面制作评比、"全民阅读"微镜头视频拍摄、整本书阅读PK赛等。而寒暑假期间，则借助"书香博士"平台为学生推荐好书，提供阅读手册，确保共读质量。

结合师生和家长在各类阅读活动中的出色表现，学校对阅读领域表现突出的个体和集体予以表彰，定期评选"读书少年""书香家庭""书香教师"和"书香班级"。每一次颁奖，都像是在为我们的阅读教育旅程增添一份荣耀和动力。

3. 重视总结，强化终结性评价

为了更精准地考量不同年段学生的学业成果，我们构建了一套系统且全面的终结性评价体系。在该体系中，阅读考级制度尤为引人注目。其精心设计了多层次的考核级别，犹如为学生们打造了一场充满挑战与惊喜的冒险游戏。

针对低年级学生的特点与兴趣，每个学期期末都会举行"一、二年级非纸笔测评暨全学科阅读素养闯关"活动。我们精心设计了"词海拾贝""腹有诗书""能工巧匠""得心应手"和"挑战全能"五个环节，全面考查学生的词汇、文学、实践技能、知识运用及综合能力。每个环节根据学生表现，最高可获 3 颗星，共 15 颗星，依据得星数分为"优秀""良好""合格""须加油"四个等级（见表 7-2）。这种量化评价模式，能有效总结学生的学习成果，强化了终结性评价作用，为教师评估教学效果、调整教学策略提供了依据。

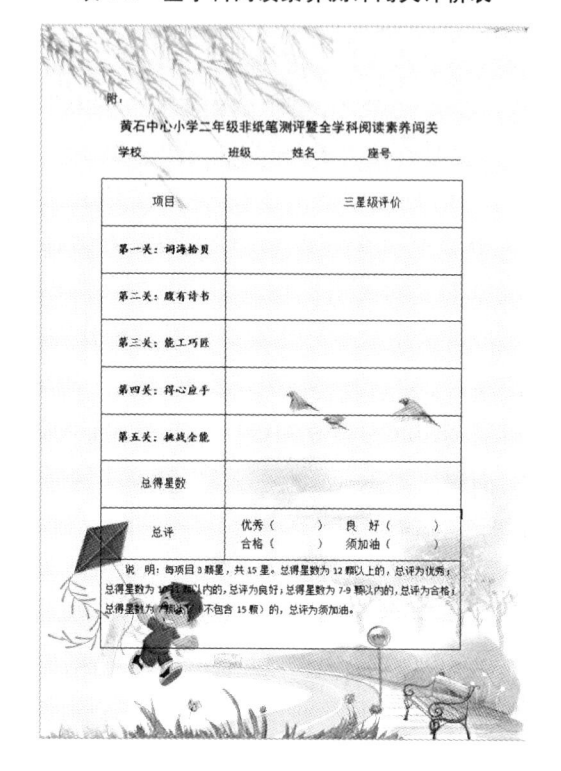

表 7-2　全学科阅读素养测评闯关评价表

针对中高年级学生，主要采用纸笔测试方式。每学期末，学校会举办"全学科阅读素养闯关测评"（见图 7-1）。该测评精准落实全学科阅读理念，包括："文学芳华"评估文学阅读成效，"数理火花"测试数学阅读应用，"博览天地"考查多学科文本理解。这些环节共同构成了对学生阅读素养提升效果的终结性评价。

第七章　全学科整本书阅读的支持体系

六年级全学科阅读素养闯关测评
荔城区黄石中心小学 2023—2024 学年上学期
2024.1

班级：_____ 姓名：_____ 座号：_____ 总星数：_____

全学科阅读	评价标准	师评☆	总评
文学芳华	优秀 3☆		
数理火花	良好 2☆		
博览天地	合格 1☆		

第一站：文学芳华

一、我会选
1. 下列哪个不是《童年》中的人物？（　　）
   A. 阿廖沙　　B. 莫顿　　C. 萨拉　　D. 雅可夫
2. 阿廖沙因为什么事情而没能参加母亲的婚礼？（　　）
   A. 伤了脚趾　B. 伤了脚踝　C. 伤了膝盖　D. 他生气了
3.《爱的教育》中，卡洛斐为什么向老人表示自己的歉意，为老人送去了（　　）。
   A. 钱财　　B. 水果　　C. 礼物　　D. 邮票簿
4.《小英雄雨来》中，小伙伴们画伪装地雷的目的是（　　）
   A. 这样会很好玩　　B. 他们想有事情做
   C. 想加入游击队　　D. 想吓唬敌人

二、我会答
5. 为掩护李大叔，雨来被敌人抓住了。面对敌人，雨来是怎么做的？
   _____

第二站：数理火花

一、我会选
1. 在《可否走停》这本绘本中，国王在咆哮族设计的吊桥，以下哪种情况咆哮族的人可以通过（　　）。
   A. C放D放D　B. C上升D放下　C. C放下D上升　D. C上升D上升
2. 在《葛小大的一生》这本绘本中，星期钟有（　　）个数字。

3. 在《园》这本绘本中，要在一个半径是 4 cm 的圆中画一个正六边形。圆规两脚的距离是（　　）厘米。
   A.4　　B.2　　C.6　　D.8
4. 在《图解游戏》这本绘本中，上图中的小朋友最多收到（　　）封信？
   A.1　　B.2　　C.3　　D.4

二、我会答
5. 你能说明为什么在星明钟的算法中，5+6=4 吗？
   _____

第三站：博览天地

——英语
1. Ploppy can (　　).
   A. sing　　B. croak　　C. fly　　D. dance
——音乐
2. 海顿的称号？（　　）
   A. 交响乐之父　B. 歌曲之王　C. 音乐神童
——科学
3. 孟德尔选择（　　）作为实验材料，开始了长达 8 年的培育实验，发现了生物遗传的基本规律，被誉为遗传之父。
   A. 豌豆　　B. 西瓜　　C. 水稻　　D. 玉米
——美术
4.《少年音乐和美术故事》中，"踏青时，桃花是红的，菜花是黄的，天是蓝的"中的红、黄、蓝是（　　）
   A. 对比色　B. 复色　　C. 邻近色　D. 三原色
——心理健康
5. 与同学相处时错误的做法是？（　　）
   A. 相互理解　B. 相互尊重　C. 姑息迁就　D. 相互包容

图 7-1　全学科阅读素养闯关测评

　　回顾这段旅程，我们深感阅读不仅重塑了学生的学习方式，也改变了我们的教育理念。学生对知识的渴求和对阅读的热爱，让我们意识到这仅仅是我们阅读教育旅程的开始。未来，还有更多精彩等待我们去探索和创造。我们相信，只要心怀梦想，勇往直前，就一定能够在这条道路上走得更远、更稳、更精彩。

第二节　教师指引，阅读新风初露尖

　　教育大计，教师为本。习近平总书记曾提出，要"坚持把教师队伍建设作为基础工作"作为"九个坚持"之一。[1] 在全学科整本书阅读教学的改革中，教师的引领作用如同指路明灯。黄石中心小学深知其重要性，精心打造了全面的教师支持体系，有效激发了教师们的创新精神。在这片沃土上，阅

---

[1] 中华人民共和国教育部. 担当好人民教师的时代重任［EB/OL］.（2018-10-22）[2024-12-08］. http://www.moe.gov.cn/jyb_xwfb/xw_zt/moe_357/jyzt_2018n/2018_zt19/zt1819_gd/zjpl/201810/t20181022_352394.html.

243

读教育的新风尚开始萌芽。教师们的智慧与热情，正在培育着这片希望的田野，让阅读的种子在每个学生心中扎根成长。

一、转变教学理念，提升专业素养

作为教育改革的中坚力量，教师的教学理念和专业素养直接影响着改革的成效。为此，我校以"全学科整本书阅读"为关键突破口，借助系统化的培训与丰富多样的实践活动，全力推动教师教学理念的转变，有效提升教师的专业素养。

（一）暑期培训赋能，启迪专业视野

暑期校本培训犹如一场思想盛宴，为教师们注入了新的活力与启迪。在培训期间，余文森教授等业内权威专家的精彩讲座，如同一束束启迪智慧的思想光芒，不仅拓展了教师们的专业视野，还照亮了他们在专业领域内的认知之路。从深入剖析新课标内涵到详细阐释整本书阅读策略，从系统讲解跨学科阅读实施路径到精准解析具体教学案例，每一个环节都让教师们受益匪浅。培训结束后，教师们积极行动，通过集体研讨、课堂试点以及经验共享等方式，将所学的理论知识迅速转化为实际教学行动，成功构建起"学习—实践—反思—迭代"的教师发展良性闭环。

（二）共读平台助力，夯实理论根基

"红泉书院·读书会"已然成为教师专业成长的重要平台。学校精心挑选了《核心素养导向的课堂教学》《大概念教学》《追求理解的教学设计》等具有专业性和针对性的教育书籍，为教师们搭建起共读共研的学习交流空间。在这个平台上，教师们每日分享读书心得，交流教学感悟。这种持续的学习和交流不仅丰富了他们的知识储备，也为整本书阅读教学实践提供了坚实的理论基础和实操指导。每当一本书籍阅读完毕，每位教师都会撰写一篇心得体会，学校则会从中择优汇编成册，以此激励教师的共读积极性。在两年多的时间里，教师们共读了二十多本优质教育类书籍，他们的专业素养得到了显著提升，进而为学生们呈上了更高品质、更具内涵的教学服务。

（三）领航活动推动，激发教学创新

学校还开展了"阅读领航"活动，鼓励教师广泛涉猎儿童文学作品。

在这样浓厚阅读氛围的推动下,科学组张老师通过深入研读《神奇校车》系列丛书,巧妙地将科学知识与有趣的故事情节相结合。在一次关于人体系统的课堂教学上,她借鉴了《神奇校车——在人体中游览》这本书的创意灵感,设计了一个虚拟的"微型探险"活动。在活动中,学生们仿佛随着"神奇校车"一同缩小,在人体内部进行了一次奇妙的旅行。通过这种生动形象的教学方式,学生们不仅轻松愉快地掌握了复杂的人体结构知识,还极大地激发了他们对科学探索的热情和好奇心。课后,许多学生主动借阅了《神奇校车》系列的其他书籍,科学阅读的氛围在班级中悄然形成。这无疑是阅读领航活动的一次生动实践与成功范例,为其他教师提供了宝贵的借鉴和启示。

通过一系列系统化的培训与实践活动,教师们在学校内部形成了一种"比学赶超"的良性竞争氛围,为阅读教育注入了源源不断的动力。教师们的理念转变和创新实践,正引领着一股全新的阅读教育之风,吹拂整个校园。

二、甄选优质资源,构建阅读体系

在推进全学科整本书阅读的过程中,学校以"经典为标杆,素养为导向",结合课标要求筛选书目,建立"全学科必读及选读书目清单"。资源筛选注重经典性与适配性,重点纳入纽伯瑞奖、安徒生奖等权威奖项作品,确保资源的优质性。

(一)依龄定制,分层推进阅读成长

学校依据学生年龄特征与认知发展规律,精心规划了分阶段的阅读推广计划。低年级阶段,精选大量色彩丰富、情节生动的图画书和绘本作为阅读素材,以此激发学生的阅读兴趣,点燃他们对书籍的热爱。进入中年级,巧妙引入"桥梁书",平衡图文搭配与故事深度,帮助学生平稳过渡到纯文字阅读,同时逐步培养起稳定的阅读习惯和初步的阅读分析能力,为后续深入阅读打下坚实的基础。高年级阶段,学校则侧重推荐科幻、知识及推理类书籍,引导学生多角度审视问题,培养批判性思维和跨学科学习能力,拓宽知识视野,勇敢探索知识的广阔天地。这一循序渐进的阅读计划紧密贴合学生的认知成长,充分考虑各阶段的阅读需求与能力水平,为学生的终身阅读与学习

奠定良好基础。

(二)学科协同,构建多元阅读资源

各学科组教师充分发挥其专业智慧,根据各自学科的特色,共同构建了一个多元化的阅读资源体系。语文组的教师们专注于培养学生的阅读策略迁移能力,精心挑选了《宝葫芦的秘密》《西游记》等经典著作,为学生搭建了一个逐步提升文学鉴赏和思辨能力的阅读平台;数学组的教师们则勇于打破学科界限,通过《我和爷爷的建筑之旅》《看图学数理》等书籍,巧妙地将几何逻辑和数理思维融入日常生活场景之中,让抽象的概念变得直观易懂;英语组的教师们则十分注重情境化的语言学习,选用了《猜猜我有多爱你》《亲爱的动物园》等生动有趣的英语绘本,通过图文互动、角色扮演、创意复述等多种形式,形成了一个完整且有效的语言表达训练闭环;美术组的教师们则通过《颜色里的中国》《ART创意无极限》等读物,引导学生从色彩符号和创作技法中深入探寻文化的根源,培养学生的艺术素养和审美能力;科学组的教师们则以探究式学习为主导,借助《十万个为什么》《游戏中的科学》等书籍,精心设计了一系列实验探究任务,将科学史叙事与实证研究方法紧密结合,让学生在实践中深入学习和理解科学。

(三)成果落地,打造阅读实用指南

经过不懈努力,我们成功制定了"黄石中心小学全学科整本书必读及选读书目清单",并圆满编纂了《黄石中心小学全学科阅读手册》(见图7-2)。这套手册为全校师生的阅读教学与学习提供了系统、全面且针对性的指导。它覆盖了各个学科领域的优质阅读资源,并精心设计了阅读方法与策略指引,同时明确了多样的阅读方式。手册中还配备了多维度的评价工具,如阅读日志、思维导图量规等,以全面评估学生的阅读成效。该手册的应用显著提升了教师的备课效率及学生的阅读达标率,已成为全校师生在阅读教学中的宝贵指南,不仅是教师教学的得力助手,也是学生阅读旅程中的贴心伙伴。

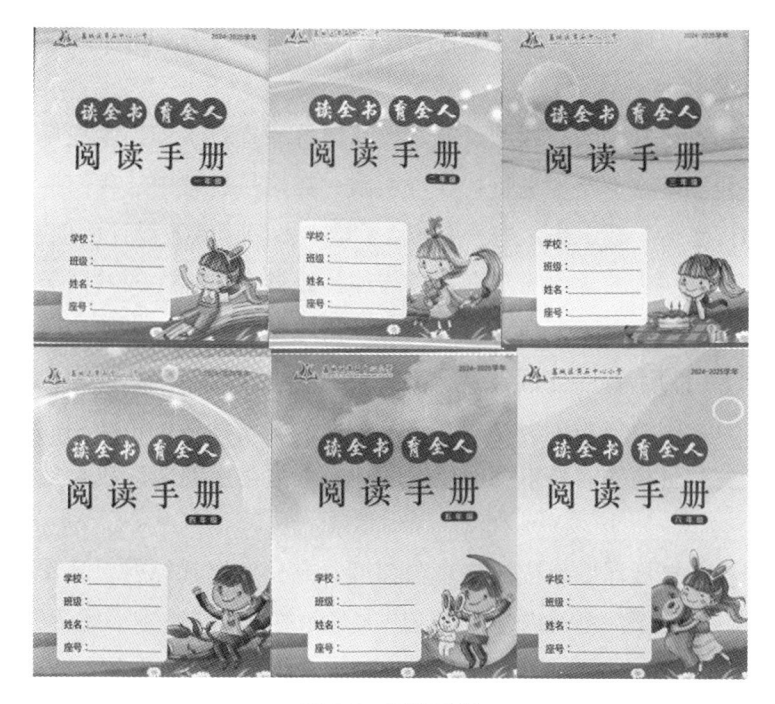

图 7-2　阅读手册

通过此次教学资源的开发，我校教师不仅丰富了学校的阅读资源库，更在实践中实现了自身的专业成长。教师们以脚踏实地的行动，践行着教育工作者的使命，为全学科整本书阅读改革的深入推进作出了重要贡献。

三、教研赋能共创，深化阅读指导

教育科研能为教育教学活动的开展提供更为科学和系统的支持，是促进教师专业化发展的有效途径，也是学校持久发展的不竭动力。在全学科整本书阅读教学改革的进程中，我们精心策划并深入开展了一系列形式多元且富有深度的教学研究活动，努力探索引领学生开展整本书阅读的最优路径。

（一）深耕课题研究，筑牢阅读根基

我校高度重视课题研究工作，成功在省、市、区各级平台上立项了多个阅读专项课题。这些课题精准聚焦于阅读教学的关键领域，涵盖了"小学语文整本书阅读'教学评一体化'的行动研究""小学生数学阅读能力的培养及评价策略研究""'读思达'视域下小学跨学科阅读教学与评价策略研究"以及"家校合作视域下小学生全学科阅读能力评估及提升对策研究"等多个重要项目。

依托这些富有成效的课题研究，教师们将课堂教学作为主战场，以课例研究为平台，持续不断地进行探索与实践。在这一过程中，我们持续改进并发展了"读思达"教学法，进一步推动了整本书阅读课程设计的创新与优化，使其更加贴合学生的学习需求和阅读规律。经过全体师生的共同努力，我们成功开创并精心打造了全学科整本书阅读指导课的三种核心课型：以激发兴趣、引领入门为宗旨的导读课；承上启下、助力深入阅读的推进课；以及鼓励分享、升华阅读体验的分享课。这三种课型紧密衔接、相辅相成，共同构成了一个完整且高效的整本书阅读教学体系，为学生的阅读成长搭建起稳固的支架。

为进一步拓展课题研究的广度与深度，充分发挥其辐射引领作用，我校精心策划并组织了一系列内容丰富、层次多元的全学科整本书阅读研讨活动。这些活动不仅涵盖了课题研究成果的汇报、校内及片区间的经验交流活动，还扩展到市校园阅读研究中心的特色主题教研活动，以及面向全市的送教帮扶等。通过这些全方位、多层次的交流互动，极大地促进了教师之间的经验传递与智慧碰撞，显著提升了学校的阅读教学水平和整体教学质量。

（二）精研教研活动，激发教学活力

为深度推进全学科整本书阅读教学改革，我校全力以赴，实施了一系列教研改革举措，全方位重塑教研生态，为师生成长与学校发展注入勃勃生机。

在教研组织架构层面，我们进行了根本性的调整。以往，各学段各学科教研组各自为政，分散开展教研活动，这种模式限制了跨年级、跨学科的合作与交流。为此，我们重新整合了教研组织架构，将全校教研力量凝聚为语文、数学、综合学科三大教研组，并设定每周固定的集中教研时段。这一变革有效促进了同一学科教师间的深度对话与协作，显著提升了教研活动的效率与质量，同时增强了教师团队的凝聚力及学科间的协同性，为全学科整本书阅读教学改革的顺利推进奠定了坚实基础。

在课堂教学模式创新方面，我校特邀莆田市教师进修学院的资深教研员林高明老师入校指导，为课堂教学改革提供专业引领。在林老师的悉心指导下，我们融合"读思达"教学法，构建了"以学为中心"的"六知六学"课堂教学模式。这一模式涵盖"自主先学—任务导学—支架助学—量规辅学—合作研学—评价促学"六大环节，高度契合新课标倡导的"教学评一体化"教学理念。它不仅能有效激发学生的学习热情与主动性，培养学生的自主学习能力和合作探究精神，还能全方位提升课堂教学的效能与品质，为全学科整本书阅读教学改革的深入实施提供有力支撑。

在观课评课机制优化方面，我们积极探索，大胆创新，实施了"多视角课堂观察机制"。我们组织教师按年级成立校本教研工作坊，通过"鹰之眼"聚焦教师提问、"蜻蜓之眼"观察学生学习状态、"蚂蚁之眼"审视小组合作与个体表现，全方位记录课堂动态，精准给出改进策略，显著提升课堂教学质量，实现"研改"齐驱，为全学科整本书阅读改革增添强劲动力。

自此，每周的大教研时段成为教师们最为期盼的时刻。在各组的教学研讨会上，各学科教师积极展示自己的教学新尝试与创意，共同探讨整本书阅读如何巧妙融入各自学科的教学之中。数学课堂上，教师们大胆创新，以《数学家的故事》为引子，让学生在生动的数学史故事中领悟数学概念；科学课堂上，教师则巧妙利用《十万个为什么》这本经典科普读物，激发学生的好奇心与科学探究欲望；而在英语课堂上，教师则借助经典儿童文学作品《夏洛的网》，不仅提升学生的语言能力，更引导他们深入理解文本背后的情感与哲理。这些生动的教学课例，不仅为全体教师打开了教学思路的新窗口，也促进了不同学科在整本书阅读领域的深度交流与融合，让每一次的教研都成为教师成长与学生进步的宝贵契机。

（三）聚焦集体备课，提升阅读高度

每周的集体备课时间，成为教师们思维碰撞、智慧交融的黄金时段。它不仅超越了个人教学经验的简单分享，更引领着教师们深入探索全学科整本书阅读教学的新境界。

我们设立了"阅读领航员"这一角色，由经验丰富的教师担任。他们负责引领各年级、各学科的教师深入研读整本书，提炼出与学科相关的核心问题和讨论点。在集体备课中，"阅读领航员"会带领大家深入探讨这些问题，引导教师们从不同角度设计教学活动，确保整本书阅读不仅停留在表面浏览，而是能够真正触动学生的心灵，促进深度学习和思考。

除了"阅读领航员"的引领外，集体备课还成为教师们交流心得、分享经验的平台。在备课会上，教师们会聚在一起，积极分享各自在整本书阅读教学中遇到的挑战、困惑以及取得的收获和成果。大家相互借鉴、相互启发，共同寻找解决问题的策略和方法，不断提升教学能力和水平。比如在一次集体备课中，陈老师提出了将整本书阅读与写作教学结合的想法。这个建议极具前瞻性和建设性，得到了同事们的热烈响应，很快就在各个年段内展开了实践。

通过一系列深入有效的教研活动，教师们不仅提升了教学能力，更重要的是形成了一个相互学习、共同成长的教师团队。当亲眼见证学生们在各个学科的阅读学习中不断汲取知识养分、茁壮成长，我们感到所有的努力都是值得的。这一切都凝聚着我们教育工作者的责任与担当。

四、跨学科协同，开拓阅读新境

在整本书阅读实践中，我们教师团队意识到，单一学科教学难以满足学生全面发展需求。为助力学生深入理解书籍内容，打通学科壁垒，我们积极探索跨学科协同阅读教学，不断优化教学策略，从强化教师引领、增强跨学科协同系统性、提升教师专业能力、培养学生综合学习能力这四方面改进。

（一）强化教师引导，激发学生阅读兴趣

小学阶段学生的阅读兴趣和自主学习能力，离不开教师的积极引导。所以，我们鼓励教师在教学中转变角色，从单纯的知识讲授者变为学生学习的促进者，引导学生在阅读时主动探索，培养好奇心与跨学科思维。

比如阅读《昆虫记》时，语文教师鼓励学生带着问题阅读，如"不同昆虫的生存方式为何不同？""哪些昆虫对人类有帮助？"并通过讨论、绘画、讲故事等方式表达理解。科学教师指导学生观察校园或家中的昆虫，记录生活习性，制作"昆虫观察日记"。数学教师结合书中数据，带领学生学习基本统计方法，如计算蚂蚁日搬运食物量，培养数据分析能力。这种多学科协同教学让学习更有趣，不仅加深对书籍的理解，也激发学生的自主探索意识，养成跨学科学习的习惯。

（二）搭建阅读体系，构建跨学科协同

为构建更系统的跨学科阅读体系，我们制定小学阶段跨学科阅读教学框架，把阅读与各学科教学目标紧密结合。例如，一年级选用《读读童谣和儿歌》，融合语文与音乐，借朗读、歌唱、节奏游戏培养语感与表达能力。二年级读《一只想飞的猫》，联动语文、美术、戏剧，学生绘制插画、制作道具并表演，提升想象力与表达能力。三年级读《安徒生童话》，结合语文、音乐、美术，通过配乐、绘人物、演情境剧，增强语言、艺术鉴赏及创作能力。四年级引入《十万个为什么》，联合科学、信息技术、自然观察，开展实验、记录并制作科普作品，培养科学探索与实践能力。五年级聚焦《中国民间故事》，整合语文、音乐、综合实践，收集改编故事并表演，提升文化认知与写作能力。六年级借助《汤姆索亚历险记》，结合语文、综合实践、体育，学习生存技能，通过团队游戏提升实践与协作能力。

我们还引入项目式学习（PBL），让学生在整本书阅读基础上完成综合性任务。比如读《鲁滨逊漂流记》时，设计"荒岛生存挑战"项目。语文教师引导学生分析生存策略并写日记；数学教师指导计算食物量与资源管理；科学教师讲授野外生存技能；美术教师引导手绘"荒岛地图"。这种模式能让学生在多学科融合中掌握知识，积累实践经验。

（三）加强教师培养，提升跨学科素养

跨学科阅读教学对教师提出了更高的要求，因此，我们建立了"跨学科研讨机制"，定期组织教师研讨教学方法，并邀请教育专家进行培训。我们成立跨学科教学工作坊，让语文、数学、科学等学科教师共同探讨如何在阅读教学中融合不同学科的知识，并建立共享教学资源库。教师可以上传教案、课件、学生优秀作业等资料，提高教学效率。此外，我们鼓励教师相互观摩跨学科课堂，通过听课和交流学习不同学科的教学方法，进一步提升自身的教学能力。

（四）激发学生探索，培养综合学习能力

为了激发学生的跨学科探索意识，我们设立了"阅读挑战赛"，在比赛中设计"跨学科任务"，要求学生在阅读一本书后，自主研究一个跨学科主题并完成展示。例如，阅读《中国民间故事》的学生可以分析不同地域的文化特

色，并结合历史或美术创作故事插画；阅读《汤姆索亚历险记》的学生可研究书中河流与岛屿环境，并结合实践课程制作生存指南；阅读《昆虫记》的学生则可观察身边的昆虫，绘制详细的昆虫成长图。这些活动不仅帮助学生在阅读中建立学科联系，还提升了他们的综合素养和创新能力。

通过深化教师引导、优化跨学科协同、加强教师培养和激发学生探索，跨学科阅读教学逐步实现了从单一学科到多学科融合的转变。学生不仅提升了阅读理解能力，还在不同学科间建立联系，拓展认知视野，提升实践、创新和合作能力。教师也在协同教学中不断成长，探索更加多元化的教学方法。未来，我们将继续完善跨学科阅读体系，为学生提供更丰富、更有深度的学习体验，为他们的全面发展和终身学习奠定坚实的基础。

第三节　家校同行，共读风尚筑根基

在黄石中心小学推行全学科整本书阅读改革的过程中，我们深刻认识到家庭与学校携手同行的重要性。家校协作不仅能够提高教学成效，还能让阅读成为连接学校和家庭的坚实纽带，共同筑起阅读教育的根基。家校之间无疑变成了一种同舟共济、命运与共、责任共担的关系。[①] 我们坚信，只有家校同心，才能真正培养出热爱阅读、善于学习的新一代。

一、营造家庭阅读氛围，点亮孩子求知心灯

颜之推的家庭教育思想中提到过："家庭教育要及早起步，重在使孩子养成良好的行为习惯。"[②] 家庭是孩子接触阅读的最初舞台，良好的家庭阅读氛围能自然而然地激发孩子的阅读兴趣，形成良好持久的阅读习惯。在学校推行全学科整本书阅读教育的过程中，我们遇到了一个让人印象深刻的家庭

---

① 龙宝新，李海英. "双减"背景下家校共育思维的转变与落地 [J]. 苏州大学学报（教育科学版），2022（3）：29—37.

② 刘世杰. 颜之推家庭教育思想的当代价值 [J]. 教育探索，2013（5）：1—2.

——陈昊宇一家。他们的故事生动展示了家庭阅读氛围对孩子的重要影响。

老师第一次家访时，就被昊宇家客厅里那个温馨的"阅读角"吸引住了。一个小巧精致的书架上摆满了各类书籍，旁边是一张看起来十分舒适的沙发，还有一盏光线柔和的台灯。昊宇的妈妈笑着告诉老师，这是全家人一起设计的"知识加油站"。

更让老师惊喜的是，每天晚上7点到8点是昊宇一家雷打不动的家庭阅读时间。有一次，老师正好在这个时候打电话询问些学校的事情，电话那头的昊宇妈妈小声地说："老师，现在是我们家的阅读时间，可以待会儿再聊吗？"这份对阅读时光的珍视让老师十分感动。

后来在一次家长会上，昊宇的爸爸分享了他们的阅读心得。他说自己常常沉浸在《中国上下五千年》等历史书籍中，而妈妈则喜欢阅读心理学方面的书。最有趣的是，他们会在阅读后与昊宇分享书中的趣闻，不知不觉间就激发了昊宇对各种知识的好奇心。

看着昊宇在课堂上积极发言，对各学科知识都充满热情，老师深深地感受到了家庭阅读氛围的魅力。当家庭成为阅读的港湾时，我们的全学科阅读教育就有了坚实的后盾。他们用行动诠释了如何营造理想的家庭阅读氛围，为孩子的终身学习和全面发展奠定了坚实的文化基础。

二、参与学校阅读活动，架设家校共读桥梁

学校与家庭携手共进是全学科整本书阅读改革成功的关键。家长陪读的频率对学生阅读素养具有显著影响。[①] 家长积极参与学校阅读活动，不仅支持了教学工作，更能与孩子共同探索知识的海洋。家长们还扮演着多重角色，从协助完成阅读任务，到参与亲子共读，再到加入家长读书会，他们既是孩子阅读路上的引路人，也是学校理念的践行者。

记得五月份举办的"亲子共读日"，主题是"探索科学世界"。当天早上，欣逸妈妈匆匆走进校园，欣逸紧跟在后面，脸上洋溢着期待的笑容。欣逸妈妈微笑着告诉老师，她特意请了半天假来参加活动。活动结束后，欣逸兴奋地跑来向老师分享她的收获："老师，你知道吗？我和妈妈今天读了《神奇校

---

① 李茹. 家庭陪伴阅读现状调查研究［D］. 北京：北京印刷学院，2020：29.

车——在人体中游览》，我们还玩了一个超级有趣的游戏！我们模拟血液循环，在操场上跑来跑去，我和妈妈配合得可好了，还得了最佳合作奖呢！"看着欣逸眼中闪烁的光芒，老师深深感受到这种亲子活动对孩子的深远影响。

学校的"家长读书会"同样让人印象深刻。教改活动刚开始，我校就成立了"红泉书院·家长读书会"。每月一次的"家长阅读分享会"成了家长们的学习园地。一次主题为"如何指导孩子阅读科普读物"的分享会上，我们特意邀请了一位著名科普作家来校做讲座。佳骏的爸爸参加后受益匪浅，学会了如何用生动的方式向孩子解释复杂的科学概念。第二天，佳骏兴高采烈地告诉老师，他爸爸回家后立即用家里的物品进行实践，做出了一个简单的"太阳系模型"。佳骏还兴奋地说："老师，我缠着爸爸讲了一晚上的宇宙知识呢！"听到佳骏的分享，我们心里充满了成就感。这正是我们希望看到的：通过家长的参与，让阅读成为连接学校和家庭的纽带。为了更好地架设家校共读的桥梁，我们还创新性地推出了《黄石中心小学全学科阅读手册》。每个学生都有一本属于自己的阅读手册，记录他们的阅读历程。家长和教师共同参与评估和鼓励，在手册上盖章或写评语，透露出对孩子阅读成长的深切关怀。

这种学校与家庭的良性互动，犹如为阅读教育这棵大树提供养分，让它在孩子们的成长道路上枝繁叶茂，硕果累累。孩子们因为阅读而闪闪发光的眼睛，更加坚定了我们推进这项改革的决心。我们相信，在学校和家庭的共同努力下，我们终将培养出热爱阅读、善于学习的新一代！

三、协同指导阅读方法，共筑思维发展舞台

在推行全学科整本书阅读改革的过程中，我们逐渐认识到家长在指导孩子阅读方面扮演着不可或缺的角色。家长的阅读引导能力如同一盏明灯，不仅照亮孩子们的学习之路，还深刻影响着他们的阅读兴趣、习惯，甚至塑造着他们的思维方式和知识结构。通过陪伴共读、深入讨论和引导跨学科思考，家长能帮助孩子更好地理解和内化书本知识，培养批判性和创造性思维，为孩子搭建广阔的思维发展舞台。

项目初期，我们遇到了不少困难。许多家长不知如何正确引导孩子阅读，部分家长甚至认为这完全是学校的责任。面对这种情况，我校积极创新，推

出了一系列家校协同的阅读指导方案，有效提升家长的阅读引导能力。

首先，我们创立了"亲子共读课堂"，邀请家长走进教室，与孩子一同参与沉浸式的阅读体验。这种直观、互动的方式不仅让家长掌握了实用的指导技巧，也加深了他们对学校阅读教学理念的理解。

其次，我们开发了线上学习平台，通过微信公众号推送专业文章，组织家校读书会线上直播，并开设"云端阅读指导课"。我们还邀请知名专家和优秀教师为家长们深入浅出地讲解各学科的阅读策略和方法。每次直播时，家长们积极参与，屏幕上评论与问题不断滚动，热情高涨。尤为值得一提的是，一位平时很少发言的爸爸在直播间分享了他和孩子共读的心得，其喜悦之情难以掩饰。

一次暑假前，三年级老师为学生们准备了一份跨学科阅读书单。开学后，小梓萱兴奋地向老师分享了她和妈妈一同阅读的奇妙经历："老师，我妈妈真是太棒了！她不仅陪我一起阅读，还特意找来了各种动物叫声的录音。我们一边聆听录音，一边阅读书籍，顿时感觉书中的知识变得栩栩如生！"看着梓萱闪闪发光的眼睛，老师不禁为她妈妈的创意点赞。

在随后的家长会上，当老师表扬梓萱妈妈的创意时，她谦虚地说："这些方法都是我在学校组织的'亲子共读课堂'和'云端阅读指导课'中学到的，真的让我受益匪浅。"听到这话，老师确信所有的付出都是值得的。

如今，走在校园里，我们常常能听到学生们深入讨论书中的观点。他们的对话不再局限于简单的故事复述，而是充满了批判性思考和创新想法。在家校读书群里，家长们频繁交流阅读指导心得，分享着孩子思维发展的惊喜时刻。协同指导阅读的成果正在绽放，思维发展的舞台悄然筑就。家庭的积极参与让全学科整本书阅读不再仅仅是一项学校活动，更成为贯穿学生们日常生活的学习方式。

四、结合生活阅读实践，搭建知行合一平台

在全学科整本书阅读中，将阅读内容与生活实践巧妙结合，能够帮助学生更深入地理解和应用所学知识，同时培养解决实际问题的能力。通过精心组织与阅读主题相关的家庭活动，家长可以引导孩子将书本知识转化为生动

的生活经验，大大增强学习的趣味性和实用性。

暑假期间，学校要求五年级学生开展主题阅读活动。叶倩楠一家别出心裁地以"环游世界"为主题开展了一场丰富多彩的阅读活动。全家人共同沉浸在《80天环游地球》的精彩故事中，随后每个家庭成员都选择了一个书中提到的国家进行深入探索。叶倩楠对神秘的印度产生了浓厚兴趣，她热衷于阅读有关印度文化的书籍，学习了一些简单实用的印地语，甚至大胆尝试，制作了一道地道的印度咖喱。

为了将这次"环球之旅"推向高潮，全家还精心策划了一次别开生面的"环球美食节"。每个人都根据自己选定的国家，精心准备了一道具有地方特色的佳肴。餐桌上，各国美食争奇斗艳，香气四溢，俨然一场微型的"世界美食博览会"。

此时，阅读已不再是单纯的文字理解，而是化身为连接知识与生活的绚丽彩虹。这种独特的阅读方式不仅拉近了书本与现实的距离，更成为维系家庭情感的温暖纽带。他们的故事生动地展示了如何将阅读融入日常生活，让知识在实践中绽放光彩。这不正是我们一直追求的"知行合一"的最佳诠释吗？叶倩楠一家的经历启发我们，阅读的真谛不仅在于获取知识，更在于将所学付诸实践，让书本智慧在现实生活中开花结果。

通过这些生动的案例，我们深刻体会到家校同行在全学科整本书阅读中的重要性。家长们不再只是旁观者，而是孩子阅读旅程的积极参与者和引导者。从营造良好的家庭阅读氛围，到积极参与学校的阅读活动，从科学地指导孩子阅读，到将阅读与生活紧密结合，家长们正以其智慧和行动，为孩子的阅读之旅绘制一幅丰富多彩的成长蓝图。我们坚信，只要家校继续携手同行，共同培育这份来之不易的阅读风尚，就一定能为学生的成长筑起坚实的根基。

第四节　社会共筑，阅读新景展宏图

"梦想有多大，舞台就有多大。"在构建全学科整本书阅读体系的过程中，黄石中心小学不仅发挥了学校、教师、家庭的力量，更充分挖掘了社会的巨大潜力。通过社会各界的共同努力，我们正在为阅读教育打造一个更广阔的舞台，让阅读之风乘势而上，呈现出蓬勃发展的趋势。

一、专家引领，提升教改质量

在推进全学科整本书阅读改革的过程中，黄石中心小学充分把握莆田市"新课标下高质量发展"样本校创建的契机，积极主动寻求外部专家的指导与支持，为学校的教学改革注入了强大的专业力量。

2023年2月，我校有幸迎来福建师范大学余文森教授率领的基础教育课程研究中心专家团队。专家们深入校园，进行了细致的调研，并提供了宝贵的现场指导。同年暑期，余文森教授等业内权威专家，为我校带来了一系列关于新课标及"读思达"教学法的精彩讲座。这些讲座不仅深化了教师们对新课标的理解，更为我校的全学科整本书阅读教学改革提供了有力支持。

自样本校项目启动以来，余文森教授领衔的专家团队每月莅临我校，持续提供深度指导。迄今为止，他们已开展了二十几场精彩纷呈的指导活动。这支专家团队不仅高瞻远瞩地为我校指明了教改的核心方向，更亲自参与到"全学科整本书阅读"三年发展规划的制定中。在新课标下的教学改革方向、实施路径以及具体教学策略等方面，他们都给予周到细致的指导。同时，他们就预期教改成果的推进提供了全面建议，为我校教改工作的稳步前进保驾护航。

同时，莆田市校园阅读研究中心的专家们也为我校提供了大力支持。郑玉贞老师为教师团队带来了题为"'师让学·读思达'课堂教学模式的实践探索"的专题报告，深入浅出地解析了这一创新教学模式的实际应用。林高明老师多次亲临我校，提供了极具针对性和实用性的现场指导。在他的助力下，我们共同构建了具有黄石中心小学特色的教研新生态，并引领教师们探索全学科整本书阅读教学的新范式，有效推动了高质量教学课堂的发展。此外，莆田市校园阅读研究中心还在我校举办了多场主题教研暨送教下乡活动。这些活动极大地提升了我校的整本书阅读教学水平，有效激发了学生的阅读兴趣，推动了阅读教学的全面发展。

为了全方位提升阅读教育质量，我校还邀请了家庭教育领域的专家。福建省家庭教育研究会讲师、莆田市校园阅读研究中心家庭教育组组长徐金花老师为教师们带来了"人工智能时代的家庭教育"专题讲座，引导教师们站在科技前沿思考阅读教育的未来发展。福建省家庭教育讲师林爱燕则为家长们提供了专业的亲子阅读指导，分享了"如何培养孩子的阅读兴趣"的宝贵经验，赢得了家长们的一致好评。许多家长在讲座后欣喜地表示："我终于明白了如何引导孩子爱上阅读！"

得益于各方专家的精准引领，加之全体师生的不懈努力，我校在"全学科整本书阅读"领域的研究与实践已取得显著成果。我们为此深感自豪，将继续致力于阅读教育的创新与实践，为学生的成长创造更加优越的条件。

二、社区联动，拓宽阅读视野

为了给学生们提供更加广阔的阅读环境和资源，我校多管齐下，与社区进行联动，共同拓展阅读空间。

黄石新华书店作为知名的书店品牌，为我们提供了丰富的书籍选择和专业的阅读推荐。我们与新华书店合作，定期组织学生们前往书店进行阅读体验，让他们亲身感受书籍的魅力，并挑选自己喜爱的读物。这样的合作不仅丰富了学生们的阅读资源，还培养了自主阅读能力和兴趣爱好。

同时，我们也与莆田市图书馆建立了紧密的合作关系。图书馆作为城市的文化地标，拥有庞大的藏书量和专业的图书管理人员。我们鼓励学生们利用图书馆的丰富资源，进行深入的学术研究或个人阅读。此外，图书馆还定期举办讲座、展览等活动，我们积极组织学生参与，让他们在更广阔的平台上交流学习，拓宽视野。

我校还积极与社区阅览室展开合作。社区阅览室成为学生们课外阅读的重要场所，尤其在周末和节假日，学生们在这里不仅可以静心阅读，还能与小伙伴和图书讲解员交流心得，参加社区组织的各种读书活动。这些活动不仅锻炼了学生们的社交能力，还培养了公民意识和团队协作精神。

2023年9月，我校还积极响应莆田市教育局的号召，热情发动家长带领学生参加中国邮政集团有限公司莆田市荔城区分公司承办的"全民阅读，书香荔城"大型图书惠民赠阅活动。这场书香盛宴不仅让学生们徜徉在文学的海洋中，更点燃了他们对阅读的热爱之火。

同时，我们与周边社区紧密合作，共同筹建黄石图书城，希望建设一个更加完善的阅读生态圈，为学生提供更广阔的阅读学习天地。我校也正在积极推进校园环境优化工作，计划投资约1000万元，用于打造开放图书馆、共享书吧等阅读空间。

我校开展全学科整本书阅读活动，致力于打造书香校园的努力得到了社会的广泛认可。《湄洲日报》以"全员·读全书·育全人——黄石中心小学打造书香校园侧记"为题，详细报道了我校的创新举措，生动展现了我校阅读教育改革的成效。

三、资源携手，共促亲子阅读

我校充分利用莆田市校园阅读研究中心、莆田市图书馆、莆田市博物馆、莆阳书院、阅阅书房、书香博士等社会资源，开展了一系列丰富多彩的亲子共读活动，有效促进了家校合作和亲子阅读。

2023年寒假，莆田市校园阅读研究中心家庭教育阅读组与莆田市图书馆联手开展了《爱我莆田》系列丛书亲子共读活动。我校积极响应号召，鼓励学生和家长踊跃参与。在这场文化之旅中，父母化身为向导，牵起孩子的小手，共同翻阅书页，探寻莆仙文化的瑰宝。孩子们不仅开启了认知家乡的新篇章，更萌发了"我为莆田代言"的自豪感。

2024年6月，我校成功举办了莆田市荔城区黄石中心小学第23、24大教研片夏季"亲子读书会"阅读推广活动。我们邀请"阅阅书房"的省家庭教育讲师林爱燕老师，带来了"儿童读书会流程设计"的指导讲座。活动吸引了各校领导、教师和书香家长代表积极参与，并现场创建了"红泉书院·亲子读书会"社群。

紧接着7月，我们开展了"亲子共读，书香伴童年"活动，包括5天线上共读、2场线下读书会和1场教师子女专场读书会。在"阅阅书房"老师的指导下，我们帮助家长掌握亲子读书会组织技巧。其中，三年4班的李芳芳和父亲共同设计的环保主题读书会吸引了10个家庭参加，不仅增进了亲子关系，还提高了环保意识。

2024年暑假，莆田市教师进修学院与市博物馆携手举办了"诗词里的莆田"家庭项目式阅读活动。这场文化盛事如清风拂面，迅速席卷全市，引发广泛关注和参与。我校的家校阅读课题组反应迅速，全体成员以高昂热情投入其中。在课题负责人陈军英老师的带领下，课题组发挥示范作用，成功带动了黄石中心小学牵头的莆田市第23个、第24个大教研片各校积极互动，将这股文化热潮推向新高度。

2024年12月，得益于莆田市科技馆、莆田市博物馆以及湄洲湾职业技术学院自动化工程系的大力协助，荔城区黄石中心小学成功举办了以"科技引领，创新未来"为主题的第十二届科技周活动。此次活动围绕全学科阅读展开，学生们在广泛阅读的基础上，紧密结合各学科特点，深入探索科学奥秘。活动形式丰富多样，包括科技知识讲座、科学实验演示、科技作品创作以及科普展览等，旨在激发学生对科学的浓厚兴趣，培养创新思维与实践能力，为学生的未来发展奠定坚实的基础。

通过这一系列丰富多彩的活动，我们可以看到社会各界的通力合作为黄石中心小学的全学科整本书阅读教育改革搭建了一个多元、开放、充满活力的平台。这个平台不仅连接了学校、家庭和社会，还融合了传统与现代、线上与线下、阅读与创作。这种全方位的协作与融合，真正体现了全社会共同参与、携手打造阅读教育新局面的美好愿景，为我校的阅读教育改革注入了强大动力，开创了广阔前景。

四、爱心汇聚，注入教改活力

黄石中心小学的全学科整本书阅读教改活动开展得如火如荼，这背后离不开社会各大公益机构和爱心企业的热心支持。这些机构和企业通过捐赠大量优质图书和资金援助，不仅为学生们提供了丰富的阅读材料，还通过设立奖励金等方式，激励师生们在教学和学习中取得更好的成绩，为阅读教改注入了新的活力。

（一）光明书吧捐赠助力阅读

为大力支持教育事业，2024年3月27日下午，光明日报社走进荔城区黄石中心小学，举行了"推动全科阅读，共建书香校园"赠书仪式。此次活动不仅持续推进了"书香校园"建设，还对黄石中心小学的全学科整本书阅读教学给予实质性的帮助。

在赠书仪式上，光明书吧向每个班级赠送了精心挑选的图书，包括经典童话、寓言故事、科普读物等，以期激发学生们的阅读兴趣并培养想象力和创造力。这些图书不仅为校园注入了新的文化活力，更为学生们提供了珍贵的阅读资源，将成为引领他们探索知识宝库、在阅读世界中畅游成长的重要工具。

（二）教育基金推动教学改革

社会要发展，教育需先行。让更多的学生成为有用之才，是黄石人民的共同愿望。2023年8月22日下午，备受瞩目的"黄石中心小学（分校）教育基金会"在多方鼎力支持下顺利成立。活动现场，24家富有社会责任感的爱心企业慷慨捐赠，共同筹集了490万元的教育基金。这笔资金将专项用于奖教奖学，以激励教师和学生，共同促进教育事业的蓬勃发展。

教育基金会的奖教奖学制度，对我校的阅读教学改革发挥了显著的推动作用。通过设立"整本书阅读教学创新奖"，极大地调动了教师们探索全学科整本书阅读教学的积极性。以我校的何君梅、郭志芳、陈群芳等教师为例，他们在莆田市第四届校园读书月教师主题共读活动中脱颖而出，荣获"共读之星"称号，并因此获得了奖励。同时，吴晓英、林永红、邹益雄三位老师因撰写出色的阅读指导课例而获得省级优秀奖，同样得到了基金会的嘉奖。这些举措无疑为教师们的教学改革热情注入了新的活力。

此外，教育基金会的奖学制度也为学生们带来了更多的阅读机会和资源。基金会特别设立了"阅读之星"奖学金，鼓励学生们积极参与各项校园读书月活动，如"绘爱书""说爱书"及整本书阅读PK赛等。只要学生们在活动中取得优异成绩，就能获得这一荣誉奖学金。这不仅激发了学生们的阅读热情，还在班级中形成了良好的阅读氛围。更值得一提的是，基金会还为获奖学生提供购书补贴，让他们能够自由选择并购买更多感兴趣的书籍，从而进一步拓宽阅读视野。

总之，教育基金会设立的阅读专项奖在激发师生教学和学习热情方面发挥了积极作用，有力地推动了全学科整本书阅读教学在黄石中心小学的深入开展。

五、数字平台，连接家校社群

在深入推进全学科整本书阅读教育改革的征程中，我校敏锐洞察时代趋势，积极拥抱科技变革，将科技元素深度融入阅读教育的每一个环节。我们充分发挥数字平台的强大优势，全方位拓展阅读的维度与边界，致力于打造一个富有活力、多元融合的阅读生态系统。

（一）"书香博士"PK赛，点燃阅读热情

为了借助科技力量推动阅读高质量发展，我校还与"书香博士"智慧教学平台合作，开展全学科阅读PK挑战赛。采用"线上＋线下"竞赛模式，全方位、深层次地考查学生们的阅读素养与综合能力。

线上环节采用网络答题形式，选手们在限定时间内快速作答，这既考验知识储备，又考验答题速度与准确性。从选拔赛起，选手们便全身心投入。面对屏幕上不断弹出的题目，他们沉着冷静，大脑飞速运转，紧盯屏幕，争分夺秒。随着比赛推进，从半决赛到决赛，难度逐步提升，挑战愈发激烈。但选手们毫不退缩，凭借扎实的阅读积累、敏捷的思维和快速的反应，在平板电脑上"过关斩将"，尽显非凡实力。这种线上竞赛模式打破了传统阅读考查的局限，让学生在数字化环境中能更高效地巩固和运用阅读知识。

线下环节同样精彩纷呈，情景模拟、主题辩论充分展现选手们的阅读成果和独特风采。在情景模拟中，学生们需要根据大屏幕给定的书中场景，迅速做出反应，生动地展现出对书中人物和情节的理解；主题辩论环节，他们各抒己见，引经据典，围绕书中的热点话题展开激烈讨论，思维的火花不断碰撞。

通过"书香博士"平台PK挑战赛，学生们的阅读积极性被充分调动起来。许多学生表示，为了在比赛中取得好成绩，他们不仅更加深入地阅读相关书籍，还主动拓展阅读范围，探索更多相关知识。这种借助数字平台开展的阅读竞赛活动，成功地将科技与阅读深度融合，让阅读不再局限于传统的书本阅读，而是通过创新的竞赛形式，拓宽了阅读的维度，推动阅读向更高质量的方向发展，为学生们打开了一扇通往更广阔知识世界的大门。

（二）超星平台共读，共探经典魅力

我们还积极参与莆田市超星阅读平台组织的领读和共读活动。依托这个便捷的平台，学生们跨越了时空界限，在线上热烈地交流并分享阅读感悟。以我校五年级学生参与的"《西游记》共读月"活动为例，学生们收获颇丰。小丽同学兴奋地分享道："以前我一直觉得《西游记》就是小孩子看的童话书，没什么深度。但通过平台上老师和专家的精彩讲解，我才发现这部名著蕴含着那么多深刻的内涵！"小丽还说，在平台上和同学们讨论孙悟空的性格特点时，大家各抒己见，有的同学认为孙悟空前期叛逆是对自由的向往，有的则觉得他是天不怕地不怕的英雄，这种思维的碰撞让她对孙悟空这一角色有了全新的认识。而且大家还一起探讨书中师徒四人的冒险情节，你一言我一语地猜想着他们下一站会遇到什么奇妙的事情，这种互动让阅读变得格外有趣。

（三）"国智"平台互动，共筑阅读桥梁

2024年12月，我校再次积极响应教育部的号召，全校师生及家长携手登录国家智慧教育读书平台，参与"读经典，我思考"主题读书分享活动。教师们充分利用平台的优势，上传自己精心制作的导读视频和富有创意的读书活动案例，为学生们点亮了阅读的明灯。各年级学生在家长的悉心陪伴下，纷纷展示自己的阅读成果：色彩缤纷的手抄报、条理清晰的思维导图、充满创意的绘画作品、设计精巧的创意书签以及情感真挚的读书心得……这些作品不仅是阅读的结晶，更是学生们心灵成长的见证。国家智慧教育读书平台就像一座桥梁，连接着经典与心灵，让阅读与思考在这里碰撞出最绚烂的火花。

这些生动的案例充分展示了数字平台在推动阅读方面的独特魅力。它不仅打破了时空界限，让阅读变得更加便捷和有趣，还通过竞赛等形式激发了学生的学习动力。更可贵的是，这种数字化的阅读方式正在悄然改变着家庭关系，为家长和孩子之间的交流搭建了新的桥梁，使家校社群的联系更加紧密。

我们相信，在这样一个由学校、教师、家庭和社会共同参与的全方位、多层次的支持体系下，黄石中心小学的阅读教育改革必将结出丰硕的果实，为莆田市乃至福建省的基础教育发展贡献力量。让我们携手并进，共同为学生们的阅读梦想插上翱翔的翅膀，让他们在书香中成长，在阅读中飞翔！通过这种全社会参与的模式，我们正在为每一个学生创造一个充满阅读乐趣和学习机会的成长环境，让阅读成为他们终身受益的珍贵财富。

第八章　全学科整本书阅读的效果与影响

> 阅读是教育的灵魂，它让知识变得生动，让思想变得活跃。
>
> ——迈克尔·富兰

让阅读随时随地发生。全学科整本书阅读如同一股清泉涌动在校园的每一个角落，为学校注入了无尽的生机与活力。它使原本沉闷的教室焕发出智慧的光芒，让枯燥的书本化为知识的翅膀，让每一颗渴望成长的心灵在这片沃土上茁壮成长。自黄石中心小学成功申报莆田市"新课标下高质量发展"样本校以来，"读全书，育全人"的教育理念在全体师生和家长心中深深扎根。全学科整本书阅读在学校取得了明显成效，产生了广泛影响，不仅促进了学生自主学习能力的全面提升，帮助教师实现了专业成长，让课堂教学更加丰富多彩，还推动了学校变革和转型升级，实现了高质量发展。

第一节　全学科整本书阅读助力学生成长

叶圣陶先生在《论中学国文课程的改订》中指出，国文教材应该以整本的书为主，而不是单篇短章。[①] 然而，这一主张在现实中并未得到充分实施。但黄石中心小学大力倡导让学生参与全学科整本书阅读活动，从而增强阅读的自信和兴趣。自全学科整本书阅读活动开展以来，学生们就像打开了一扇

[①] 叶圣陶. 论中学国文课程的改订 [J]. 语文建设，2018（13）：1.

扇新世界的大门，充满了惊喜与收获，学习的积极性与主动性大大提高，建构出了属于自己的跨学科知识网络，培养出了积极向上的风尚。

一、学生从被动接受者转变为主动探索者

曾几何时，学生只是阅读和学习的被动接受者，任凭知识的波涛轻轻摇晃，他们有时只感到枯燥而被动接受。然而，全学科整本书阅读活动的开展，彻底改变了这一现状。随着心灵的觉醒与智慧的启迪，他们逐渐扬起风帆，踏上了主动探索的旅程。学生们对读书的兴趣大大增加，也对学习产生了真正的热爱。就这样，学生逐渐从阅读的被动接受者，蜕变为主动探索的航海者。他们带着对知识的渴望与对未知的好奇，勇敢地驶向更广阔的智慧海洋，追寻属于自己的璀璨星光。

"学习的旅程总是充满未知与惊喜，曾经的我，只是被动地接收知识，像一只等待投喂的小鸟，课本是我获取养分的唯一来源。但一次偶然的经历，彻底改变了我的学习轨迹，让我踏上了主动探索智慧的新征程。"以下是来自荔城区黄石中心小学三年2班郑好同学内心的真实回响。

我的学习之旅：从知识的接受者到智慧的探索者
荔城区黄石中心小学三年2班　郑好

风会记住一朵花的香味，而我想赏一树的繁花。

——题记

还记得那一天，讲台上那本绘本《一粒种子的旅行》的封面像磁石一样吸引着我。在科学老师的允许下，我迫不及待地开启了阅读之旅。我仿佛化身为书中的那颗小种子，跟随它乘风飞扬，搭着小动物的"便车"，体验了一场惊险刺激又充满惊喜的冒险。这本书像一把神奇的钥匙，打开了我对科学世界探索的大门，让我心中充满好奇，渴望挖掘大自然更多不为人知的秘密。

语文课上，张老师带我们学习《植物妈妈有办法》这一篇课文时，她绘声绘色地描述着蒲公英、苍耳和豌豆传播种子的独特方法，我听得入神了。当老师提问还有哪些植物传播种子的方式时，我的脑海中瞬间像电影放映机

一样，浮现出绘本《一粒种子的旅行》中的画面。我兴奋地举起手，激动得差点从座位上跳起来，大声说道："罂粟的种子会借着风力，像小伞兵一样轻盈地散落在大地上；凤仙花和老鹳草靠自己的力量把种子弹出去；榆树、椴树和云杉的种子则像长了翅膀，能飞到很远的地方安家落户！"老师和同学们惊讶地瞪大了眼睛，眼神里满是对我丰富的知识储备的赞叹。老师的夸奖如同一缕春风，吹得我心里暖暖的。

通过这次的事，我可算明白老师所说的语文学习不只是学课本，它跟好多其他学科的知识都是手拉手的好朋友，就好像一棵超级大的树，上面开满了各种颜色的花，每一朵花都是一个学科的知识。我们学校特别鼓励我们读各种各样的书，不管是数学的、科学的还是艺术的，就像是给知识之树浇水施肥，让它长得又高又壮。这样一来，我们在学习的路上就能走得稳稳当当的。

数学老师在课堂上讲起了我刚刚阅读过的《一起一起分类病》的故事，当她要我们举例生活中的分类时，我毫不犹豫地举了"植物的传播按不同方式也可以进行分类"的例子。老师向我投来了赞许的目光，我高兴极了，又一次感受到了全学科阅读给我带来的惊喜。

全学科阅读真的让我学到了好多东西，我现在看问题的角度都变了。阅读完《一颗种子的旅行》后，我尝试种草莓，从播种到发芽，再到结果，我每天进行观察、记录、探究。在这个过程中，我感觉大自然真的太神奇了，生命也真的好伟大！

现在，我越来越喜欢全学科阅读了，它让我更自信，也更爱探索未知的世界。我觉得，只要我们用心读，以后肯定能在知识的大树上，看到各种花朵争奇斗艳，那该有多美啊！全学科阅读让我变得更厉害，也让我更期待每一天的学习。我会一直坚持下去，赏那一树的花开！

"在学习的旅程中，我们总是在探寻更高效、更能启迪智慧的方法，'读·思·达'理念的出现，就像一束光，照亮了我原本按部就班的学习道路。起初，我对它的认知仅仅停留在字面上，然而在日复一日的实践中，我才真正领悟到它的魅力与价值，是它引领我踏上了一段充满惊喜与收获的成长征途。"以下是来自荔城区黄石中心小学第一分校六年3班张家瑜同学内心的真实回响。

"读·思·达"让我走上探索之路
荔城区黄石中心小学第一分校六年3班　张家瑜

作为一名学生，我在"读·思·达"的学习旅程中，经历了从最初的懵懂到后来的深刻领悟，这段过程充满了探索与成长的喜悦。

阅读：心灵的启航

起初，我以为阅读只是简单地翻阅书本，获取一些表面的信息。但在"读·思·达"的引导下，我逐渐发现，阅读其实是一场心灵的旅行。每一本书、每一篇文章都像是一个新世界，等待着我去探索、去发现。我学会了放慢脚步，细细品味文字背后的情感和思想，仿佛与作者进行了一场跨越时空的对话。这种沉浸式的阅读体验，让我感受到了前所未有的充实和满足。"读·思·达"也运用到我们的课堂上。比如，老师布置我们在课前预习时，会将课文中的主要问题提前告知我们，让我们在预习的时候先认真阅读再思考。这样，预习课文不再是简单的读准字音、读通句子了，而是带着问题有目的地阅读。

思考：智慧的火花

阅读之后，思考成为我的必修课。课堂上，老师会组织我们进行小组讨论，鼓励组内成员相互交流意见，这样我们能够取长补短，共同进步。毕竟，个人的思考往往有局限性，而通过小组的协作，原本看似浅薄的见解会在集体智慧的碰撞下变得丰富且有意义。老师将我们分为4人一个小组，分别给每个组员编上1—4的编号，对于难题，可以让优秀的同学先发言；而简单的题目，则留给基础相对薄弱的同学来回答，以此增强他们的学习自信心和参与度。原本我们一个人的学习，就这样变成了一个团队的学习，不仅可以帮助我们碰撞出智慧的火花，还可以增强班级的凝聚力。

我开始尝试对所学内容进行深入的思考，提出自己的疑问和见解。这个过程并不容易，有时我会陷入困惑和迷茫，但正是这些挑战激发了我的求知欲和探索欲。我学会了从不同角度审视问题，运用批判性思维去分析、推理和判断。每当我在思考中豁然开朗,那种成就感和喜悦感是任何物质奖励都无法比拟的。

表达:自信的展现

经过阅读和思考,我积累了大量的知识和见解,而表达则成为展示自我的舞台。无论是课堂上的发言,还是课后的作业,我都努力将自己的想法清晰地表达出来。在小组讨论时,不论是成绩优异的同学还是暂时落后的同学,每个人都愿意表达自己的想法。当大家表达得不够准确时,班级里的同学都会积极地补充,这让我感受到了班级同学的智慧。起初,我可能会因为紧张或不确定而犹豫不决,但随着时间的推移,我逐渐克服了这些心理障碍。我学会了如何组织语言、如何条理清晰地阐述观点,甚至在一些场合下能够自信地与他人进行辩论和交流。这种表达能力的提升,不仅让我在学习上更加得心应手,也让我在人际交往中更加从容不迫。

回首:成长的足迹

回顾"读·思·达"的实施过程,我深刻体会到了它带给我的巨大变化。从最初的被动接受知识,到现在的主动探索、深入思考和自信表达,我实现了从量变到质变的飞跃。我更加明白了学习的意义和价值所在——它不仅仅是为了应对考试,更是为了培养我们的思维能力、创新能力和终身学习的能力。我相信在未来的日子里,"读·思·达"将继续成为我学习和成长的宝贵财富。

二、帮助学生构建跨学科知识网络

昔日,学生的知识视野多局限于课本与课堂,而今,全学科整本书阅读引领学生们自由穿梭于知识的广袤天地。在科学的海洋里,《神奇校车》系列书籍以生动的科学实验和趣味横生的知识,激发了学生们对自然界奥秘的无限向往;在文学的殿堂中,《安徒生童话》不仅带领他们领略了经典故事的魅力,更让他们在不同文化的熏陶下,亲历了一场场跨越时空的奇妙旅程;在阅读数学绘本的过程中,学生的逻辑思维能力、自主学习能力、数学语言理解与表达能力、数学文化修养等方面均有显著的提升。这些阅读体验极大地拓宽了学生们的知识边界,建立起丰富的跨学科知识网络,让他们的学习生活因此而更加多彩。

"从踏入校园的那一刻起，我就对知识的海洋充满了好奇。在日常学习中，我努力探索知识的边界，渴望见识更广阔的天地。直到学校开展全学科整本书阅读活动，这活动就像一场及时雨，为我求知若渴的心带来了滋润，我的学习之旅也迎来了全新的篇章。"以下是来自荔城区黄石中心小学第一分校二年3班黄楚婷同学内心的真实回响。

开启学科拓展与知识增长的大门
荔城区黄石中心小学第一分校二年3班　黄楚婷

大家好，我是二年级的学生黄楚婷。我们学校开展了全学科整本书阅读活动，这个活动就像一艘神奇的大船，带领着我在知识的海洋里航行，不断拓宽我的视野，增长我的知识。

一天，老师带来了一本书——《森林里的秘密》，这本书仿佛为我打开了一扇通往新世界的大门。在语文课上，我跟着老师认读，认识了好多新词语，像"松鼠""小溪""蘑菇"，还学会用这些词语来造句。这让我看到了文字世界的奇妙，也让我在语言表达的道路上迈出新步伐。我的视野不再局限于简单的日常话语，而是向着更丰富的语言表达拓展。

在数学阅读课上，我发现数学在生活中无处不在。以前，我觉得数学只是数字和计算，没想到它可以在故事书里变得这么有趣。这让我对数学的理解更深入了，拓宽了我对数学这门学科应用范围的视野。

在美术课上，画画是一次奇妙的体验。我画了有着长长耳朵和红红眼睛的兔子，这个过程让我学会把文字变成画面，培养了我的想象力。我看到了文字与图画之间的联系，视野不再局限于单一的画画或者看书，而是能将二者融合起来。

在音乐课上，我们为故事里小兔子跳舞的情节配乐，欢快的歌曲和节奏让我感受到了不同艺术形式交织的魅力。我明白了音乐可以为故事增添色彩，这大大拓宽了我对音乐的认知视野。

而在科学课上，我更是学到了丰富的知识。我知道了小动物们的生活方式，明白了保护环境、守护小动物家园的重要性。这些知识就像一颗颗闪亮的星星，挂在我的知识天空中，让我的知识宝库更加充实。

这次全学科整本书阅读活动，让我明白：每一本书都是一个宝藏，里面有无尽的知识等待我去挖掘。我希望能在更多这样的阅读中不断拓宽视野、增长知识。

三、全面提升学生自主学习能力

全学科整本书阅读激发了学生的自主学习能力。叶澜老师曾在《一堂好课的标准》中提到：一节课中，学生的学习是有意义的。初步的意义是他学到了新知识；再进一步是锻炼了他的能力；再往前发展是在这个过程中有良好的积极的情感体验，使他产生更进一步学习的强烈要求；再发展一步，在这个过程中他越来越会主动地投入学习中。[①] 在知识不断积累的过程中，他们开始主动对周围世界提出疑问，表现出强烈的求知欲。学生们不再满足于课本上的知识，而是渴望了解更多未知领域的信息。这种自主学习能力的培养，让学生在未来的学习和生活中更加有主动权。

"在学习的漫漫征途中，成绩的起伏犹如海上的波涛，时而风平浪静，时而汹涌澎湃。每一次分数的波动，都牵引着我的情绪。我在语文学习上努力许久，成绩却始终不尽如人意。直到全学科整本书阅读走进我的生活，一切才发生了改变。它不仅为我带来知识的积累，还让我的写作水平大幅提升，为我开启了一段知识与写作双丰收的奇妙之旅。"以下是来自荔城区黄石中心小学六年2班姚林萌同学内心的真实回响。

知识与写作的双丰收之旅

荔城区黄石中心小学六年2班　姚林萌

"哇啊！""你太牛了！"当同学们看到我的语文成绩是优++时，教室里的赞叹声此起彼伏。我在大家惊羡的目光中显得有些羞涩。同学们只看到我成绩出彩，却不知是整本书阅读让我收获满满。

---

① 叶澜. 叶澜：一堂好课的标准 [J]. 考试（理论实践），2014（12）：15.

落日余晖洒在教室窗角，走廊光影斑驳，微风轻拂，我坐在椅子上，沉浸于《呼兰河传》的世界，享受着这静谧时刻。

《呼兰河传》极大地丰富了我的知识储备。它让我对人生有了深刻的洞察，对生命的价值和意义的理解更加深入，为我打开了一扇新的思想之窗。书中所展现的社会风貌、人物性格、民俗文化等内容，如同一幅恢宏的画卷，在我眼前徐徐展开。这些知识如璀璨星辰，镶嵌在我的脑海中。

同时，这本书对我的写作水平提升有着非凡意义。作者谋篇布局的精巧构思、遣词造句的精妙技巧，都成为我学习的典范。我迫不及待地在小练笔中借鉴模仿，将从书中汲取的营养融入自己的文字。在这个过程中，我学会了如何组织文章结构，让内容更有条理；也懂得了如何选择更恰当、生动的词汇来表达情感，描绘事物。在不知不觉中，提升了我的语文成绩，令我惊喜不已。

回忆整本书阅读进入我生活的时刻，至今仍历历在目。上学期，我的语文成绩在优左右徘徊，难以突破。放假前，我向语文老师寻求帮助。

老师分析了我的试卷后说："主要问题在于你掌握的知识不够系统，认识较浅，这是碎片化阅读带来的弊端。"

"那我该怎么办？"我急切地问。

"试试整本书阅读，从《西游记》《水浒传》开始。虽然备考时间紧，但你也得挤出时间来进行整本书阅读。"老师建议道。

寒假里，同学们都在看名著"晨背午读"的快餐资料，我却埋头啃读整本书。《骆驼祥子》等经典著作也成了我的枕边常客。寒假过后，整本书阅读的效果逐渐显现。第一次语文考试，我的成绩突破了优$^+$，期中测评达到了优$^{++}$，成绩就像开了挂一样。

在同学们热烈的掌声中，我享受着成功的喜悦。整本书阅读，是你让我在增加知识储备和提升写作水平之路上不断前行，绽放光彩！

"成长就像一场在知识丛林里的冒险，我们都渴望在其中找到快速前进的路径。在学习的赛道上，我曾迷茫地徘徊，为知识的匮乏、写作的艰难而苦恼。直到全学科整本书阅读走进我的生活，让我看到了柳暗花明的希望。"以下是来自荔城区黄石中心小学六年5班吴锐轩同学内心的真实回响。

阅读，为知识添翼，助学习腾飞

荔城区黄石中心小学六年5班　吴锐轩

在校园中，全学科整本书阅读如温暖春风，轻拂着每个学子的心。于我，它是知识的盛宴，是提升写作水平的奇妙旅程，意义非凡。

全学科整本书阅读就像一把神奇的万能钥匙，开启了我知识储备的大门。往昔，我获取知识多局限于单科课本，视野狭窄。但在全学科整本书阅读里，我能畅游各个学科领域的经典之作。在文学作品中，人性的光辉与情感的细腻深深触动我；在历史书籍里，岁月沧桑和人类智慧让我惊叹；在科学读物中，自然奥秘和科技魅力使我着迷。每一本书都是一个独特的世界，我沉醉其中，无法自拔。广泛的阅读极大地丰富了我的知识储备，如同在我的脑海中构建起一座宏伟的知识宫殿。

知识储备的增加，为我的写作水平提升带来了显著变化。过去，我常为写作素材发愁，写出的内容空洞乏味。如今，丰富的阅读体验成为我写作素材的无尽源泉。写作时，我能信手拈来文学名著中的经典语句，让文章文采斐然；能生动讲述历史传奇人物的故事，使文章有血有肉，更具深度；能运用科学知识阐述观点，增强文章说服力。阅读还让我的思维更活跃，想象力更丰富，写作从难题变成了表达自我、分享感悟的快乐源泉。

不仅如此，全学科整本书阅读还让我掌握了多样的写作技巧。分析优秀作品的结构、语言和表达方式后，我懂得了如何构思文章，怎样组织段落，以及如何运用恰当词汇和修辞手法。这些技巧的运用，让我的作文条理清晰、语言生动，写作水平更上一层楼。

在这个充满挑战和机遇的时代，阅读是成长的基石，写作是表达的窗口。全学科整本书阅读为我们搭建了提升自我的优质平台。让我们珍惜这难得的机遇，在书海中尽情遨游，用文字书写属于我们的精彩华章。

四、促进学生形成积极健康的人生态度

在字里行间，学生们会遇见各种立体的人物形象。这些角色在面对困境

时展现出的不屈不挠、乐观向上的精神，悄然间在学生心中种下了积极面对生活的种子。除此之外，阅读还为学生们打开了一扇窗，让他们得以窥见世界的多样性和美好。书中描绘的壮丽山河、人间温情、科技奇迹，无一不激发学生的好奇心和探索欲，让他们对未来充满期待，相信通过自己的努力，也能够创造属于自己的精彩人生。

"在教育的广袤天地里，我们怀揣着培育心灵、塑造品格的使命，不断探索前行。每一个学生都是一颗独特的种子，等待着被唤醒、被滋养。而阅读，宛如一束光，照亮了教育的漫漫长路，为我们开启了引导学生成长的新路径。在我投身全学科整本书阅读教学改革的历程中，有这样一段经历，让我深刻领悟到了阅读的力量与价值。那是一场借助《一百条裙子》，引领学生们走出困境、实现自我救赎的奇妙旅程。"以下是来自荔城区黄石中心小学何君梅老师的实践感悟。

寻觅成长之光
——《一百条裙子》引领的救赎之旅

荔城区黄石中心小学　何君梅

心理学教授大卫·霍金斯曾说："一个有正能量的人，他的磁场会带动万事万物变得有序和美好。"苏霍姆林斯基则认为：无限相信书籍的力量，是他的教育信仰的真谛之一。那么，作为参与全学科整本书阅读教学改革的我，更是甘愿双手捧上书籍，带领着学生们在全学科整本书的共读中，去邂逅那一段段不一样的阅读时光，去相遇那一个个充满个性的人物，从而来见证学生的成长。

困境：孤独角落里的欺凌

在教室的一隅，发育迟缓的詹同学被无形地边缘化了，长达五年的嘲笑和孤立编织成一张冰冷的网，将他紧紧地网住了。我正琢磨，是否要用故事的共读来改变这样的状况时，康同学等几个学生，轮番对他进行挑衅和殴打，无情地揭露了班级中隐藏的欺凌事实。

一向品学兼优的康同学却意外地成为这场欺凌事件的主导者。面对询问，无助的康同学一直重复着:"我不知道自己为什么要这样做,但好像大家都是这么对他的。"这句话如同一根针似的,深深地刺痛了我。

破局:整本书共读的魔力

在整本书阅读中,一个好的故事是对生活中最敏感的难题做出简洁、准确的揭示。《一百条裙子》无疑是揭示校园问题和成长问题的最理想的解决方案。

因此,为了破解困局,引导学生正视自己的行为,助力他们的成长,我决定立即开启《一百条裙子》的整本书阅读之旅。这本书讲述的是关于欺凌与反思、勇气与宽容、自卑与超越的成长故事。

在决定共读之前,我精心创设主题情境——认识真正的你自己。一开始,我就改变传统的"我讲你听"的被动的局面,而是采用"初识自己——你最像谁"比赛的形式,学生分组阅读故事,沉浸式地融入对故事的初始体验之中,初步认识书中的旺达、佩琪、玛蒂埃和老斯文森。

随着共读的深入,学生们对旺达、佩琪、玛蒂埃和老斯文森的认识也加深了。我将此阅读与数学学科相融合,设置了"认识不同时刻的自己"这个子任务,并结合数学条件假设的原理,以"当你_____的时候,你就是_____(旺达、佩琪、玛蒂埃或老斯文森)"的形式呈现,用这个核心问题,引领学生细读文本,把自己带入故事中,去思考不同时刻的自己是怎样的。在这样的细读思考中,学生的发散思维不仅得到了培养,更是对不同时刻的自己有了深刻的认识,深刻意识到四个故事人物的身上或多或少都有自己的影子。因为,我敏锐地捕捉到,每当读到旺达被孤立、被嘲笑的情节时,那些曾参与或目睹过欺凌事件的学生,他们的脸上都会浮现出复杂的表情,或是愧疚或是反思。这就是阅读的力量,使学生能够从故事人物推及自身,更有着自省之效。

"知错能改,善莫大焉。"当学生仅仅意识到自己错了的时候,是远远不够的,还需要积极地改错。于是,在共读分享上,我发布的子任务是"怎样成为更好的自己",以"如果你是_____(旺达、佩琪、玛蒂埃或老斯文森),你将以_____的形式来呈现,引导学生捕捉到旺达、佩琪、玛蒂埃或老斯文森身上的缺点,探寻改正之道,从而助力学生更清晰地意识到自身的不足之处，并积极改正，成为更好的自己。康同学等人最终意识到自己的错误，勇敢地站起来，向詹同学表达了真挚的歉意。而詹同学，也在经历这一切后变得更加坚强，学会了如何在面对欺凌时保护自己，也学会了宽恕与释怀。

这是一场特殊的全学科整本书共读之旅。学生在故事中重新认识了自己，改变了自己，也成为更好的自己。而且，他们都学会了做出自己的"玛蒂埃决定"。蜕变后的他们都会在自己的童年里拥有"一百条裙子"，这是对他们最高的褒奖。

毕淑敏说，生活的本质是不期而遇的温暖和生生不息的希望。巴尔扎克认为，图书包含着整个生活。我想说，很荣幸，自己是现实生活中的波迪，恰巧能够给予生活中的旺达们，拥有"一百条美丽的裙子"以及做出那个重要的"玛蒂埃决定"的机会。

相信在全学科整本书共读中，我们能读不同的书，见识不一样的风景，更能够在读别人的故事中见证我们的成长。我想，这大概就是我认为的全学科整本书阅读的真谛吧！

"学习就像一场探索未知的旅程，阅读则是我们在知识海洋里的指南针。在学校开展全学科整本书阅读活动中，我一头扎进书海里，与许多好书相遇，尤其是《童年》这本书最令人难忘，让我收获满满。"以下是来自荔城区黄石中心小学五年1班唐傲妗同学内心的真实回响。

书香润心，光明前行
——阅读之旅中的心灵启迪与成长力量
荔城区黄石中心小学五年1班　唐傲妗

春风轻拂，书香满园，随着我校全学科整本书阅读活动的启动，全校师生踏上了一场心灵的探索之旅。在这场旅程中，《童年》无疑是我最深刻的遇见。它不仅让我领略了高尔基笔下那段波澜壮阔的历史画卷，更让我在心中种下了一颗希望的种子——"即便身处逆境，也要心怀希望，追寻光明"。

那是一个午后，阳光透过窗户，斑驳地洒在《童年》的封面上，仿佛为这本书披上了一层金色的外衣。我轻轻翻开书页，阿廖沙那充满苦难的童年生活，如电影般，缓缓在我眼前放映。他的每一次跌倒与爬起，每一次泪水与欢笑，都深深触动着我的心弦。我仿佛能听到他内心的声音，那是一种对光明与希望的渴望，即使在最黑暗的时刻，也从未熄灭。

在阅读《童年》的过程中，我仿佛与阿廖沙并肩同行，共同经历了那些欢笑与泪水交织的日子。每当遇到学习上的困难，或是生活中的不如意，我都会想起阿廖沙在外祖父家的艰辛生活。他没有被生活的苦难所击垮，反而以一种超乎寻常的坚韧与乐观，面对生活中的每一个挑战。这让我深刻体会到，"即便身处逆境，也要心怀希望，追寻光明"。这句话如同一股无形的力量，激励着我迎难而上，勇往直前。

记得有一次，我在数学竞赛中遭遇了前所未有的挫败，心情低落到了极点。然而，当我再次翻开《童年》，阿廖沙那坚韧不拔的身影仿佛出现在了我的眼前。他仿佛在告诉我："看，即使生活给了你无尽的苦难，你也要微笑着面对。因为心中有光，就能照亮前行的路。"在阿廖沙的激励下，我重新振作起来，开始更加努力地学习，最终在下一次竞赛中取得了优异的成绩。那一刻，我深深感受到了书籍的力量。它不仅能够丰富我们的知识，更能够启迪我们的心灵，给予我们前行的力量。

在全学科整本书阅读的活动中，我还遇到了许多其他优秀的书籍。《小王子》教会了我用心去感受生活的真谛，去珍惜身边的人和事；《鲁滨逊漂流记》让我明白了独立与自强的重要性，让我学会了在困境中寻找出路；《哈利·波特》则让我领略了勇气与友谊的力量，让我更加珍惜与朋友之间的情谊。这些书籍如同繁星点点，点缀着我的阅读天空，也丰富了我的人生阅历。

如今，当我站在校园的操场上，望着那片蔚蓝的天空，心中充满了感激与期待。我感激全学科整本书阅读活动，让我遇见了《童年》，遇见了那份对光明与希望的执着追求。我知道，阅读的路还很长，但我愿意带着这份对知识的渴望和对生活的热爱，继续前行。因为我相信，只要心中有光，就能照亮前行的路。无论身处何方，我们都能找到属于自己的光明。

第二节　全学科整本书阅读促进教师发展

在黄石中心小学探索全学科整本书阅读的过程中，教师团队作为引领者与践行者，其深度理解与积极实践无疑为这场教育改革注入了强大的生命力。在这个过程中，教师们的付出与回报是成正比的。推动全学科整本书阅读是一场心灵的深度交融与智慧的碰撞之旅，教师们在这个过程中实现了自身的角色转变，由知识的传授者转变为阅读的引领者，专业水平和教学创新水平得到了全面提高。最重要的是，阅读让他们找到了自己对学校、学生、教育行业乃至生活的热情，心灵的充盈是最难能可贵的。

一、教师从知识传授者转变为阅读引领者

以前，教师们在学校的主要角色是知识的传授者，只负责将课本的内容传达给学生，这样的课堂往往显得枯燥单薄。随着全学科整本书阅读项目的深入实施，黄石中心小学教师的角色发生了深刻的转变。在自身完成阅读积累后，他们感受到了阅读对成长的重要影响，于是不再仅仅作为课本知识的传授者，而是希望借助书籍的力量支撑整个课堂。他们转身成为学生阅读的先行者、同行者和推行者，进一步推进教育的深层次发展。

"在教育之路上，我一直探索教学的真谛。身为小学科学教师，我也曾在传统教学的模式里按部就班，却总觉得缺了些关键的东西。直到全学科整本书阅读教学改革的到来，让这一切都不一样了。它重塑了我的教学认知，尤其是与余文森教授团队交流合作后，我实现了从知识传递者到阅读引领者的转变，开启了全新的教育征程。"以下是来自荔城区黄石中心小学第一分校林倩老师的实践感悟。

从知识传授到阅读引领：教师角色的华丽转身

荔城区黄石中心小学第一分校　林倩

我是一名小学科学老师。在我的教学生涯中，有幸迎来了一场意义非凡的变革——全学科整本书阅读教学改革。在这一旅程中，余文森教授团队的多次莅临指导，如明灯照亮了我们前行的方向。

春风拂柳，启智之篇

记得最初，我对于全学科整本书阅读，只是略知皮毛。正当我在探索的道路上迷茫徘徊时，余文森教授团队如春风般莅临我校。他们带来的不仅仅是前沿的理念，更是点亮我们教育之路的明灯。在与教授团队的交流中，我逐渐明白，全学科整本书阅读并非简单地让学生读完一本书，而是要引导他们在阅读中建立起跨学科的思维模式，将科学知识与其他领域的知识相互融合。这一全新的视角，犹如一把钥匙，开启了我对教育的全新认知。

夏荷初绽，探索之章

在余文森教授团队的引领下，我开始尝试将全学科整本书阅读融入科学教学。我精心挑选了一系列优秀的科学读物，如《物种起源》《时间简史》《居里夫人传》《海底两万里》等。每一本书都像是一座蕴藏着无尽宝藏的矿山，等待着我和学生们去挖掘。为了更好地将这些书籍融入教学，我开始精心设计课程。每一个章节的解读，每一次课堂的讨论，都倾注了我对知识的敬畏和对学生们的期待。我努力营造出一个充满探索与思考的氛围，让学生们在阅读中感受科学的魅力。

秋实累累，成长之果

随着全学科整本书阅读教学的不断推进，我收获了累累硕果。学生们的阅读兴趣大大提高，他们不再把阅读当成一项任务，而是主动地去寻找更多的科学书籍。在写作方面，学生们的表达更加丰富和准确。他们能够运用从书中积累的优美词汇和生动语句，来描述自己在科学实验中的发现和思考。有个学生在作文中写道："我仿佛看到了分子在欢快地跳舞，它们的世界如此奇妙。"这样充满想象力的表达，让我惊喜不已。更重要的是，学生们学会了用跨学科的思维方式解决问题。在一次关于环境保护的讨论中，他们不仅从科学的角度分析了污染的成因和危害,还从人文关怀的角度提出了自己的建议,展现出了全面而深刻的思考能力。

冬阳暖融,感悟之悟

在经历了春的启蒙、夏的探索和秋的收获后,冬天的宁静让我有了更多的时间去反思和感悟。余文森教授团队的指导让我明白了教育不仅仅是传授知识的过程,更是培养学生综合素质和创新能力的过程。全学科整本书阅读为学生们打开了一扇通向广阔世界的窗,让他们在知识的海洋中畅游,汲取智慧的营养。而我自己,也在这个过程中不断成长。我学会了倾听学生们的声音,尊重他们的想法,引导他们在阅读中发现问题、解决问题。我不再是单纯的知识传授者,更是学生们学习路上的陪伴者和引导者。

四季如歌,展望之诗

回首这段充满挑战与收获的旅程,我感慨万千。全学科整本书阅读教学改革如同一首四季轮回的歌,每个季节都有其独特的旋律和色彩。而我将继续在余文森教授团队的引领下,不断探索和创新。我相信,只要我们坚持下去,让书香浸润学生们的心灵,让科学的光芒照亮他们的前行之路,他们必将在知识的天空中自由翱翔,创造出属于自己的精彩未来。我也期待着在未来的日子里,能与学生们一同谱写更多关于科学与阅读的美妙篇章,让教育的花园绽放出更加绚丽的花朵。

"教育是一场逐梦之旅,作为教师,我一直思考如何让阅读助力学生成长。一次偶然的契机,我有幸参与到全学科整本书阅读活动中,这一经历就像在教育的漫漫长路上为我点亮了一盏全新的灯,让我找到了新方向,开启了与学生的全新阅读旅程。"以下是来自荔城区黄石井后小学陈世静老师的实践感悟。

引领学生共赴阅读之旅

荔城区黄石井后小学　陈世静

身为一名教育工作者,我深知阅读对于学生成长的重要性。我的教育之旅在参与全学科整本书阅读计划中开启了新的篇章。对于身在基层岗位的我而言，这是一个全新的领域，从起初的未知与好奇，逐渐转变为如今的收获满满，这都归功于我们中心校的哺育。黄石中心小学作为"新课标下高质量发展"样本校，就像一位大家长般带领我们基层校一起成长，还有各位专家耐心地为我们解疑答惑，为我们提供了宝贵的学习机会。

懵懂初启：未知的迷雾

最初的日子里，我在班级里开展了尝试和推广活动。然而，效果并不尽如人意。在初听"整本书阅读"这个概念时，我心中充满了疑惑。作为一名小学语文教师，最熟悉不过的就是每册语文课本中的"快乐读书吧"。从低年级"读读童谣和儿歌""读读儿童故事"，到中年级的童话故事、寓言故事、科学故事，再到高年级的名著阅读，其实都是学生从零散阅读走向整本书阅读的体现。但是如何将学生的阅读习惯从片段扩展到整本呢？这个过程充满了未知。

在一次整本书阅读指导会上，余文森教授说："阅读整本书要引导学生学会读书成为独立的阅读者，学会做事成为积极的思考者，更要学会做人遇见更好的自己。"这也是其意义所在，更体现了时代的需求。我想：整本书阅读教学，不仅要了解整本书的内容，更要以结构化的思维，引导学生把厚厚的书读薄了，把繁杂的关系读清了，把现实的世界读懂了。接着，我向中心校的同僚前辈们寻求指导与经验，也翻阅了大量关于阅读指导的文献资料。渐渐地，我找到了一个方向。我开始在课堂上组织读书分享会，鼓励学生们交流阅读体验，同时也开始探索适合学生的推荐书目和引导方法。在这个过程中，我又遇到了第二个难题：如何让整本书阅读变得有趣，使学生爱读呢？带着这样的思考，在导师们的引领下，我们又一次开启了对《水浒传》整本书阅读的激烈讨论。巧妙的是水浒108位英雄好汉，扑克牌一副54张，两副正好108张，因此"制作两副水浒英雄扑克牌"这任务就随之诞生了。

探索之路：勇敢的启程

在我所任教的班级中，有一个叫张明启的同学特别令我印象深刻。他以前对读书并不感兴趣，总是觉得读书是一件枯燥无味的事情。但是，当我开始推动整本书阅读活动后，他开始发生改变。

我选择了一本寓教于乐的故事书——《海底两万里》。书中充满神秘的海底世界吸引了明启等许多同学。他第一次认真地捧起了一本书，沉浸在文字中。通过书中的描述和故事情节，明启了解到了许多关于海洋的知识和故事。他开始对读书产生了兴趣。令我印象尤为深刻的是那一次分享读书收获的交流课上，他高举的小手、笃定的眼神和迸发思想的汇报，使我不禁感叹：这种由心底里真正产生对书籍热爱的人真的会闪闪发光！

在这个过程中，明启不仅学到了知识，更重要的是他学会了如何去理解一本书、如何去思考书中的内容。他开始能够从书中获取信息、分析问题、表达观点。这对他来说是一个巨大的进步。

成长心得：阅读的智慧

通过整本书阅读的实践与推广，我和学生们都得到了很大的收获和成长。作为教师，我学会了如何引导学生进行整本书的阅读，如何激发学生的阅读兴趣和积极性。我也更加深刻地认识到阅读对于学生成长的重要性。而对学生来说，他们不仅学到了知识，更重要的是他们学会了如何去理解一本书、如何去思考问题、如何去表达自己的观点。他们通过阅读书籍开阔了视野、拓展了思维、提升了表达能力。

在这个过程中，看到我的学生们从一开始的无所适从到后来的积极参与、乐于分享的转变，我感到非常欣慰和自豪。我知道，这是整本书阅读带来的巨大变化和收获。

总之，整本书阅读对于教师和学生来说都是一个非常重要的过程和经历。它不仅能够提高学生的阅读能力、思考能力和表达能力，更能够培养学生的综合素质和人文素养。我相信在未来的日子里，整本书阅读将会成为我们教育工作中不可或缺的一部分。

二、促进教师的专业成长

全学科整本书阅读理念促使教师们对教育产生了全新的认识，使他们在教育事业上有了长足的进步。通过系列培训、专家讲座及教学研讨，教师们深刻理解了全学科阅读在培养学生综合素养、促进学生全面发展中的重要作用，并将其巧妙融入日常教学的每一环节。这段时间的学习和培训带来的成长是全方面的，让教师们意识到，知识是相互关联的，每一个学科都不是孤立存在的。这不仅拓宽了他们的知识边界,更让他们学会了如何以更加深入的视角去看待教育中的种种问题。这是他们职业生涯中一个新的台阶。

"在教育的广阔天地里,我们如逐光者,始终追寻着提升自我、培育学生的良方。身为教师,我深知自身素养关乎学生成长,一直探寻提升之法。而在众多提升路径中,阅读无疑是那道最明亮的光,照亮我前行的方向。回首自己的教育生涯,我在知识的海洋中不断探索,直至遇上全学科整本书阅读,它彻底重塑了我对阅读和教育的认知,开启了一段助力我专业成长的奇妙旅程。"以下是来自荔城区黄石中心小学郭志芳老师的实践感悟。

阅读:助力教师专业成长的璀璨星光

荔城区黄石中心小学　郭志芳

"时光一逝永不回,往事只能回味……"耳畔不时传来的音乐,让我仿佛回到了那段怀揣梦想、漫步校园的时光。那时的我,每天与书为伴。书本是我最亲密的伴侣,字里行间藏着我对未知世界无尽的好奇与渴望。每一堂课,我都如饥似渴地吸收着教师传授的知识,心中满是对未来的憧憬。

时光荏苒,我已从校园的一隅走到了讲台之上。身份的转变,让我对"读书"二字有了更深的理解。如今,我手中的书不仅是为自己而读,更是为了那些坐在我面前的学生而读。我翻开书页,每一个字、每一句话都承载着我对教育的热情与责任。我尝试着用更生动、更有趣的方式,将知识传递给他们,希望能在他们心中种下求知的种子,照亮他们前行的道路。

转眼间,我来到黄石中心小学已经有27个年头了。这所百年老校为全面落实新课标理念,培养学生核心素养,积极申报了莆田市"新课标下高质量发展"样本校教改项目,在全学科整本书阅读教学改革的征程中,勇立潮头。

那是一个寻常的午后,阳光透过窗户,洒在堆满书籍的长桌上,我轻轻翻开了2024年莆田市寒假教师共读活动推荐的书籍,其中《论语》为必读书,《论语引导:进入孔子的精神世界》《论语新解》为选读书。这几本书,不同于往常我专注的单一学科教材,它不仅围绕着《论语》的20篇语录展开,还深入浅出地提炼出了各个主题思想:"学与思""君子与小人""仁与德""礼与义""道与命",唤醒了人们对个人修养的重视,对社会责任的重视,对积极向上的生活方式的追求,使个人能够更好地融入社会发展之中。它们是全学科整合的巨著,如同一座桥梁,连接着历史的长河、科学的探索与文学的浪漫。

随着阅读的深入,我踏上了一场奇妙的旅程。在历史的篇章中,我仿佛穿越回古代,与先贤们共话治国理政的智慧;转瞬间,我又被带入了科学的殿堂,那些曾经晦涩难懂的理论,在作者的笔下变得生动有趣,让我对自然界的奥秘充满了无限的好奇与敬畏;而文学的篇章,则像是一股清泉,滋润着我的心田,让我感受到了文字背后那细腻的情感与深邃的思考。

在这个快节奏的时代,我们往往被各种琐碎的事务和纷扰的思绪所包围,忽略了内心那份对知识的渴望与对美好的追求。然而,在全学科整本书阅读活动中,我找到了一片宁静的港湾,"浅浅喜,静静爱"——"喜"的是对阅读之初那份纯真喜悦的描绘;"爱"的是在阅读过程中,逐渐培养起来的一种深沉而持久的情感。我开始学会静下心来,细细品味书中的每一个字、每一句话,感受作者的情感与思想。

我意识到,阅读不仅仅是为了获取知识,更是一种心灵的交流和碰撞。在这个全学科整本书阅读的体验过程中,我们学会了倾听、学会了思考,也更加懂得了如何去爱——爱这个世界、爱身边的人、爱自己的内心。阅读,让心灵得以栖息;阅读,也让我意识到,知识是相互关联的,每一个学科都不是孤立存在的;阅读,不仅拓宽了我的知识边界,更让我学会了如何以更加全面和深入的视角去看待问题。我深深地被这种跨学科的魅力所吸引,也更加坚定了我在教学中推广全学科阅读的决心。我相信,通过这样的阅读方式,我们能够培养出更多具有综合素养和创新能力的人才,为这个世界带来更多的美好与可能。

三、全面提升教师教学创新能力

全学科整本书阅读需要教师跨越传统学科界限,广泛涉猎不同领域的阅读材料,这开拓了教师们的视野,使他们逐渐尝试塑造一个全新的课堂。这种创新有形式方面的,如小组讨论、集中学习、阅读分享会等,引导学生积极参与、主动思考，培养合作创新和表达能力；也有内容方面的，如将跨学科的书籍纳入课堂，将绘本与数学公式相结合等。在这样新型的教学模式下，师生之间、生生之间的交流变得更加频繁，形成了良好的学习氛围，每天都有新的教学成果产出。总之，全学科整本书阅读教师带来了丰富素材和多元视角，可以激发教师的教学灵感。教师们的教学创新能力也得到了很大的提升。

"一直以来，我们都在不断追寻更高效的教学方式，渴望为学生铺就知识的通道。作为数学老师，我一直被传统教学的局限所困扰，且学生们对数学的兴趣缺乏，学习积极性不高。就在我为此发愁时，学校推行的全学科整本书阅读活动，为我打开了新思路，让我看到了改变数学教学现状的曙光。"以下是来自荔城区黄石中心小学刘建森老师的实践感悟。

以阅读之法，开数学之门

荔城区黄石中心小学　　刘建森

在我职业生涯的首个学期，学校试点推行全学科整本书阅读，我满怀好奇，查阅资料了解到，这是在教师的引导下，学生以整本书为对象，融合多学科知识技能，深入阅读、理解与思考的学习方式，旨在培养阅读兴趣、能力与综合素养。

身为数学老师，起初我心存疑虑，觉得数学就是题海战术，阅读与之不搭。但鉴于学校改革决心，我决定在班级尝试。事实证明，这一决定无比正确。

对于大多数学生来说，数学可能显得枯燥乏味，因此学生们往往缺乏主动吸收知识的动力，而全学科整本书阅读的第一个优势恰恰在于能够激发这种学习的主动性。要想让全学科整本书阅读在数学教学中生根发芽，就必须打破传统的教学框架，勇于创新。绘本故事要挑选那些既能吸引学生兴趣，又能融入数学知识的书籍，并设计了一系列与之配套的教学活动。比如，在阅读《什么是对称》时，我会组织学生们绘制书中的数学图形。这些活动不仅让学生们对数学知识有了更直观、更深刻的理解，也激发了他们对数学学习的兴趣。我发现，在推进了全学科整本书阅读之后，学生们在课堂上变得更加主动和积极，开始乐于思考、敢于提问，整个班级的学习氛围变得前所未有的浓厚。

随着全学科整本书阅读教学改革的深入，数学课堂发生了翻天覆地的变化。曾经那个充斥着枯燥公式和计算题的课堂，现在变成了充满欢声笑语的探索乐园。学生们不再是被动的接受者，而是主动的参与者。他们在阅读中发现问题，在讨论中解决问题，在实践中巩固知识。我们还可以利用多媒体技术，将书中的故事情节和数学知识以动画、视频等形式展现出来，让课堂变得更加生动有趣。学生们在这样的课堂上不仅学到了知识，更学会了如何学习、如何思考。

在校园里，全学科整本书阅读教学改革的种子已经生根发芽并茁壮成长。它像一股清泉滋润着学生们的心田，让他们在知识的海洋中自由翱翔、快乐成长。

"身为教师，我一直在思索如何激发学生的学习兴趣，提升教学质量。在教学实践中，我深刻认识到，单一的教学模式难以满足学生多元的发展需求。直到我接触了全学科整本书阅读教学，才意识到这或许是破局的关键。当我以统编版二年级上册的《孤独的小螃蟹》为依托开展教学时，未曾料到，这次尝试会成为我教学路上的重要转折点。"以下是来自荔城区黄石五龙小学陈娓红老师的实践感悟。

畅游书海——教师教学能力提升的砥砺之路
荔城区黄石五龙小学　陈娓红

在教育的广阔天地里，我始终相信，趣味是激发学生兴趣、提升教学效果的魔法钥匙。那次，我选择以统编版二年级上册的《孤独的小螃蟹》为载体，开展全学科整本书阅读教学，因为我知道童话是培养学生们阅读兴趣与阅读能力的绝佳载体。童话以学生们喜闻乐见的形式，将知识、道理与情感融入其中，让学生们在享受阅读乐趣的同时，自然而然地提升语言表达能力、思维能力和审美能力。

记得那是一个阳光明媚的下午，我站在讲台上，手中拿着那本《孤独的小螃蟹》，心中充满了期待与激动。那一刻，我意识到，这不仅仅是一次普通的阅读课，更是一场触及学生们心灵深处的交流。

为了激起学生们的兴趣，我并未直接翻开书本，而是手持一个精心准备的小螃蟹模型，在教室里"漫步"，模仿小螃蟹的步态，引得学生们阵阵欢笑。随后，我抛出一个问题："如果这只小螃蟹感到孤独，它会怎么做呢？"学生们的好奇心瞬间被点燃，纷纷猜测起来。这时，我顺势引出《孤独的小螃蟹》这本书，告诉他们："今天，我们就来一起走进这只小螃蟹的世界，看看它是如何面对孤独的。"

在整个阅读过程中，为了让学生们更加深入地理解角色的情感，我还组织了一场别开生面的角色扮演活动。学生们自愿报名，分别扮演小螃蟹、小青蟹及其他小动物等角色。他们穿上自制的简单服装，戴上头饰，根据故事情节进行表演。在欢声笑语中，学生们不仅加深了对故事内容的理解，还学会了如何通过肢体语言和表情来传达情感，让语文课堂变得生动有趣。

随着故事的深入，小螃蟹的每一次冒险都牵动着学生们的心。我提出了一个跨学科的活动："如果我们把小螃蟹的旅程看作一张地图，每个章节就是它经过的一个站点。你们能画出它的旅行路线图，并估算出每段旅程的大致距离吗？"学生们的眼睛一亮，纷纷拿起笔和纸，开始认真地绘制起来。那一刻，我看到了数学与文学的完美交融，也看到了学生们思维的火花在碰撞中绽放。我还设计了一个"小螃蟹寻宝图"的游戏。学生们需要根据故事情节中的线索，在一张特制的地图上找到隐藏的"宝藏"（即数学题目）。这些题目既与故事情节相关，又考查了学生们的数学知识。完成题目后，学生们还能获得小奖品作为奖励。这样的设计既增加了学习的趣味性，又让学生们在轻松愉快的氛围中巩固了数学知识。这个环节不仅让学生们对故事情节有了更深入的理解，还激发了创新思维和解决问题的能力。

之后，我为了引导学生更深入地体会小螃蟹的情感变化，精心挑选了两段音乐。当轻柔而略带忧伤的旋律响起时，整个教室仿佛被一层淡淡的忧伤所笼罩。学生们闭上眼睛，静静地聆听，仿佛看到了小螃蟹在夜晚独自坐在沙滩上思念小青蟹的情景。而当音乐变得温暖而欢快时，学生们的脸上又露出了灿烂的笑容。他们知道，小螃蟹终于找到了新朋友，收获了快乐。那一刻，我深深地感受到了音乐与文字之间的奇妙联系，它们共同编织出了一幅幅动人的画面。学生们仿佛置身于故事之中，与小螃蟹同悲共喜，这种审美体验提升了学生们的审美情趣和鉴赏能力。

在音乐的渲染下，我鼓励学生们写下自己的故事。有的学生讲述了自己曾经孤独的时刻，以及自己是如何克服孤独、找到快乐的；有的学生则通过小螃蟹的故事，反思了自己的成长经历，表达了对未来生活的美好憧憬。看着学生们认真创作的身影，我深感欣慰。因为我知道，这些文字不仅仅是他们对故事的回应，更是他们内心深处情感的流露和成长的见证。

作为教师，我们不仅要传授知识，更要激发学生们的兴趣和潜能，引导他们学会思考、学会感受、学会表达。同时，跨学科融合的教学方式也是我们不断探索和实践的重要方向，它将为学生们打开一扇扇通往知识世界的大门，让他们在学习的道路上走得更远、更稳。

四、塑造教师积极的教育观念

叶澜老师曾经说过，新基础教育改革中，除了教学的变革外，更为可喜的是，出现了这样一种精神面貌：校长和教师不再是为了自己的利益来开展"新基础教育"，他们觉得参加"新基础教育"给他们最大的收获，在于改变了自己的精神面貌和思想方法，使他们重新思考自己的职业价值和人生目标，重新认识自己的学校、老师和学生，重新认识课堂和班级。[①] 全学科整本书阅读活动正有这样的效果，它带来了多方面的改变，最终改变了教师们的心态。在完成阅读积累的过程中，重新唤醒了他们对教育的热爱与执着。与学生共读的点点滴滴都会增加教师对学生的理解和关爱，使他们对教育行业更有归属感。

"在教育的漫漫征途上，每一位教师都怀揣着引领学生探索知识的热忱，不断寻找开启智慧之门的钥匙。全学科整本书阅读教学改革的浪潮汹涌而来，

[①] 王建军，叶澜. "新基础教育"的内涵与追求——叶澜教授访谈录 [J]. 教育发展研究，2003（3）：7—11.

为我们的教学注入了全新活力。在这场变革中，书籍成为连接师生心灵、启迪思维的桥梁。而我，在众多经典中与《史记》相遇，从此开启了一段重塑教学理念、照亮生活与教育之路的非凡旅程。"以下是来自荔城区黄石中心小学林岚清老师的实践感悟。

《史记》：历史长卷中的价值灯塔与生活镜鉴

荔城区黄石中心小学　林岚清

在教育的广袤天地里，全学科整本书阅读如同一股清泉，润泽着师生的心田。作为一名语文老师，与《史记》的邂逅，恰似一场灵魂的奇遇，深刻地重塑着我的价值观，并在生活的点滴中不断映射出其深远的影响。

最初开展与学生共读《史记》活动时，我遵循传统模式，课堂上详细讲解重点内容，剖析历史背景与人物形象，满心期待学生能快速领悟其精髓。然而，学生们眼神中的迷茫和兴趣的缺失，让我意识到这种"填鸭式"教学在面对《史记》这样的经典时是多么无力。

转折发生在《鸿门宴》的阅读课上。原本我打算按惯例梳理情节、分析人物，可临开场，我决定让学生先自由分组讨论对故事的初步印象。瞬间，教室里的气氛热烈起来。一组学生在分享时提出独特见解：项羽放走刘邦，可能不仅是优柔寡断，更源于他内心对江湖义气的坚守，在其观念中，宴会上谋害刘邦是不齿之事。这一观点虽青涩，却如一声惊雷，打破了我固有的教学思维定式。

此后，我彻底转变教学策略，成为阅读课堂上的引导者与倾听者。在《将相和》的教学中，我先引导学生关注廉颇和蔺相如所处的赵国的政治局势，再放手让他们自主探究二人从矛盾到和解的深层根源。学生们积极查阅资料、热烈探讨，得出诸如赵国面临外患需将相齐心、蔺相如的远见与廉颇的大义促使两人和解等深刻结论，展现出远超以往的思考深度与学习热情。

从《史记》的共读经历中，我不断汲取教育智慧。项羽的故事让我反思教学工作中的行事方式。往昔面对教学难题，我常如项羽般仅凭热情而缺谋划，事倍功半。如今我明白，教学不仅要保持热忱，更需冷静剖析、广纳建议，方能做出明智决策。越王勾践卧薪尝胆的坚韧，在我教学改革遇阻时给予力量。一次改革尝试，因经验欠缺与外界质疑，压力如山，几近放弃。但勾践的精神激励我坚守教育信念，积极学习改进。我白天向资深教师求教，夜晚反思总结，终使改革初见成效，提升了学生成绩与兴趣，也让我笃定坚持与努力的价值。

《史记》中谋士的智慧也为班级管理带来启发。我意识到教师如谋士，应洞察学生的心理需求，巧用策略助力成长。在组织班级活动时，我不再包办一切，而是鼓励学生自主策划、协作分工，我从旁指导。这一转变使学生的团队协作能力增强，参与度大幅提升，班级凝聚力显著增强。

《史记》所蕴含的家国情怀，更成为我教育学生的核心精神指引。我通过主题班会、爱国故事讲述等形式，引导学生树立正确价值观，培养爱国情怀与社会责任感，且以身作则参与公益，让学生明白个人与国家命运相连。

总之，全学科整本书阅读对教师的影响是深远而持久的。它使教师从知识的传授者变为阅读的引领者，不仅促进了教师专业的成长，提升了教师的教学创新能力，还为教师塑造了积极的教育理念与人生观念。相信在未来的日子里，黄石中心小学的教师能够继续发扬创新精神和实践精神，为全学科整本书阅读的推广和普及贡献更多的智慧和力量，并从中汲取营养，助力自己的事业发展，成长为更好的教师。

第三节　全学科整本书阅读推动课堂转型

黄石中心小学自推行全学科整本书阅读项目以来，经历了前所未有的深刻变革。这一变革的核心在于彻底打破了传统阅读教学的局限，传统阅读教学往往侧重于知识点的灌输与碎片化信息的处理，而忽视了阅读本身作为一种综合性、创造性活动的本质。从表层上看，全学科整本书阅读的方式，改变了"教"与"学"的方式；往深层次看，它重塑了课堂的生态结构，实现了从教师中心到学生中心的根本性转移。同时，它营造了活跃的课堂氛围，为课程的开展和学生的全面发展提供了有力支持。

一、课堂氛围从沉闷转向活跃

在未变革之前，黄石中心小学往往采用传统的课堂教学方法。余文森教授说，传统课堂教学只关注知识的授受，在课堂上学生成为盛装知识的容器，而不是具体的有个性的人——生命主体。这便是传统课堂教学的根本缺陷。[①]曾经，这里的课堂往往沉闷而单调，学生们只是静静地坐着，听教师讲课，缺乏互动与参与。教师大多采用讲授法来传递知识，课堂虽然显得秩序井然，一切按照流程进行，但整体缺乏活泼的气氛，学生们"身在曹营心在汉"，思绪常常飘往操场或窗外。然而，全学科整本书阅读活动的深入推广，教师们改变了自己的教学方式，纳入了有趣的教学内容，课堂焕发出了新的生机与活力。

在以阅读为主的课堂上，学生们不再只是被动地接受知识，而是成为学习的主体。教师们组织学生组成阅读小组，共同探讨书中的问题，并分享自己的阅读心得。有趣的书本和内容吸引了学生们，他们从完整的书籍中自由选择自己感兴趣的情节，积极参与讨论和分享。比如，在一次《西游记》整本书阅读活动中，学生们分组讨论了书中的主要人物，如孙悟空的机智勇敢、猪八戒的憨厚可爱以及沙僧的稳重踏实。他们热烈地交流着自己对这些人物形象的看法，甚至有些学生还准备了PPT来展示他们的观点，分析这些人物在故事情节中的发展和变化，比如孙悟空如何大闹天宫、猪八戒如何好吃懒做但又忠诚、善良等。这种活跃的课堂氛围不仅让学习变得更加有趣，还极大地提升了学生们的团队合作能力和沟通能力。同时，他们学会了如何倾听他人的意见，如何表达自己的观点，以及如何在团队中协作解决问题。

教师们也付出了巨大的努力来营造轻松、愉悦的课堂氛围。他们深知，一个舒适的学习环境对于学生的学习效果有着至关重要的影响。因此，他们尝试用幽默的语言、有趣的例子等方式来吸引学生们的注意力，并激发他们的学习兴趣。在阅读课上，为了让学生更好地理解《三国演义》中的历史背景和人物关系，教师讲述了关羽的忠义、曹操的智谋以及诸葛亮的神机妙算，其中还穿插了一些历史小故事和趣闻，比如关羽如何过五关斩六将、曹操与

---

① 余文森. 试析传统课堂教学的特征及弊端[J]. 教育研究，2001（5）：50—52.

刘备如何煮酒论英雄等，妙语连珠，引得学生们笑声不断。在这种轻松愉悦的课堂氛围中，学生们更加愿意主动思考和探索知识，思维也变得更加活跃和开阔。

此外，学校也注重通过多样化的教学手段和活动来进一步活跃课堂氛围，如组织读书分享会、角色扮演、辩论赛等活动。这些不同于以往课堂的活动，让学生们在实践中感受阅读的魅力，提升了他们的综合素养。在一次读书分享会上，一个学生分享了他读《鲁滨逊漂流记》的感悟。他深入剖析了鲁滨逊的坚韧不拔、自立自强以及乐观向上的精神，还详细讲述了鲁滨逊如何在荒岛上生存并克服困难的故事情节，比如他如何建造房屋、种植粮食、制作工具等。他的生动讲述和独到见解赢得了全场师生的热烈掌声。这些活动不仅丰富了课堂内容，也让学生们在轻松愉快的氛围中收获了更多的知识和成长。

课堂转变新篇章，分割融合焕光芒。在全学科整本书阅读的推动下，黄石中心小学的课堂氛围实现了从沉闷到活跃的华丽转身，更见证了从分割到融合的深刻变革。曾经，课堂是知识的孤岛，学科之间界限分明，学生的学习体验被割裂成片段。而今，全学科整本书阅读成为桥梁，连接起各个学科，让知识在交融中焕发新的活力。学生们在全学科整本书阅读的引领下，跨越学科的界限，探索更广阔的知识海洋。他们不仅学会了书本上的知识，更学会了如何将知识应用于实际，如何在实践中不断成长。这种从分割到融合的转变，不仅让课堂变得更加生动有趣，也让学生的学习变得更加有意义、有价值。它如同一股清泉，滋润着学生们的心田，让他们在知识的海洋中畅游，体验学习的无限乐趣。

二、课堂教学从教为主转向学为主

从实践层面和改革方向角度来说，确立以学生学习为本位、为中心的新型教学关系已经是毋庸置疑的选项。从以教为主转向以学为主是教育内在的重要转型，是育人方式变革的核心内涵。以学为主的实质和核心是把学习权还给学生，进而把学生的个性、潜能、才智真正地释放出来，把学生的自主性、能动性、创造性真正地焕发出来，使教学过程真正成为学生自我解放、自我发展、自我提升的过程。①

在全学科整本书阅读的推动下，黄石中心小学的学生们在课堂上的角色发生了显著转变。整体课堂从以教为主转向以学生学习为主，教师在课堂中从教导者转为引导者。教师引导主要是通过设置阅读思考题来进行的，让学生带着疑问去阅读。这样不仅可以引导学生在重点、关键地方多分析、多思考，而且还可以帮助学生把握教材的重点，顺利突破难点。② 教师们积极构建林高明老师的"六知六学"教学模式，将学习的主动权交还给学生，鼓励他们积极参与、主动探索，而自己则更多地扮演引导者和支持者的角色，促进学生自主学习和深度学习的发展。以下这名同学就从这样的课堂中受益良多。

在黄石中心小学变革前的课堂上，教师们总是按照固定的教学模式进行授课，学生们只是被动地接受知识，缺乏主动思考和探索的机会。方琦正是黄石中心小学的一名三年级学生，他对此深有感触。在推行全学科整本书阅读之前，方琦正对课堂的感觉是"无聊"和"枯燥"，觉得只是在学一些自己不感兴趣的文字，一点儿意思也没有。然而，随着全学科整本书阅读项目的引入，他的学习之旅展现出前所未有的生机与活力。在一次语文课上，教师推荐了《安徒生童话》这本书。起初，方琦正对这部被普遍视为儿童读物的童话集持保留态度，认为其内容过于简单，难以吸引他的注意。但得益于教师精心构建的"六知六学"教学模式，通过一系列细致入微的任务驱动单和详尽的评价量规，方琦正逐渐被引导至深度阅读的轨道上，开始学习并思考其中的主题和思想，试图回答教师们在课堂上提出的问题，甚至在课后主动预习。书中的故事让他看到了人性的多面性，有善良、勇敢，也有贪婪、自私。通过阅读《安徒生童话》，方琦正不仅提升了阅读能力和思维能力，还开启了主动学习的新篇章。

方琦正的转变是黄石中心小学学生们在课堂上角色转变的一个缩影。在全学科整本书阅读的推动下，教师们更多的是充当课堂组织者的角色，将主体地位交还学生。学生们开始在课上主动探索知识，积极思考和提问。他们

---

① 余文森.论"读思达"教学法［J］.课程·教材·教法，2021（4）：50—57.

② 余文森，王永，张文质.让学生发挥自学潜能让课堂焕发生命活力——福建省中小学"指导—自主学习"教改实验研究总结［J］.教育研究，1999（3）：58—63.

会在课堂讨论中组成阅读小组，围绕《鲁滨逊漂流记》《概率知多少》《游戏中的科学》等书籍展开讨论，共同探讨书中的问题并分享阅读心得。这种主动探索的学习方式不仅拓宽了学生们的知识视野，还提升了学科素养和综合能力。他们开始学会如何将所学知识应用于实际生活中，如何与他人合作解决问题，如何独立思考和创新。在这样的背景下，黄石中心小学的课堂逐渐从以教为主转变成以学为主，实现全新的蜕变。

三、课堂生态从单一转向多元

在推行全学科整本书阅读之前，黄石中心小学的课堂生态相对单一，每个学科都遵循固定的教学模式，使用统一的教材，导致学生们的学习体验相对割裂。然而，随着全学科整本书阅读项目的实施，课堂生态开始发生深刻的变化，从单一逐渐走向多元。

在语文课堂上，这种变化尤为明显。传统的阅读课程往往过度聚焦于文本的细致讲解与语法结构的深入剖析，导致学生难以跨越课程的界限，触及更加广阔且丰富的文学天地。为了有效破解这一瓶颈，教师们积极推行全学科整本书阅读的教学策略。比如在六年级下学期外国名著阅读单元中，导读《鲁滨逊漂流记》之后，课堂气氛活跃起来了。那场以"鲁滨逊在荒岛生存28年，仅凭运气还是实力？"为主题的辩论赛，简直是思想的盛宴！每个参赛的学生都像变了一个人，他们勇敢地站到台前，用自己的声音，挑战着旧有的观念，也挑战着自我。学生们不仅跟着鲁滨逊的脚步，在文字间穿梭，还从地理的视角出发，亲手绘制荒岛旅游线路图，仿佛自己也置身于那片未知的土地，与鲁滨逊一同探索、一同生存。接着，教师引导学生："在漫长的28年内，他究竟是如何计数、计时的呢？"学生们围绕整本书开展了计数、计时的探究小活动，把书本中精彩的镜头、典型的方法用画笔或小视频记录下来。除此之外，他们还查阅资料，梳理古代人民的相关计数方法，丰富作品的内容。《鲁滨逊漂流记》不仅仅是一部冒险小说，更是一本活生生的科学教科书。学生们在书中发现了许多科学知识的宝藏：如何寻找淡水、如何在寒冷中保暖……这些问题激发了他们强烈的求知欲。科学组的学生们更是行动起来，查阅资料、动手实验，将学到的知识转化为一张张精美的科学小报，那上面不仅记录着他们的学习成果，更凝聚着他们对科学的热爱与追求。

在传统数学教学的框架内，"例题讲解—练习巩固"的模式往往使学生深陷于公式的海洋与无尽的计算之中，虽然技能得以精进，却让学习过程显得单调乏味，缺乏与现实世界的深刻联结。为了扭转这一局面，数学教师们正积极探索创新路径，将绘本这一充满童趣与想象力的媒介引入数学课堂，为数学学习披上一层趣味盎然的新衣。以二年级《认识几时几分》的教学为例，教师精心挑选了《忙碌先生的一天》这一绘本作为教学辅助，通过设计详尽的导读单，巧妙地将教学重点与难点融入一系列引人入胜的问题之中。学生们在跟随忙碌先生的日常足迹时，自然而然地置身于时间管理的情境中，使得原本抽象的时间概念变得具体可感，学习过程也因此变得生动有趣。进一步地，教师鼓励学生跳出绘本框架，审视忙碌先生的时间规划，探讨其合理性并提出优化建议。这一环节不仅加深了学生对时间价值的理解，更让他们亲身体验到时间管理的重要性，从而在心中种下了合理规划生活的种子。随后，创意的火花被点燃，学生们被邀请发挥其无限的想象力，编织忙碌先生夜晚梦境中的奇幻故事。这一环节不仅极大地锻炼了学生的语言表达能力，还激发了丰富的想象力，实现了语文与数学之间美妙的跨学科交融。

除了语文和数学，科学、音乐、美术等学科的课堂也发生了类似的转变。在科学课上，教师们积极推荐科普读物，如《法布尔老师的昆虫教室》《让孩子着迷的 77×2 个经典科学游戏》，引导学生们探索科学的奥秘。他们通过组织与科学相关的实验和讨论，让学生们在实践中感受科学的魅力，培养科学探究精神和创新思维能力。在音乐和美术这些艺术课上，教师们则通过经典艺术作品引导学生们感受美的力量。他们不仅带领学生们欣赏名画、名曲，还引入了与艺术相关的书籍，如《中国人的音乐》《乐器是怎么来的》等，让学生们在阅读中深入了解艺术的内涵和魅力，提升审美素养和人文情怀。

全学科整本书阅读项目的实施使得黄石中心小学的课堂生态发生了深刻的变化。从单一到多元的课堂生态为学生们提供了更广阔的学习空间，让他们在阅读中不断成长。这种变化不仅体现在学科知识的拓展上，更体现在学生们综合素养的提升上。他们学会了如何跨学科思考问题，如何在实际应用中运用所学知识，如何欣赏和创造美。这些能力将伴随他们未来的学习和生活之路，成为他们宝贵的财富。

第四节　全学科整本书阅读引领学校变革

朱永新老师曾经说过，人类在漫长的发展历程中创造了丰富的精神财富，这些精神财富是通过图书保存下来的。阅读这些伟大著作的过程，就是接受和继承这些伟大思想和智慧的过程。[①] 这就是黄石中心小学推进全科整本书阅读的核心意义所在。在推进全学科整本书阅读的过程中，学校的整体建设也随之发生变化。全学科整本书阅读的推进不仅重构了学生的学习模式，促使学生在广泛涉猎中深化理解，还促进了教师教学方法的创新与融合，增强了校园文化的多元性和包容性。这种阅读方式成为学校培养综合素质人才的重要途径，提升了整体教育水平，为学生的全面发展和学校的长远发展注入了新的活力。

一、把阅读当作一件大事来抓

在阅读日益成为现代社会重要竞争力的背景下，将全学科整本书阅读提升至学校发展的战略高度，是黄石中心小学推进教育改革、提升教育质量的关键举措。学校上下形成共识，从校长到教师，再到每一个学生，都将阅读视为促进个人成长、推动学校发展的核心要素。陈国献校长亲自把关，将阅读文化建设纳入学校发展规划，强调阅读不仅是语文教学的任务，更是全学科共同的责任，旨在通过全学科整本书阅读的推广，构建一个书香浓郁的校园环境，培养学生的综合阅读能力和跨学科思维能力。教师们积极响应，不断探索将阅读融入日常教学的有效路径，而学生则在浓厚的阅读氛围中，逐渐养成了主动阅读、深度阅读的习惯，为终身学习奠定了坚实的基础。以下是校长、教师代表与学生代表分享的全学科整本书阅读在引领学校变革方面

[①] 张悦，朱永新. 朱永新：成为专业阅读者[J]. 语文教学通讯，2016（10）：4—7.

的体会。

全学科整本书阅读：开启黄石中心小学教育变革的新篇章
荔城区黄石中心小学　陈国献校长

今天，我想和大家聊聊黄石中心小学正在经历的一场教育变革——全学科整本书阅读。

阅读不仅是语文课的事情，还是每一门学科学习的基础和桥梁。全学科整本书阅读的推广，正是我们学校教育改革的重要一环。

在我看来，阅读是知识的源泉，是思维的火花，更是成长的阶梯。它教会我们如何思考，如何理解世界，如何与他人共情。在书中，我们可以遇见不同的文化，体验不同的生活，从而培养出更加开放、包容的心态。更重要的是，阅读能够激发我们的想象力与创造力，让我们在面对未知时，拥有更多的勇气与智慧。

全学科整本书阅读的推广，给我们学校带来了翻天覆地的变化。首先，学生们的学习方式发生了转变。他们不再局限于课本上的知识点，而是通过阅读整本书，深入理解和思考，知识体系得到了完整构建，思维逻辑也得到了全面锤炼。

其次，教师的教学方式也发生了变化。我们不再"满堂灌"，而是引导学生通过阅读，自己去发现、去探索、去创新。这种教学方式不仅提高了学生的学习兴趣，也让我们的课堂变得更加生动有趣。

再者，我们的校园文化也变得更加多元和包容。通过阅读不同学科、不同领域的书籍，学生们的视野更加开阔，知识储备更加丰富。他们开始更加关注社会现象，更加尊重不同的文化和观点，思维也变得更加开阔和包容。

作为校长，我深知这场变革的重要性。因此，我们学校上下形成共识，从教师到学生，都将阅读视为促进个人成长、推动学校发展的核心要素。我们严格筛选阅读书目，紧扣新课标、教材内容和学生思维，精心选择必读书目和选读书目。同时，我们注重阅读方法策略的引导，通过多元化的阅读指导课和课后服务社团活动，培养学生的阅读力、思考力和表达力。

我们还积极推动家校共读，吸引家长参与整本书阅读，共同营造浓厚的阅读氛围。家长们与孩子们一起阅读、一起分享心得，这种亲子共读的温馨画面，是我们学校一道亮丽的风景。

经过全校师生的共同努力，我们的阅读之花已经开遍校园。学生们在阅读中汲取智慧，拓宽视野，提升素养。他们开始将阅读所得应用于实际生活中，解决实际问题。教师也在这个过程中不断成长，教学理念更加先进，专业素养得到提升。

全学科整本书阅读的推广，不仅改变了我们的教学方式和学习方式，更改变了我们的教育理念和文化氛围。它让我们更加坚信，只有让学生通过阅读接触和理解世界，他们的未来才能更加光明。让我们一起努力，让阅读成为我们生活的一部分，成为我们与世界对话的方式！

阅读是学生全面发展的基石

荔城区黄石中心小学第一分校　邹益雄老师

在我们学校，全学科整本书阅读被当作一件大事来抓，这是我们对教育教学改革精神的深刻领悟，也是对学生全面发展的坚定承诺。

阅读，从来都不只是语文学科的任务，它是全学科共同的使命。我们深知，只有让学生通过阅读接触和理解不同学科的知识，他们的知识体系才能得到完整构建，思维逻辑才能得到全面锤炼，综合能力素养才能得到全面提升。因此，我们黄石中心小学致力于构建一个全学科整本书阅读体系，让学生在阅读中探索世界，在探索中成长进步。

为了确保全学科阅读的有效实施，我们严格筛选阅读书目，紧扣新课标、教材内容和学生思维，精心选择必读书目和选读书目。同时，我们注重阅读方法策略的引导，通过"读思达"阅读策略，培养学生的阅读力、思考力和表达力。我们的团队积极创新，将阅读融入各学科的教学中，设计出丰富多彩的课型，如导读课、推进课和分享课，让学生在不同的课型中深入阅读，充分交流。

此外，我们还特别注重课内外阅读的一体化，将教材阅读与课外阅读紧密联系起来，通过整合阅读材料和设计阅读任务，让学生在课内和课外都能保持阅读的热情。我们还积极推动家校共读，吸引家长参与整本书阅读，共同营造浓厚的阅读氛围。

在全学科整本书阅读的推动下，我们的学校发生了显著的变化。学生的视野更加开阔，知识储备更加丰富，阅读能力和思维能力得到了显著提升。同时，教师也在这个过程中不断成长，教学理念更加先进，专业素养得到提升。

全学科整本书阅读不仅改变了我们的教学方式，更改变了我们的教育理念。它让我们更加坚信，只有让学生通过阅读接触和理解世界，他们的未来才能更加光明。因此，我们将继续坚定地把全学科整本书阅读当作一件大事来抓，为培养更多全面发展的人才而不懈努力。

阅读给我带来快乐

荔城区黄石中心小学第一分校六年级　张欣瑶同学

在我们学校，阅读已经不仅仅是课本上的文字，已经融入我们的日常生活，成为一种不可或缺的文化氛围。学校将全学科整本书阅读融入学习的方方面面，这一举措让我深感震撼和欣喜。

作为一名学生，我深切地感受到阅读带来的变化。从前，我可能更多地是为了完成作业或应对考试而阅读，但现在，阅读已经成为我探索世界、理解生活的一种方式。学校为我们提供了丰富的阅读资源，从文学经典到科学百科，从历史故事到现代科技，每一本书都像是一扇窗，透过这扇窗，我看到了更加广阔的世界。

在阅读的过程中，我学会了如何深入思考，如何与作者产生共鸣，如何从文字中汲取智慧和力量。这些能力不仅对我的学习有帮助，更对我的成长产生了深远的影响。我开始更加关注社会现象，更加尊重不同的文化和观点，我的思维也变得更加开阔和包容。

学校对阅读的重视还体现在各个方面。教师们不仅在课堂上引导我们阅读，还在课后组织各种阅读活动，如读书分享会、阅读沙龙等，让我们有更多的机会交流心得、分享感悟。这些活动不仅丰富了我的课余生活，还让我结识了许多志同道合的朋友。

此外，学校还积极推动家校共读，让家长们也参与到我们的阅读中来。

这让我感受到了家庭与学校的紧密联系，也让我在家长的陪伴下更加深入地理解了书中的内容。这种阅读氛围让我更加热爱阅读，也让我更加珍惜每一次阅读的机会。

学校把阅读当作一件大事来抓，真是明智之举。全学科整本书阅读，让我受益匪浅。我不仅提升了阅读能力和思维能力，还培养了更加开放包容的心态。我相信，在未来的日子里，我会继续坚持阅读，让阅读成为生活的一部分，成为我与世界对话的方式。同时，我也希望更多的同学能够加入阅读的行列中，一起享受阅读带来的快乐和成长。

二、构建了"多元一体"的阅读课程体系

全学科整本书阅读为学校构建特色课程体系插上了翅膀，让知识的花园更加丰富多彩。为了形成独具特色的阅读课程体系，黄石中心小学做出了许多方面的努力。各个学科的教师团队分别从浩瀚的书海中选出合适的作品，将其应用于课程中，并专门开发了阅读指导课和阅读导向的课后服务社团活动，为全学科整本书阅读的实行增加可行性。

（一）精心编撰校本教材

为了让学生在阅读中汲取更丰富的营养，黄石中心小学组织教师团队，精心编撰了校本教材，包括语文、数学、综合科等，每一本都凝聚着教师们的心血与智慧。

语文校本课程教材精选了古今中外的经典文学作品，旨在培养学生的文学素养和审美能力。学生们在品读经典中，不仅学会了语言的运用，更领悟到了人生的哲理。数学校本课程教材则通过数学绘本、数学故事等形式，将抽象的数学知识融入生动的情境中，让学生在阅读中感受数学的魅力。综合科校本课程教材更是包罗万象，涵盖了科学、历史、地理等多个领域，让学生在阅读中拓宽视野，增长见识。这些校本教材的编写，不仅丰富了学校的课程资源，更为学生提供了多样化的阅读选择，满足了不同学生的需求。

（二）精心实施阅读指导课程

为了更有效地指导学生进行阅读，黄石中心小学在每周的课表中固定设置了一节阅读指导课。在这节课上，教师们精心挑选适合学生阅读的书籍，

并运用多种教学方法，如提问引导、小组讨论、个人分享等，激发学生的阅读兴趣，培养他们的阅读能力和思考能力。阅读指导课不仅涵盖了导读、推进和分享等多个环节，而且每个环节都有其独特的功能：导读课上，教师们通过引人入胜的介绍和精彩的片段朗读，吸引学生的注意力；推进课上，教师们帮助学生深入理解书籍内容，提升他们的阅读能力和思考能力；分享课上，学生们积极交流阅读心得和感悟，加深对书籍的理解和认识。此外，教师们还大力鼓励学生进行课外阅读，将阅读融入日常生活中，让阅读成为一种习惯。通过这一系列的举措，黄石中心小学不仅提高了学生的阅读水平，更培养了他们的阅读习惯和终身学习的能力。

（三）用心做好课后服务活动

为了充分利用课后服务时间，黄石中心小学创新性地实施了不同学科教师轮流带领阅读的举措。在课后服务时段，学生们可以根据自己的兴趣和需求，选择不同学科的阅读内容。语文教师会带领学生品读经典文学作品，感受语言的魅力；数学教师则会通过数学故事、数学游戏等形式，让学生在轻松愉快的氛围中学习数学知识；综合科教师则会引导学生探索科学奥秘，了解音乐、美术等课程。这种轮流领读的方式，不仅让学生们在阅读中获得了知识的滋养，更让他们感受到了不同学科的魅力。

此外，学校还开设了与阅读紧密相关的社团活动，比如诗词贴画班、绘本阅读班、经典诵读班、英语乐园班、"醉"诗词班以及趣味数学班等。在诗词贴画班上，学生们通过创作诗词贴画来感受诗词的韵味；在绘本阅读班，学生们通过阅读精美的绘本故事，培养阅读兴趣和想象力；经典诵读班专注于传承和弘扬中华优秀传统文化，通过诵读经典篇章，提高学生的语言表达能力和文化素养；英语乐园班则通过阅读英语故事、绘本等，让学生在轻松愉快的氛围中学习英语；"醉"诗词班则深入探索诗词的魅力，通过诗词创作、赏析等活动，培养学生的文学素养；趣味数学班则通过数学故事、游戏等方式，让学生在阅读中感受数学的魅力。这些社团活动不仅为学生们提供了一个展示自我和拓展兴趣的平台，还推动了学校全学科阅读建设，为学生的全面发展提供了有力支持。

三、建立了"家校社联动"的阅读活动模式

黄石中心小学在这场阅读革命中扮演着先锋角色，它巧妙地利用书籍作为媒介，构建了一个连接家庭、学校和社区的紧密网络，这使学生的阅读有着多重支持，时刻置身于浓郁书香的环境中。特别是家校阅读课题组的成立，显著地扩展了阅读的影响力，使之深入家庭与社区，从而营造了一个良好的阅读生态链。

（一）家校共读的温馨画卷

每个学期，黄石中心小学都会举办一场别开生面的家长会，不同往常的是它不仅仅是一次信息的传递，更是一场阅读的盛宴。家长们与孩子们手牵手，走进图书馆，挑选各自心仪的书籍，共同沉浸在书海中。亲子共读群也热闹非凡。线上，家长之间交流着阅读的心得，共同期待孩子们能从万卷书中习得生活的智慧；线下，家长们和孩子们一起，在图书馆里，或是轻声细语地共读文章，或是绘声绘色地讲述故事，甚至是编排剧本、录制视频、创作画报，每一次互动都充满了爱与智慧的火花。

（二）网络桥梁的无限可能

在这个数字化时代，微信是大家最重要的通讯工具。在这样的背景下，黄石中心小学也充分利用了网络平台和社交媒体的力量。学校的"红泉书院·家校读书会"微信群，成了家长们和教师们交流心得、分享资源的温馨角落。每到孩子到家的时段，群内总是消息不断，家长们纷纷晒出自己与孩子共读的温馨瞬间。大家交流着自己对孩子的期待，真心希望自家孩子能从书卷中获得对世界的认识。有时相熟的家长还会相约读书，教师们则及时分享阅读技巧和教学资源。这份跨越时空的连接，让阅读的光芒更加耀眼，成效更加显著。

（三）社区联动的公益篇章

黄石中心小学深知，阅读的力量不仅仅局限于校园之内。于是，学校携手社区，共同举办了一系列阅读推广活动。从公益讲座到志愿服务中的阅读分享，每一项活动都旨在将阅读的种子播撒到每一个角落。社区的居民们也被这份热情所感染，纷纷加入阅读的行列中，共同营造了一个书香四溢的美好环境。

四、形成了"乐读、善思、慧达"的阅读学习风尚

在黄石中心小学,全学科整本书阅读的推广与深化,不仅为学生构建了全面的知识体系,更在校园内掀起了一股浓厚的阅读风尚。这股风尚以"乐读、善思、慧达"为核心,引领着每一位师生在阅读中成长,在思考中进步。

(一)阅读成为一种习惯

黄石中心小学深知阅读的重要性,积极营造阅读氛围,激发学生的阅读兴趣。学校构建了完善的阅读设施与资源体系,涵盖图书馆、阅览室、班级图书角等,为学生提供了丰富的阅读材料和舒适的阅读环境。在这里,学生们可以自由选择自己感兴趣的书籍,享受阅读的乐趣,让阅读成为一种习惯,一种生活方式。

当然,黄石中心小学不仅仅停留在硬件设施的完善上,更注重激发学生的内在阅读兴趣。例如,学校以班级为单位定期举办"好书推荐会",让学生们上台分享近期读到的好书,以及书中令他们印象深刻的片段或角色。这种活动不仅锻炼了学生的表达能力,还激发了其他同学对书籍的好奇心。

此外,学校还设立了"阅读之星"评选活动,根据学生们的阅读量、阅读笔记的质量以及阅读分享的表现来评选出每月的"阅读之星",并给予一定的奖励。这样的正向激励机制,让学生们更加享受阅读带来的成就感,从而进一步激发阅读兴趣。

(二)思考成为一种日常

在阅读的过程中,黄石中心小学注重培养学生的思考能力和批判性思维。通过阅读整本书,学生们不仅要理解书中的内容,更要学会分析、评价和创新。为此,学校采取了一系列有效的措施。

在阅读课堂上,教师们不仅仅讲解书中的故事情节,更注重引导学生们思考故事背后的深层含义。例如,在阅读《哈利·波特》系列时,教师提出了诸如"哈利在面对困难时是如何保持勇气的?""友谊在故事中扮演了什么角色?"等问题,引导学生们从多个角度对故事进行解读和思考。

此外,学校还鼓励学生们在阅读后进行批判性思考。以高尔基的自传体小说《童年》为例,学生们在阅读后可以深入思考一些问题,如"外祖父在

阿廖沙的成长过程中有没有积极作用？如果有，这些作用是如何体现的？""外祖父的严厉与苛刻对阿廖沙的性格形成产生了哪些影响？"等。通过这样的思考，学生们不仅能够更深入地理解小说中的人物形象和情节发展，还能培养独立思考的能力和批判性思维。他们需要从多个角度对外祖父这一角色进行分析和评价，探讨其在阿廖沙成长过程中的复杂作用，从而深化对小说主题的理解。

通过这些具体的措施和活动，黄石中心小学成功地将"善思"这一阅读风尚的精髓融入学生的日常阅读中，让学生们在阅读中不断成长和进步。

（三）表达成为一种自然

黄石中心小学通过全学科整本书阅读的推广，让学生们在阅读中汲取智慧，拓宽视野，提升素养。学生们尽可能地将阅读所得应用于实际生活中，解决实际问题，让阅读成为推动个人成长和社会进步的重要力量。

例如，学生们通过阅读《小王子》这部富有哲理与想象力的童话，不仅被小王子与他的玫瑰、狐狸等角色间温馨而深刻的故事所吸引，更在字里行间领悟到了关于爱、责任、孤独与友谊的普遍真理。

在阅读过程中，教师引导学生们深入探讨《小王子》中的隐喻与象征，比如"眼睛是看不见真正东西的，必须用心才能看清楚"这样的哲理，让学生们意识到内心的感受与思考的重要性，从而培养同理心与批判性思维能力。更重要的是，学生们能够将该启示应用于实际生活。从"眼睛是看不见真正东西的，必须用心才能看清楚"这一观点出发，学生们学会了珍惜身边的人与事，不再仅仅以外表或物质衡量价值，而是更加注重情感联系与精神层面的交流。在学习和生活中，他们开始主动关心他人的感受，用更加细腻和温暖的方式与人相处，促进了个人品德与社会情感的成长。

小王子与他的玫瑰之间的关系是整本书的核心之一。小王子深爱着他的玫瑰，尽管这朵玫瑰有些虚荣和矫情，但他仍然愿意为她付出一切。当小王子离开自己的星球去旅行时，他才逐渐意识到，他的玫瑰对他来说是多么的独特和珍贵。他开始怀念她的香气、她的美丽，以及他们共同度过的时光。学生们在阅读过程中，从小王子与玫瑰的关系中学到了爱与责任的重要性。他们意识到，爱不仅仅是表面的欣赏和喜欢，更是对对方的包容、理解和付出。同时，责任也意味着要珍惜和维护这份爱，不让它轻易消逝。在实际生活中，学生们将这种爱与责任的精神应用到与家人的相处、与朋友的关系以及对待自己的学业和生活中。他们开始更加珍惜身边的人，愿意为他们付出时间和精力，同时也更加懂得如何承担责任，为自己的行为和选择负责。

此外，小王子与玫瑰的关系还让学生们领悟到，每个人都有自己的独特之处和价值所在。就像小王子的玫瑰虽然有着刺和矫情，但她仍然是小王子心中最珍贵的存在。同样地，每个学生也有自己的优点和特长。他们更珍惜自己的独特性，努力发挥自己的价值，为社会做出积极的贡献。

在黄石中心小学的引领下，"乐读、善思、慧达"的阅读风尚正在校园内蔚然成风。这股风尚不仅改变了学生们的学习方式和生活态度，更提升了学校的整体教育水平和文化氛围。

教育的更新，就是为了人的一切，是考虑到学生的发展，交给学生一生有用的东西，就是让他更好地去发展。[1] 随着黄石中心小学全学科整本书阅读项目的深入实施，我们不仅见证了学生们在阅读中汲取知识的力量，更看到了他们在阅读中成长、在思考中前行的身影。愿这份对阅读的热爱与坚持，能够成为每一位学子心中永恒的光，照亮他们前行的道路，也期待未来有更多学校能携手共进，共同书写阅读引领教育的新篇章。

近年来，黄石中心小学将全学科整本书阅读提升至学校发展的战略高度，不仅在校园内营造了浓厚的阅读氛围，更以其显著的成效和创新的做法，引起了社会各界的广泛关注。以下为媒体与网络对黄石中心小学推进全学科整本书阅读的部分报道。

【湄洲日报报道】

全员·读全书·育全人
——荔城区黄石中心小学打造书香校园侧记

以微光聚星河，看见阅读的力量。近年来，我校秉承"全员·读全书·

---

[1] 赵洪涛，朱永新. 乌托邦精神：中国基础教育变革的内在力量——朱永新教授访谈录[J]. 基础教育，2006（5）：10—14.

育全人"的教育理念，引导全校师生参与阅读活动，这一理念在刚刚落下帷幕的"全民阅读，书香荔城"活动得到充分展现，该活动由中国邮政集团有限公司莆田市荔城区分公司承办，为打造有书卷味的校园文化再添新活力。

致力教师共读活动

学校为每位教师购置了《高效6+1课堂》《核心素养导向的课堂教学》《核心素养导向与课堂教学》《大概念教学》《追求理解的教学设计》等专业书籍，供教师共读。共读期间，在"红泉书院·读书会"微信群里，由领读人安排每天阅读进度并设计与书籍内容有关的问题；教师们每天在"阅读小打卡"打卡，完成作业；阅读完一本书籍，要求每位教师提交一篇心得体会，并择优汇编，激励教师共读积极性。在这一年多的时间里，教师们阅读了近十本的教育类书籍，有效地填补了教育理论的空白，并为教育实践提供了有力的理论依据。

培养学生阅读能力

图书数量有保障。学校每年投入一定数目的资金用于购买图书，不断补充图书室书籍的不全。配齐《黄石中心小学全学科阅读手册》、各年级规定的所有书目与部编版教材配套名著，每年级各配备100套，以保证两个班级同时开展阅读。并提倡学生自己购买规定书目，方便全年级学生同时阅读。

保证充足的阅读时间。学校规定每周至少有两节的自主阅读时间，每个班级利用课后服务时间开展自主阅读活动。可以由教师规定阅读书目，也可以让学生自选阅读书目。从时间和内容上确保阅读活动的正常开展。语文学科还要利用"校本课程与阅读"这一节课，每周开展阅读指导课，探索不同课型的推进模式。

创设浓厚的阅读氛围。创设"红泉书院·校园文化"氛围，设计和规划校园环境建设，以孔子、朱熹、林光朝等名人故事制作宣传栏，搭建红泉社团教学成果展示板，建好学校图书室和"班班有个图书角"等硬件设施。建立电子阅览室，建立网络查询功能，充分利用网络资源开展课外阅读活动。开辟"全科阅读行动计划"专栏，设置读书笔记、好书推荐、读书论坛等栏目。

阅读评价形式多样。借助"阅读手册"记录学生的阅读过程，对学生进行过程性阅读评价。开展"课本剧表演"活动，评出优秀课本剧，激发学生阅读整本书的兴趣。通过以班级为单位，游园闯关，现场抽题答题等阅读素养测评方式，了解学生阅读情况。通过评选"书香学生""书香家长""书香家庭"等活动，提升学生、家长的阅读兴趣，形成浓厚的阅读氛围。

深耕科研助力教学

上学期，我校申报四个省级课题——"小学语文整本书阅读'教学评一体化'的行动研究""小学生数学阅读能力的培养及评价策略研究""'读思达'视域下的小学跨学科阅读和教学评价策略研究""家校合作视域下小学生全学科阅读能力评估及提升对策研究"，这四个省级课题都与阅读有关，课题研究的过程也是提升学生阅读能力的过程，二者之间相辅相成。本学期，我校在一至六年段开展以"快乐读书吧"为主题，推进整本书阅读为大概念的大单元统整教学研讨。在整个大单元教学设计中，每个年段都有共同的三种课型——整本书的导读课、推进课、分享课。在课堂上，学生的阅读能力得到进一步的提升。

收获硕果福泽学子

经过全校师生的努力与坚持，阅读之花已开遍校园，学校也因此获得诸多荣誉：2021年被福建省教育学会评为"最美书香校园"；2021年10月荣获莆田市教育局颁布的"读书月活动优秀组织奖"；2022年5月荣获莆田市教育局颁布的"校园读书月优秀组织奖"；2022年被莆田市教育局评为"新课标下高质量发展"样本校；2023年9月被莆田市教育局评为"书香校园·智慧阅读"样本校。

路虽远，行则将至；事虽难，做则必成。我校将在陈国献校长的带领下，坚持"全员·读全书·育全人"，继续为莆田的教育事业贡献力量。

图书在版编目（CIP）数据

全学科整本书阅读体系的构建与实践 / 莆田市荔城区黄石中心小学编写. —福州：福建教育出版社，2025.5. —（"新时代课堂教学深化改革"丛书/余文森，陈国文主编）. —ISBN 978-7-5758-0407-3

Ⅰ. G623.232

中国国家版本馆 CIP 数据核字第 2025BQ7944 号

"新时代课堂教学深化改革"丛书

丛书主编　余文森　陈国文

Quanxueke Zhengbenshu Yuedu Tiji De Goujian Yu Shijian

全学科整本书阅读体系的构建与实践

莆田市荔城区黄石中心小学　编写

出版发行	福建教育出版社
	（福州市梦山路 27 号　邮编：350025　网址：www.fep.com.cn）
	编辑部电话：0591-83726908
	发行部电话：0591-83721876　87115073　010-62024258）
出 版 人	江金辉
印　　刷	福建新华联合印务集团有限公司
	（福州市晋安区福兴大道 42 号　邮编：350014）
开　　本	710 毫米×1000 毫米　1/16
印　　张	20
字　　数	412 千字
插　　页	1
版　　次	2025 年 5 月第 1 版　2025 年 5 月第 1 次印刷
书　　号	ISBN 978-7-5758-0407-3
定　　价	55.00 元

如发现本书印装质量问题，请向本社出版科（电话：0591-83726019）调换。